행복한
프로그래밍

행복한 프로그래밍(개정판) :

행복, 성취감, 도전정신! 신나는 프로그래밍 이야기

초판 1쇄 발행 2003년 5월 19일
개정판 1쇄 발행 2016년 11월 20일
개정판 3쇄 발행 2021년 08월 10일

지은이 임백준 / **펴낸이** 김태헌
펴낸곳 한빛미디어(주) / **주소** 서울시 서대문구 연희로2길 62 한빛미디어(주) IT출판부
전화 02-325-5544 / **팩스** 02-336-7124
등록 1999년 6월 24일 제25100-2017-000058호 / **ISBN** 978-89-6848-470-4   93000

총괄 전정아 / **책임편집** 홍성신 / **기획 · 편집** 이복연 / **진행** 홍성신
디자인 표지 천승훈, 내지 강은영, 삽화 윤병철, 일러스트 홍혜은, 조판 이경숙
영업 김형진, 김진불, 조유미 / **마케팅** 박상용, 송경석, 한종진, 이행은, 고광일, 성화정 / **제작** 박성우, 김정우

이 책에 대한 의견이나 오탈자 및 잘못된 내용에 대한 수정 정보는 한빛미디어(주)의 홈페이지나 아래 이메일로
알려주십시오. 잘못된 책은 구입하신 서점에서 교환해 드립니다. 책값은 뒤표지에 표시되어 있습니다.

한빛미디어 홈페이지 www.hanbit.co.kr / 이메일 ask@hanbit.co.kr

지금 하지 않으면 할 수 없는 일이 있습니다.
책으로 펴내고 싶은 아이디어나 원고를 메일(writer@hanbit.co.kr)로 보내주세요.
한빛미디어(주)는 여러분의 소중한 경험과 지식을 기다리고 있습니다.

행복, 성취감, 도전정신! 신나는 프로그래밍 이야기

행복한 프로그래밍

개 정 판

임백준 지음

HB 한빛미디어
Hanbit Media, Inc.

14년 전에 쓴 『행복한 프로그래밍』의 개정판을 내려니 감회가 새롭다. 책을 쓰던 내 모습이 기억에 선명한데, 그새 14년이 흘렀다는 것이 믿기지 않는다.

2003년, 미국에서 첫 직장인 루슨트테크놀로지스에 다니며 열심히 일하던 나는 어느 날 HR팀으로부터 연락을 받았다. 비자의 기한이 만료되었기 때문에 당장 회사 일을 그만두어야 한다는 내용이었다. 회사 측의 실수였지만 다른 방법이 없었다. HR로부터 연락이 올 때까지 집에서 쉬어야 했다. 1달인가 1달 반 정도를 그렇게 쉬게 되었는데, 그땐 속이 상했지만 지금 생각하면 소중하고 의미 있는 휴식이었다. 내 인생에서 첫 책인 이 책을 쓸 수 있었기 때문이다.

이 책을 쓰고 나서 얼마 지나지 않아 월스트리트에 있는 금융회사로 자리를 옮겼다. 그 이후 10년 동안 월가의 여러 회사에서 근무했고 지금은 애드텍(ad tech) 분야의 스타트업에서 개발 업무를 총괄하고 있다. 이 책을 쓰던 2003년 무렵에는 확실히 프로그래밍이라는 행위에 대한 열정과 사랑이 온몸을 휘감고 있었다. 그런데 지금은 코딩이 아닌 일에 대부분의 시간을 쓰는 사람이 되어버렸다. 14년 전에는 나 자신이 프로그래밍을 사랑하는 사람이었다면, 지금의 나는 프로그래밍을 사랑하는 사람을 사랑하는 일종의 메타 프로그래머가 된 느낌이라고 할까.

한빛미디어와의 인연은 그때부터 지금까지 계속되었다. 한빛미디어와 함께 여러 책을 출간했고, 최근에는 〈팟캐스트 나는 프로그래머다〉의 후원도 받고 있다. 〈RT:FM〉이라는 한빛미디어의 개발자 행사와 〈나프다〉의 행사를 합쳐서 하나의 행사를 진행하는 것도 횟수를 거듭하고 있다. 14년 전에 앞니가 빠진 채 무릎이 튀어나온 잠옷을 입고 집을 돌아다니며 까불던 딸은 지금 대학생이 되었고, 당시 김대중 대통령이었던 한국의 대통령이 3번 바뀌는 동안 내가 애용하는 프로그래밍 언어도 여러 번 바뀌었다.

작년인가 올해 초에 한빛미디어와 이 책의 개정판을 내자는 계획을 처음 논의한 후 마음속에 욕심이 생겼다. 첫 책인 이 책을 전보다 예쁘게 다듬어서 내보내고 싶은 생각을 하게 된 것이다. 14년 전에 쓴 내용 중에서 지금 보기에 낡은 부분을 대폭 잘라내고 2016년의 시점에 맞는 이야기를 채워 넣고 싶은 생각이 들었다. 그런 생각을 품은 채 몇 달의 시간을 보냈다. 그러는 동안 계속 팟캐스트 방송 활동을 하고, 다른 책을 쓰고, 컨퍼런스를 위해 한국을 방문하고, 점점 분주해지는 회사 일을 열심히 했다. 그렇게 지내면서 '그분'이 오기를 기다렸다.

도저히 글을 쓰지 않고는 배길 수 없는 순간. 너무 낯설고 강렬하기 때문에 내면에서 올라오는 힘이라고 믿기 어려운 힘. 미지의 영역에서 일부러 나를 찾아온 '그분'이 전해주는 힘이라고밖에 설명할 길이 없는 그 힘이 온몸을 휘감는 순간. 그때 키보드를 들고 글을 써 내려 가기 위해서 열심히 그분을 기다렸다. 지금까지 쓴 10여 권의 책은 늘 그분이 와서 힘을 전해줄 때, 비로소 쓸 수 있었기 때문이다. 하지만 너무 분주한 탓인지 그분은 끝끝내 나를 찾지 않았다. 그래서 책의 내용을 대폭 수정하는 대신, 1장부터 4장에 이르는 내용을 읽으면서 오류를 바로잡고, 지나치게 오래된 사실이나 비유를 수정하고, 군데군데 현재의 생각과 이야기를 추가하는 데 만족할 수밖에 없었다. 그런 면에서 이 책은 개정판이지만 개정의 폭은 소폭에 그쳤다.

어쩌면 그게 더 나을지도 모르겠다. 14년 전에 탄생한 이 책에는 자기만의 운명이 있는 것일지도 모르니까. 원고 작업은 부분적인 개정에 그쳤지만 수정된 원고는 지금 읽어도 그렇게 어색하지 않다. 독자 여러분의 눈에도 그럴 거라고 믿는다. 프로그래밍 세계의 기술은 지난 14년 동안 엄청나게 변했지만, '행복'과 '프로그래밍'이라는 두 개의 핵심 주제는 조금도 달라지지 않았기 때문이다. 『행복한 프로그래밍』이라는 이 책의 주인공은 앞으로도 아주 오랫동안 달라지지 않을 것이다.

게으름을 부리는 나를 참을성 있게 기다려준 한빛미디어의 이복연 님께 특별한 고마움을 전하고 싶다. 개정판에 담고 싶었지만, 그분이 찾아와 주지 않은 탓에 쓸 수 없었던 이야기는 다른 책을 통해서 쓸 것을 약속한다. 휴식이 필요한 모든 프로그래머에게 이 책을 바친다. 지치지 말고 행복하자.

2016. 9. 17
뉴저지에서 임백준

프로그래밍의 행복과 매력

책 제목에 '프로그래밍'이라는 말이 들어가면 사람들은 대개 기술적이거나 전문적인 내용을 다루는 책을 떠올리기 마련이다. 하지만 '행복한 프로그래밍'이라는 제목에서 내가 중점을 둔 부분은 '프로그래밍'이라는 명사가 아니라 '행복한'이라는 형용사다. 다시 말해서 이 책은 특정한 기술이나 전공 지식이 아니라 컴퓨터 프로그래밍 속에 담긴 미학(美學)을 전달하려는 '소프트'한 이야기를 담았다. 여기서 '미학'이란 대단한 것이 아니다. 그것은 바로 프로그래머라면 누구나 느끼기 마련인 프로그래밍이라는 행위 안에 담겨 있는 '행복'이나 '매력'을 지칭하는 말이다.

한 분야의 '미학'을 다루는 일은 보통 그 분야에서 일가(一家)를 이룬 사람이거나 아니면 그 분야의 미학적 측면을 전문적으로 공부한 사람이라야만 할 수 있는 일이라고 여긴다. 그렇지만 나는 프로그래밍에서 '일가'는 커녕 그 근처에도 가지 못한 평범한 프로그래머로서 프로그래밍의 '미학'에 대해서 전문적으로 공부한 적도 없다. 그럼에도 감히 프로그래밍의 '미학'을 이야기하는 책을 쓰려고 한 이유는 단지 하나였다. 프로그래밍이라는 나의 '연인'이 지닌 아름다움을 독자에게도 소개해주고 싶었기 때문이다.

이 책의 독자로 가장 적절한 사람들은 평소에 컴퓨터나 프로그래밍에 관심이 있었지만 프로그래밍을 본격적으로 시작할 기회를 미처 갖지 못했던 사람이나 프로그래밍을 이미 전문적으로 수행하고 있는 직업 프로그래머가 될 것이다. 또한 기술적이고 전문적인 이야기를 최대한 절제하면서 쉽게 읽히는 글을 쓰려고 노력했으니 프로그래밍과 관련이 없는 일반 독자도 컴퓨터 프로그래밍에 대한 최소한의 흥미와 호기심만 있으면 큰 어려움 없이 읽을 수 있을 것이다.

'행복'과 '매력'이라는 것은 칼로 무를 베듯이 정확하게 나눌 수 있는 대상이 아니기 때문에 이야기를 풀어내기 위한 소재를 되도록이면 여러 곳에서 찾으려고 노력했다. 그렇게 선택한 이야기의 소재는 프로그래밍 언어, 객체, 알고리즘 속도 분석, 비밀번호 해킹, 이진수 원리, 생활 속에 숨어 있는 알고리즘, C++ 언어와 자바(Java) 언어의 탄생 배경, 흥미로운 버그(bug) 이야기, 여러 가지 퀴즈, 콘웨이(John Conway) 교수의 인생 게임(Game of Life), 암호화, 가상 화폐 등에 이르기까지 다양하다. 이야기할 때는 가급적 골치 아픈 수식이나 프로그램 소스 코드를 최소화하는 대신 쉬운 비유를 많이 이용해서 분위기를 부드럽게 유지하려고 노력했다.

노력은 했지만 부족한 실력으로 여러 가지 이야기를 다뤘기 때문에 독자 여러분이 읽기에 다소 산만한 부분도 있을 것이다. 그리고 원론적인 이야기를 아주 피해갈 수는 없었기 때문에 자칫 지루하게 느껴지는 부분도 있을 것이다.

또한 이론적이거나 기술적인 부분은 쉽게 설명하려고 노력했지만 프로그래밍 경험이 없는 사람들이 이해하기에는 어렵고 딱딱하게 느껴지는 부분도 있을 것이다. 본문에서 등장하게 되는 '전문 용어'를 쉽게 풀어쓸 것인가를 놓고도 많이 고민했지만 혹시라도 내용의 정확성을 해칠까 염려되어 그냥 두기로 했다. 이런 부분은 모두 내 역량이 부족하기 때문에 극복하기 어려웠던 사항이므로 독자 여러분의 너그러운 이해를 구할 뿐이다.

정보나 사실을 이야기할 때는 내용의 정확성을 위해서 자료와 출처를 거듭 확인하면서 신중을 기했지만 날카로운 독자들의 눈에는 여전히 허점이나 부정확한 부분(버그!)이 발견될 수도 있을 것이다. 이런 부분을 발견한 분들은 한빛미디어의 웹사이트(http://hanbit.co.kr)를 방문하거나 baekjun.lim@gmail.com으로 이메일을 보내서 지적해주기 바란다.

출판의 기회를 주신 한빛미디어 김태헌 사장님과 유해룡 편집장님 그리고 늑장을 부리는 나를 참을성 있게 기다려주면서 여러 가지 조언을 아끼지 않은 한빛미디어의 임성춘 팀장과 홍원규 팀장께 감사한다.

엉성한 초고를 검토하고 유익한 비평을 해준 신경근, 조미정, 박기원, 이경호, 이창신 그리고 김병준, 김우식 님께 감사를 드린다. 끝으로 책을 쓰는 동안 깊은 사랑과 격려를 보내준 아내 김희성에게 고마움을 전한다.

인류 문명의 젖줄인 티그리스 강, 유프라테스 강 유역에서 벌어진 전쟁은 이라크 땅의 생명을 시들게 할 뿐만 아니라 전 인류의 양심과 영혼을 황폐하게 하였다. 특히 미국 땅에서는 전쟁의 불가피성을 거론하면서 미국의 군사 행동을 지지하는 사람과 이라크 침략을 수치스러운 범죄 행위로 간주하는 사람들

사이의 논쟁이 끊이지 않았다. 이제 (끔찍한) 논쟁의 초점이 우리의 땅인 한반도로 옮겨가고 있어서 마음이 무겁다. 부디 전쟁으로 무고한 생명이 고통받는 일이 지구상에서 다시는 되풀이되지 않기를 진심으로 기원한다.

2003. 5. 6
뉴저지에서 임백준

모든 로직은

프로그래머의 머릿속에서 나오고

모든 미래는

프로그래머의 손끝에서 이루어진다.

진정 행복한 프로그래머만이

행복한 미래를 만들 수 있다!

목차

2장.

오전 10시 에스프레소 젤라틴
행복한 프로그래밍

목차

3장.

4장.

오후 4시 카페 그린
소프트웨어 바깥 이야기

에필로그

1.
장.

프로그래밍의 세계

커피와 우유라는 의미인 카페오레는 프랑스식 모닝 커피다. 대개 에스프레소와 같은 진한 커피를 마시는 유럽 사람들이 아침에 위의 부담을 줄이기 위해서 커피에 우유를 타서 먹은 것이 카페오레의 시작이라고 한다. 한 잔의 부담 없는 카페오레를 마시면서 가상 세계와 비트의 법칙 등을 통하여 프로그래밍의 세계를 알아본다.

행복과 성취감

벨 연구소(Bell Labs)는 프로그래머들에게 C, C++ 언어와 유닉스 (Unix) 운영체제의 산실로 유명하다. 이 벨 연구소가 속한 통신 장비 회 사인 루슨트테크놀로지스(Lucent Technologies)는 미국 동부의 뉴저지 (New Jersey) 주에 있다. 지금은 프랑스의 통신 회사인 알카텔(Alcatel) 에 합병되어 알카텔-루슨트로 이름이 바뀌었지만 인터넷 열풍이 한창이 던 1990년대 말 루슨트의 위상은 라이벌인 시스코, 노벨과 더불어 대단한 위치를 차지했다.

남부나 서부의 커다란 주에 비하면 크기가 작은 편에 속하는 뉴저지 주는 남북으로 흐르는 허드슨 강을 끼고 뉴욕 맨해튼과 마주 보고 있다. 밤에 차를 타고 강변으로 나서면 아름다운 뉴욕의 스카이라인을 볼 수 있 다. 루슨트의 본사는 뉴저지 한복판에 있는 머레이 힐(Murray Hill)이라 는 도시에 있다. 그 밖에 다른 도시에도 루슨트의 건물이 존재한다.

그중에서 광통신과 관련된 그룹은 홈델(Holmdel)이라는 작고 아담한 마을에 자리 잡고 있었다. 홈델은 미국의 전형적인 중산층(혹은 상류층)이 모여 사는 조용하고 차분한 시골 마을이다. 가을이 되면 근처의 호박 농장에서 '할로윈'을 위한 상점이 열려서 아이들과 함께 호박을 구경하고, 호박으로 만든 주스나 파이를 먹고 오리, 닭, 돼지, 말 같은 친근한 동물들과 어울려 하루를 보낼 수도 있다. 밤늦게 퇴근하는 날에는 커다란 회사 주차장을 돌아서 좌우에 나무가 우거진 좁은 길로 들어서면 숲에서 무리 지어 걸어 다니는 야생 사슴의 눈이 환하게 빛나는 것을 볼 수 있을 정도다.

홈델에 있는 루슨트 빌딩은 작은 도시를 연상케 할 만큼 여러 시설을 갖추고 있었다. 언제든지 책을 빌려 볼 수 있는 도서관부터 은행, 우체국, 식당, 카페, 피트니스 클럽, 극장식 강당에 이르는 다채로운 시설은 언제나 이용하는 사람들로 북적거렸다. 벨 연구소의 연구원들과 엔지니어들은 생기가 넘쳤고 세계에서 몰려든 손님과 견학 온 외부 사람들은 건물 구석구석을 활기차게 돌아다녔다.

7,000여 명을 수용하는 건물에 자리가 모자라서 복도를 막고 칸막이를 세워서 방을 만들기도 했다. 더 나은 일자리를 찾아서 떠나는 사람도 많았지만 (1990년대 후반에는) 새로 들어오는 사람이 훨씬 더 많았다.

그렇지만 내가 입사한 후 2~3년 만에 모든 것이 달라졌다. 닷컴 거품의 붕괴와 더불어 미국과 유럽의 통신 시장은 전례가 없는 극심한 불황에 빠졌다. 자본주의 시스템의 어쩔 수 없는 한계가 겉으로 드러나며 통신 시장은 '과잉 투자' 혹은 '중복 투자'라는 직격탄을 맞았다. 시장의 추락은 2년이 넘도록 끝을 모르고 계속되었다. 경기의 전반적인 후퇴가 빠른 속도로 내려앉는 행글라이더였다면 루슨트를 비롯한 통신 장비 회사가 맞이한 위기는 아무런 장애가 없는 수직 낙하와 다름없었다. 급속도로 진행된 구조 조정은 홈델 건물에 있던 직원에게도 예외가 아니어서 7,000명을 넘던 사람들은 순식간에 불과 수백 명 정도로 줄어들었다.

많은 사람이 자기가 쓰던 물건을 커다란 박스에 담아서 차에 싣고 회사를 떠났다. 직장을 잃은 한국 엔지니어 중에서는 미국에서 다른 일자리를 찾다가 합법적인 비자 상태를 유지하지 못해 어쩔 수 없이 고국으로 돌아가는 경우도 발생했다. 어수선한 와중에 미국 대통령이 새로 선출되었고 얼마 뒤에 발생한 세계 무역 센터 붕괴 사건(일명 9.11 테러 사건)을 기점으로 '테러'라는 말과 '전쟁'이라는 말은 모든 이성적인 논의를 압도하면서 미국 사회를 흉흉하게 만들었다. '주식 투자'와 '벤처 회사'에 쏠리던 사람들의 관심은 '대량 살상 무기'와 '전쟁' 그리고 '경기 회복 가능성'에 집중됐다. 사무실의 80% 이상이 비어서 깊은 어둠에 잠긴 홈델의 건물처럼 사람들의 머리 위에는 검은 구름이 짙게 모여들었다.

검은 구름이 본격적으로 모여들기 전인 2001년 어느 여름날, 나는 사무실에 밤늦게 남아서 서너 명의 프로그래머와 함께 조그만 노트북 컴퓨터의 화면을 뚫어지게 바라보고 있었다. 저녁을 부실하게 먹은 사람은 밤참이 생각날 만한 밤 10시쯤이었으니 아마 사람들의 손에는 피자 조각이나 팝콘 봉투 같은 것이 들려 있었을 것이다. 아무도 말을 하지 않아서 침 삼키는 소리가 들릴 정도로 조용한 가운데 내 손은 인터넷 익스플로러의 주소창에 빠른 속도로 어느 웹 서버의 주소를 입력했다. 그러자 모두에게 낯익은 페이지가 나타나서 사용자 아이디와 비밀번호를 물어봤고 내 손은 더욱 빠른 속도로 아이디와 비밀번호를 입력한 다음 엔터키를 힘차게 눌렀다.

로그인 이후에 나타난 화면은 가운데에 엑셀 스프레드시트와 같은 모양의 테이블을 보여주고 있었는데, 속은 비어 있었다. 이 화면이 모니터에 완전히 나타나는 데에는 대략 2초의 시간이 걸렸다. 사람들의 시선은 텅 비어 있는 테이블에 집중되었고 그런 상태에서 3초 정도의 시간이 더 흘렀다. 3초의 시간이 흐르는 동안 사람들의 눈은 화면에 좀 더 가까워지고 눈동자도 조금씩 더 커졌다. 누군가는 침을 꿀꺽 삼키기도 했을 것이다.

그렇게 3초가 흐르자 마술이라도 부린 것처럼 비어 있던 테이블에 숫자와 문자로 이뤄진 데이터가 가득 나타났다. 데이터로 꽉 찬 테이블은 우리의 눈앞에서 으스대기라도 하는 것처럼 당당한 표정을 지었다. 나는 자리에서 벌떡 일어나면서 주먹을 쥐었고 사람들은 서로 '하이파이브'를 주고받았다. 영국의 시골 마을인 맘스베리(Malmesbury)와 호텔을 오고 가면서 수 개월에 걸쳐서 설계하고 프로그래머 여러 명이 매달려서 다시 수 개월 동안 개발한 소프트웨어가 마침내 눈앞에 살아 있는 생물로 태어나는 순간이었다.

내가 엔터키를 두드렸을 때 인터넷 익스플로러는 문자로 입력된 웹사이트 주소를 근처에 있는 DNS 서버로 보내서 숫자로 된 주소 값(IP 주소)을 알아냈을 것이다. 다음에는 입력된 정보를 HTTP에 맞게 재구성하여 노트북에서 사용하는 운영체제인 윈도우 2000에 넘겨주었을 것이다. 윈도우 2000에서 네트워크를 담당하는 프로그램은 다시 그 정보를 패킷이라는 작은 조각으로 나눠서 컴퓨터에 연결된 랜선을 통해 컴퓨터의 바깥으로 내보냈을 것이다. 그러면 회사 내부의 네트워크와 회사 바깥의 네트워크를 구분하는 관문(gateway) 역할을 하는 프록시(proxy) 서버가 패킷을 읽어서 웹 서버의 주소를 알아낸 다음 그 패킷을 해당 웹 서버로 보냈을 것이다.

아직 더 남았다. 웹 서버가 실행되고 있는 컴퓨터의 운영체제인 HP-UX라는 유닉스 시스템은 자기에게 전달된 패킷을 모두 모아서 원래의 HTTP에 맞는 정보로 재구성한 다음 그것을 아파치(Apache)라는 웹 서버로 전달했을 것이다. 아파치 웹 서버는 다시 그 정보를 톰캣(Tomcat)이라는 귀여운 이름을 가진 프로그램에 전달했을 것이고, 톰캣은 그렇게 전달된 정보를 이용해서 HTML 문서를 만들고 그것을 다시 아파치에 돌려주었을 것이다. 이렇게 아파치에 전달된 HTML은 HP-UX 유닉스 시스템에 전달되어 작은 패킷들로 나뉘고 그것이 노트북 컴퓨터의 윈도우 2000 시스템에 전달되어 원래의 HTML 문서로 재구성된 다음, 마침내 인터넷 익스플로러 화면 위에 나타나게 된 것이다. 이 모든 과정에 걸린 시간이 처음의 2초에 해당한다.

그 다음에 일어난 3초 동안의 여행은 더 복잡하다. 이 여행은 톰캣에서 끝나는 것이 아니라 톰캣을 넘어서 자바라는 프로그래밍 언어로 작성된 소프트웨어에 연결되고, 코바(CORBA)라는 통신 소프트웨어를 지나서 저 멀리 깊은 곳에 숨어 있는 데이터베이스의 주머니를 꼼꼼하게 뒤져서 데이터를 꺼내 와야 하는 멀고도 험난한 여행이다. 이렇게 긴 여정 동안 우리의 비트와 바이트가 아주 작은 돌부리에 발이 채여 넘어지기만 해도 노트북 컴퓨터 화면에는 우리가 기다리고 있는 데이터 대신 반갑지 않은 오류 메시지가 나타났을 것이다.

이렇게 여러 계층의 소프트웨어들이 네트워크를 통해서 정보를 주고받는 복잡한 소프트웨어 시스템을 개발할 때에는 프로그래머 여러 명이 일을 나눠 맡는 '분업'이 불가피하다. 그렇지만 여러 사람이 개발한 소프트웨어를 연결해서 하나의 시스템으로 통합하는 과정도 간단하지 않다. 소프트웨어가 갖춰야 하는 기본적인 기능에 대한 분석부터 필요한 기술의 선택, 설계 방향과 철학, API(Application Programming Interface) 구현에 이르는 모든 단계가 사람과 사람 사이의 의사소통과 협력을 끊임없이 요구하기 때문이다.

당시에 내가 있는 홈델 팀과 프로젝트를 나눠 맡았던 다른 프로그래머들은 런던에서 서쪽으로 자동차로 1시간 정도 달리면 나오는 맘스베리라는 아담하고 고풍스러운 도시에서 일하고 있었다. 소프트웨어에 대한 고객의 요구사항을 분석하는 단계와 초기의 설계 과정은 너무나 중요하기 때문에 대서양(그리고 6시간에 이르는 시차)을 사이에 두고 전화와 이메일만으로 소통하며 작업하기에는 불편한 점이 많았다. 그래서 초기의 설계 과정에 참여한 홈델의 리더들과 맘스베리의 리더들은 비행기를 타고 대서양을 수시로 넘나들며 만나 끊임없이 토론하고 논쟁했다.

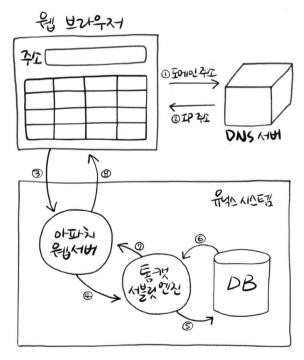

: 3초 동안의 여행

: 맘스베리 시내 한복판에 있는 15세기 석조 건물 마켓 크로스

맘스베리는 5분 정도 걸으면 시내를 전부 돌아볼 수 있을 정도로 아담하고 오래된 도시였다. 시내 외곽의 집들은 옛날에 도시를 방어하기 위한 성벽으로 이용되었기 때문에 한 치의 빈틈도 없이 다닥다닥 붙어 있었다. 말하자면 오늘날의 사람들이 과거의 성벽을 집으로 삼아서 살고 있는 셈이다. 시내를 내려다보는 언덕 위에는 800살이 넘었음에도 지금까지 예배에 이용되고 있는 애비(Abbey)라는 고풍스러운 교회가 서 있다. 아름다운 애비의 모습은 마치 중세와 현대의 아름다운 조화를 바라보는 듯한 느낌을 주었지만 한편으로는 이미 기운을 잃은 과거의 영화를 쓸쓸하게 바

라보는 것 같은 느낌을 주기도 했다. 오래된 역사의 흔적이 전해주는 깊은 맛 같은 것은 있었지만 미국에서 느끼게 되는 오만에 가까운 강자의 여유나 우리나라에서 느끼게 되는 부글부글 끓는 뜨거운 열기 같은 것을 영국에선 찾아보기 어려웠기 때문이었을 것이다. 하지만 밤에 좁고 가느다란 찻길을 꾸불꾸불 돌아서 시내에 나가 마셨던 이름 모를 맥주의 맛은 너무나 상쾌했고 아담한 바의 다정하고 이국적인 분위기는 아직도 기억에 생생하게 남아 있다.

초기의 설계 과정은 전혀 평탄하지 않았다. 서로 이견이 좁혀지지 않아서 토론이 격해지면 자리에서 벌떡 일어나 문을 닫고 나가는 사람이 있을 정도로 힘든 과정이었다. 차세대 네트워크 관리 프로그램을 인터넷 기반으로 만들 것인가 아니면 기존대로 클라이언트-서버 방식으로 만들 것인가, 데이터 프로토콜은 XML을 이용할 것인가 아니면 직렬화된 (serialized) 자바 객체를 사용할 것인가, 분산 객체 사이의 통신은 RMI를 이용할 것인가 아니면 코바를 이용할 것인가 등 어느 것 하나 쉽게 결정하기 어려웠다.

한쪽에서 작성한 보고서나 제안에 대해서 다른 한쪽은 상당히 날카롭고 깊이 연구된 기술적인 비평을 가했다. 그러한 비평에 대한 체계적인 반론이 가해지면 한층 심화된 논쟁이 시작되었다. 말하자면 초기의 설계 과정은 대서양을 사이에 둔 전면적인 포격전 양상으로 진행됐다. 프로그래머라는 사람들이 무엇 하나에 대해서도 쉽게 동의를 하지 않는 것으로 정평이 나있지만, 영국 프로그래머들의 꼼꼼하고 철두철미한 문제 제기는 배울 점이 많은 반면 상대하기 힘들 때도 많았다.

그렇지만 출장을 가면 저녁에 가까운 바에 나가서 맥주나 포도주를 같이 마시기도 하고 집으로 초대해서 저녁을 같이 먹기도 하는 정겨운 모습은 어쩐지 한국 사람들의 정서와 많이 가깝다는 인상을 주었다(특히 술이 오르면 직장 상사를 안주 삼으며 즐거워하는 모습은 완전히 똑같았다).

한번은 홈델에서 함께 일하던 여성 개발자와 함께 맘스베리로 출장을 갔다. 영국 측 기술 리더인 아하도가 우리 둘을 저녁 식사에 초대했다. 미국에 비해서 모든 것이 작고 아담한 유럽의 나라답게 집도 저녁 테이블도 매우 아담했다. 아하도 부부와 초대된 우리 둘이 자리에 앉자 더 이상 움직일 공간이 없을 정도로 작은 다이닝룸이었다. 서로 얼굴이 닿을 지경으로 둥그렇게 둘러앉아 빵을 수프에 찍어 먹으며 안주인의 생선요리를 칭찬했던 기억이 난다. 미국 생활 초기이기도 했지만, 그들 부부의 영국식 발음을 이해하는 것이 너무 힘들어서 대화는 어려웠다.

식사가 끝나자 맥주와 차를 마시며 잡담을 나누었다. 술이 오르자 기술 리더가 담배를 꺼내서 피우기 시작했고, 함께 갔던 여성 개발자가 자기도 피우고 싶다며 동참하고, 왠지 나도 그래야 할 것 같아서 동참하는 바람에 좁은 부엌이 순식간에 너구리굴이 되었다. 맥주를 많이 마신 주인은 기타 비슷하게 생긴 작은 악기인 우쿨렐레를 꺼내 들고 이상한 노래를 흥얼거렸고, 우리는 계속 맥주를 마시며 목소리를 높였다. 그때의 그 이상한 조합과 분위기가 내 기억에 강한 인상을 남겼다.

노인에 가까운 키가 작고 깡마른 영국 개발자, 그의 부인, 쾌활하고 아름다운 미국의 젊은 여성 개발자, 그리고 영어를 제대로 못해서 어리바리한 한국 개발자. 이렇게 이상한 조합이 모여서 묘하게 흥겨운 분위기를 연출했다. 기술 리더는 홈델에서 제안하는 내용에 대해서 지나칠 정도로 꼼꼼하게 비평을 하는 맘스베리쪽 선임 개발자를 이해해달라며 화해의 제스처를 취하기도 했다.

이렇게 힘들고 어려운 과정을 거쳐서 탄생한 설계도는 마침내 여러 프로그래머가 참여하는 개발의 과정을 거치면서 살아 있는 소프트웨어로 성장해나가기 시작했다. 프로그램을 짜는 사람들에게 '개발'의 과정은 가장 힘이 들면서도 동시에 제일 즐거운 과정이다. 새로운 프로그래밍 언어를 습득하고, 새로운 도구를 손에 익히고, 절묘한 프로그래밍 기법을 터득하고, 자신이 작성한 프로그램이 매끄럽게 실행되어 원하는 결과를 내놓는 것을 확인하는 일 속에는, 프로그램을 짜는 사람만 알 수 있는 말로 표현할 수 없는 행복이 고스란히 녹아들어 있다.

프로그램을 짠다는 것은 말하자면 얼굴을 두 손에 파묻고 머리를 벽에 찧어가면서 깨달은 어떤 아름다운 공식을 컴퓨터에게 다정하게 가르쳐주는 행위다. 프로그래머가 프로그래밍 언어를 통해서 컴퓨터에게 할 일을 가르쳐주면 컴퓨터는 이 세상에서 가장 성실한 일꾼의 모습으로 주어진 일을 묵묵히 수행한다. 이렇게 컴퓨터와 단둘이 남아서 대화를 나눌 때, 혹은 컴퓨터가 자신이 시킨 일을 성실하게 수행하는 모습을 지켜볼 때, 프로그래머는 이 세상에서 가장 행복한 사람이 된다.

그 여름 밤 좁은 사무실에 모여서 모니터 위에 뿌려진 데이터를 지켜보며 환호성을 지른 우리의 기쁨은 프로그래머라면 누구나 공감할 성취감의 절정이었다. 축구 선수가 골을 넣었을 때, 혹은 야구 선수가 홈런을 때렸을 때, 아니면 정치가가 선거에서 자신의 승리를 확인했을 때 느끼는 환희가 아마 이와 비슷할 것이다. 한국 같았으면 나는 내 방에 있던 사람들에게 근처에 있는 '소줏집'에라도 가자고 했을 것이다. 하지만 풀벌레 울음소리만 가득한 잔디밭과 사슴들이 사는 숲이 우거진 시골에서, 그것도 한밤중에 축하주를 마시러 나간다는 것은 무리였기 때문에 우리는 조용히 각자의 집으로 돌아갔다. 그렇지만 그 자리에 있던 프로그래머들은 모두 달콤한 성취감을 느끼면서 깊은 단잠을 잘 수 있었을 것이다.

프로그래머가 느끼는 성취감의 본질

프로그래머가 느끼는 성취감의 본질은 어려운 문제를 해결하는 순간에 머리끝에서 가슴으로 흐르는 짜릿한 황홀감에 있다. 의지가 부족한 사람은 자신의 삶 속에서 찾기 어려운 황홀감을 강제로 맛보기 위해서 몸에 해로운 약을 이용하기도 하지만 프로그래머는 약이 필요 없다. 문제가 주어지면 고민하고, 쉽게 해결되지 않으면 커피라도 한 잔 마시면서 밤늦도록 또 고민하고. 그러다가 마침내 문제를 해결하게 되면 온몸을 휘감는 절정의 쾌감이 찾아오기 때문이다. 따지고 보면 약과 마찬가지로 이 쾌감에도 중독성이 있다. 하지만 이 쾌감은 몸에 해롭지 않다. 무엇보다도 이러한 쾌감에 중독된 사람을 처벌하는 법은 세상 어디에도 없다.

이러한 쾌감을 조금이나마 이해하려면 어려운 문제를 직접 풀어보는 방법이 최선일 것이다. 프로그래밍을 모르는 독자라면 한 번쯤 자신이 프로그래머가 되었다고 생각하고 문제를 풀어보는 것도 괜찮을 것이다. 그래서 직접 쾌감을 느낄 수만 있다면 더 바랄 나위가 없을 것이다.

용이 지키고 있는 성 안에 아름다운 공주가 갇혀 있고 여러분은 그 공주를 구하기 위해서 성으로 돌진한 기사라고 가정하자. (여성 독자라면 성 안에 사랑하는 왕자가 잡혀 있고, 자신이 왕자를 구하러 온 여전사라고 생각하자.) 성의 입구를 지키고 있는 돌문을 열려면 문을 지키고 있는 용이 낸 문제를 1분 안에 맞춰야 한다. 징그러운 쥐가 공주의 치마 위로 올라가고 있다. 상황이 매우 급하다.

"똑같이 생긴 당구공 일곱 개가 있다. 여섯 개는 무게가 같은데, 하나는 무게가 적게 나간다. 당구공을 얼마든지 올릴 수 있는 커다란 접시를 양쪽에 달고 있는 양팔 저울이 있다. 이 저울을 이용해서 무게가 적게 나가는 당구공을 찾아내야 한다. 단, 저울을 가장 적게 사용해야 한다. 저울을 몇 번 이용해야 하는가?"

답을 바로 읽지 말고, 1분 동안 생각해보기 바란다. 생각을 해봤다면 틀린 답을 하나씩 살펴보도록 하자. 우선 가장 쉽게 떠오르는 방법으로는 양쪽 저울에 당구공을 하나씩 차례대로 올려서 무게를 비교해 나가는 방법이 있을 것이다. 예를 들어서 당구공에 1번부터 7번까지의 번호를 매긴다고 했을 때, 1번과 2번을 비교하고, 3번과 4번을 비교하고, 5번과 6번을 비교하고 (그러고도 무게가 적게 나가는 것이 발견되지 않았다면) 다시 1번과 7번을 비교하는 방법이 그것이다. 이 방법을 이용하면 운이 좋다면 무게가 적게 나가는 당구공을 단 한 번에 찾을 수도 있지만, 운이 나쁘다면 (즉, 무게가 적게 나가는 당구공이 7번이었다면) 저울을 최대 네 번까지 이용해야 한다.

이렇게 생각한 사람은 답을 네 번이라고 말했을 것이다. 물론 틀린 답이다. 생각을 조금 더 깊게 한 사람은 1번과 2번, 3번과 4번, 그리고 5번과 6번을 비교했는데도 아직 무게가 적게 나가는 것이 발견되지 않았다면 당연히 남아 있는 7번이 무게가 가장 적게 나가는 것이라는 사실을 깨달았을 것이다. 그렇다면 이 방법에서는 저울을 최대 세 번까지만 이용하면 답을 구할 수 있다. 이렇게 생각한 사람은 답을 세 번이라고 말했을 것이다. 이것도 물론 틀린 답이다.

어쩔 줄 몰라하는 공주를 고려해서 답부터 밝히자면, 답은 두 번이다. 즉, 저울을 최소한 두 번만 이용하면 항상 무게가 적게 나가는 당구공을 찾을 수 있다. 이렇게 하려면 우선 저울의 오른쪽 접시 위에는 1, 2, 3번 당구공을 올려 넣고, 왼쪽 접시 위에는 4, 5, 6번 당구공을 올린다. 만약, 저울이 평형을 이룬다면 무게가 적게 나가는 당구공은 당연히 7번이므로, 한 번에 답을 맞힌 셈이 된다. 그렇지만 무게가 어느 한쪽으로 기운다면, 예를 들어서 4, 5, 6번 당구공 쪽이 더 가볍다면, 무게가 적게 나가는 당구공은 4, 5, 6번 당구공 안에 존재하게 된다. 그렇다면 이제 오른쪽 접시 위에는 4번 당구공을, 왼쪽 접시 위에는 5번 당구공을 올려놓고 무게를 비교한다(저울을 두 번째 이용한 것이다). 만약 어느 한쪽의 무게가 적게 나간다면 그것이 바로 무게가 적게 나가는 당구공이 되는 것이고, 만약 그렇지 않고 평형을 이룬다면 나머지 당구공인 6번이 무게가 적게 나가는 것이 되는 것이다.

결국, 저울을 최대 두 번만 이용하면 무게가 적게 나가는 당구공을 항상 찾아낼 수 있는 것이다. 이러한 답을 스스로 찾아낸 사람은 아름다운 공식을 발견했을 때 프로그래머가 느끼게 되는 쾌감을 맛볼 수 있었을 것이다. 문제는 바로 이 쾌감이다. 프로그래머들은 종종 이 쾌감에 취한 나머지 성 안에 갇혀 있는 공주의 존재를 까맣게 잊어버리고 용에게 다른 문제를 하나 더 내보라고 도전장을 던지곤 한다. 기사가 답을 맞히자 용도 승부 근성이 발동했다. 그리하여 이번에는 좀 더 어려운 문제를 냈다.

"갑, 을, 병, 정이라는 사내 네 명이 밤에 다리를 건너려고 한다. 다리는 한 번에 두 사람까지만 건널 수 있다. 손전등이 있어야만 다리를 건널 수 있는데, 손전등은 하나다. 따라서 두 사람이 다리를 건넜으면 반드시 한 사람이 손전등을 들고 되돌아와야만 다른 사람이 다리를 건널 수 있다. 갑이 다리를 건너는 데에는 1분이 걸리고, 을은 2분, 병은 5분 그리고 정은 10분이 걸린다. 두 사람이 다리를 건널 때는 느린 사람, 즉 시간이 더 많이 걸리는 사람에게 맞춰서 건너가야 한다. 예를 들어서 을과 정이 다리를 건널 때 걸리는 시간은 2분이 아니라 10분이다. 자, 사내 네 명이 모두 다리를 건너가는 데 걸리는 가장 짧은 시간은 몇 분인가?"

기사는 움찔했다. 이번 문제는 앞의 당구공 문제보다 어렵게 느껴졌기 때문이다. 쥐는 얼굴이 하얗게 질린 공주의 배 위에 드러누워서 치즈 조각을 갉아먹고 있다. 하지만 기사는 공주를 구출해야 한다는 사명감을 잊어버린 지 오래다. 그는 용이 낸 문제를 맞히기 위해서 정신을 최대한 집중시키고 있을 뿐이다. 여러분도 곧바로 답을 읽지 말고 연필과 종이를 이용해서 답을 맞혀보기 바란다. 이것은 단순한 수수께끼가 아니라 주어진 문제를 해결하기 위한 최적의 알고리즘을 찾는 문제다.

우선 누구나 쉽게 떠올리는 답부터 생각해보자. 아마 대부분의 사람이 19분을 답으로 생각했을 것이다(19분보다 빠른 답을 한 번에 찾았다면 당신은 천재다). 그 이유는 가장 빠른 갑이 손전등을 들고 왔다 갔다 하는 것이 제일 효율적이라는 생각이 먼저 떠오르기 때문이다. 이와 같은 직감에 의해서 19분을 답으로 생각한 사람들이 작성한 알고리즘은 다음과 같았을 것이다.

우선 갑과 을이 다리를 건너고 다시 갑이 손전등을 가지고 되돌아오는 데 2 + 1, 즉 3분이 걸린다. 그다음 갑이 병을 데리고 다리를 건넌 다음 손전등을 가지고 돌아오는 데 5 + 1, 즉 6분이 걸린다. 그다음 마지막으로 갑이 정을 데리고 다리를 건너는 데 10분이 걸리므로, 전체 합은 3 + 6 + 10, 즉 19분이 걸리게 되는 것이다.

정답은 아니지만 좋은 시도다. 여기까지 생각한 사람은 조금만 더 생각해보기 바란다. 답부터 말하자면 가장 빠른 방법은 17분이 걸린다. 방법은 이렇다. 우선 갑과 을이 다리를 건넌 다음, 갑이나 을 둘 중에서 아무나 한 사람이 되돌아온다. 누가 돌아오든지 상관은 없지만, 우리는 을이 되돌아온다고 하자. 이때 걸리는 시간은 2 + 2, 즉 4분이다. 그다음에는 을이 손전등을 병과 정에게 넘겨주고, 병과 정이 함께 다리를 건넌다. 그리고 병과 정은 다리 반대편에 남아 있고 그쪽에서 기다리고 있던 (제일 빠른) 갑이 손전등을 들고 되돌아온다. 이때 걸리는 시간은 10 + 1, 즉 11분이다. 그다음에는 이쪽에 남아 있던 을과 갑이 함께 다리를 건넌다. 이때 걸리는 시간은 2분이다. 따라서 전체 시간은 4 + 11 + 2, 즉 17분이 걸리는 것이다.

기사가 두 번째 문제마저 맞히자 용은 당황한 기색이 역력했다. 용이 낭패한 표정으로 성문을 열려고 하자 기사가 손짓하며 말했다. "용형, 아직 패배를 인정하지 못하는 것 같은데, 한 문제 더 내도 좋소." 그러자 용은 기뻐하면서 얼른 다음과 같은 문제를 냈다.

"서울, 평양, 북경, 동경 사이에 모두 비행기 직행 항로가 연결되어 있다. 서울과 평양 사이의 비행은 1시간이 걸린다. 그리고 서울과 북경은 3시간, 서울과 동경은 2시간, 북경과 평양은 4시간, 북경과 동경은 8시간, 평양과 동경은 5시간이 걸린다. 갈 때와 올 때 걸리는 시간은 동일하다.

서울에서 출발해서 각 도시를 정확히 한 번씩 들린 다음 다시 서울로 돌아와야 한다. 가장 빨리 여행을 끝마치려면 어떤 경로를 선택해야 하는가?"

문제를 다 들은 기사는 고개를 끄덕거리면서 말했다. "세일즈맨의 여행 문제로군."

여러분도 문제를 푸는 방법을 함께 생각해보기 바란다. 우선 용이 설명한 문제를 이해하기 쉽게 도형으로 그려보는 것도 좋은 방법이다.

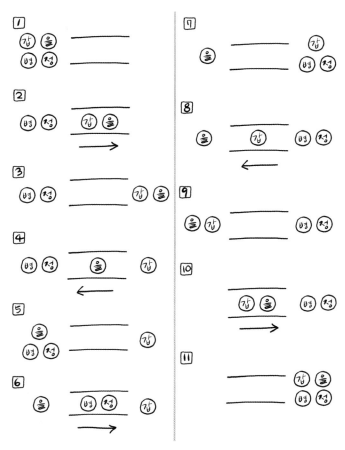

: 17분 안에 다리 건너기

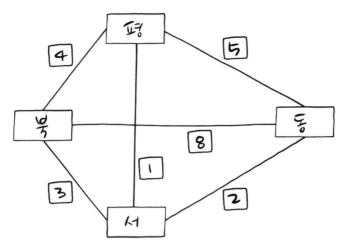

: 세일즈맨의 여행 문제

서울에서 출발해서 각 도시를 정확히 한 번씩 들른 다음에 다시 서울로 돌아오는 경로는 모두 여섯 가지가 있다.

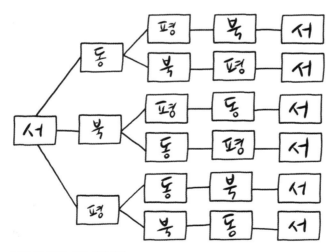

: 가능한 경로는 모두 여섯 가지

각 경로의 비행 소요 시간을 계산해보면 다음과 같다.

❶ 서울−동경−평양−북경−서울: 2 + 5 + 4 + 3 = 14

❷ 서울−동경−북경−평양−서울: 2 + 8 + 4 + 1 = 15

❸ 서울−북경−평양−동경−서울: 3 + 4 + 5 + 2 = 14

❹ 서울−북경−동경−평양−서울: 3 + 8 + 5 + 1 = 17

❺ 서울−평양−동경−북경−서울: 1 + 5 + 8 + 3 = 17

❻ 서울−평양−북경−동경−서울: 1 + 4 + 8 + 2 = 15

자신이 계산한 결과를 천천히 살펴본 다음 기사는 '서울−동경−평양−북경−서울'이 가장 짧은 경로라고 대답했다. 세 번째 경우인 '서울−북경−평양−동경−서울'은 방향만 다를 뿐 경로 자체는 첫 번째 경우와 동일하다. 이것은 물론 정답이다. 별로 산뜻한 방법은 아니지만 어쨌든 가장 짧은 경로는 정확하게 맞추었다. 하지만 이렇게 '경우의 수'를 하나씩 전부 따져 보는 것이 이 문제를 풀기 위한 유일한 방법인지 의문이 드는 사람이 있을 것이다. 매우 정당한 의문이다. 도시 수가 네 개가 아니라 열 개나 백 개로 늘어나면 이런 방법으로는 좀처럼 쉽게 답을 구할 수 없을 것이기 때문이다. 이러한 의문에 대해서는 뒤에서 다시 자세하게 살펴볼 기회가 있을 것이다. 여기에서는 일단 답을 맞혔다는 사실에 만족하고 넘어가기로 하자.

이러한 문제를 푸는 과정에서 설령 정답을 맞추지 못했더라도 별로 상관은 없다. 다만 이러한 문제들을 푸는 과정에 내포되어 있는 즐거운 도전과 그 도전에 맞서 싸워서 승리했을 때 얻게 되는 쾌감을 조금이라도 맛볼 수 있기를 바랄 뿐이다. 그리하여 파랗게 빛나는 컴퓨터 화면을 바라보면서 기꺼이 밤을 새우는 프로그래머들의 뜨거운 열정을 조금이라도 이해할 수 있기를 희망한다. 말하자면 프로그래머들은 무게가 적게 나가는 당구공을 아무렇게나 찾아내거나 사내 네 명 더러 다리를 마음대로 건너가라고 말할 수가 없는 사람들이다. 소중한 저울을 최대한 적게 이용해서 가장 가벼운 당구공을 찾아내고, 사내들이 가장 효율적인 방식으로 다리를 건너도록 했을 때 비로소 두 발을 뻗고 잠을 이룰 수 있는 사람들이다.

용이 낸 문제 세 가지의 공통점은 모두 주어진 문제점을 해결하기 위한 알고리즘을 찾는 것이다. 하지만 프로그래머가 수학적 알고리즘을 발견했을 때 느끼는 성취감은 아직 소프트웨어를 최종적으로 완성했을 때 느끼게 되는 성취감의 절정에는 미치지 못한다. '수학적 알고리즘'이라는 무형 무취의 논리는 이진수로 구성된 비트의 법칙을 통해서 사람들이 보고 만질 수 있는 소프트웨어라는 모습으로 육화(肉化)될 때에 비로소 완성되기 때문이다.

프로그래머의 작업은 그래서 추상적인 알고리즘을 찾는 것으로 그치지 않는다. 프로그래머의 작업은 무게도 없고 냄새도 없는 알고리즘이라는 추상적인 논리 체계 위에 살을 붙이고 옷을 입혀서 누구나 보고 만질 수 있는 소프트웨어로 만들어 나가는 과정을 포함한다. 비트라는 진흙 덩어리를 프로그래밍 언어라는 조각칼로 조금씩 떼어 내서 자신이 발견한 알고리즘을 표현하기 위한 작품으로 만들어 나가는 것이다. 같은 알고리즘을 표현하는 경우라도 조각칼을 다루는 실력에 따라서 작품의 수준이 달라지는 것은 당연하다. 결국 주어진 문제를 해결하려고 절묘한 알고리즘을 찾아내는 과정이 프로그래머가 느끼는 즐거움의 반이라면 찾아낸 알고리즘을 조각칼로 다듬어서 프로그램으로 만드는 과정이 나머지 반이다.

이진수로 이뤄진 가상의 세계

프로그래머들이 밤잠을 못 이루고 빠져 들어가는 프로그래밍의 세계는 원자로 이뤄진 현실 세계가 아니라 비트로 이뤄진 가상의 세계다. 원자의 세계가 나름의 물리 법칙을 가지고 있듯이 비트의 세계도 자기 나름대로의 법칙을 가지고 있다. 프로그래밍에 몰두한 프로그래머의 의식이 현실을 탈주하여 날아가는 세상은 중력도 없고, 냄새도 없고, 색깔도 없는 이진수만으로 이루어진 가상의 세계다. 이 가상의 세계는 현실과 동떨어진 허무맹랑한 세상이라는 의미에서의 가상이 아니라 현실의 법칙과 구별되는 독자적인 법칙을 가지고 있다는 의미에서 가상이다.

어렸을 때 (크리스마스나 설날 무렵이었던 것으로 기억하는데) 봤던 만화영화의 이미지 중에서 아직도 기억나는 장면이 하나 있다(너무 어렸을 때라 제목이나 구체적인 내용 같은 것은 전혀 기억나지 않는다). 만화영화의 처음 부분은 보통의 영화처럼 사람들이 나와서 연기를 하는 것으로 시작했다. 다른 부분은 기억이 나지 않지만 주인공 여자아이의 방에 놓여 있던 커다란 그림은 아직도 생생하다. 그것은 큰 나무 사이로 길게 뻗은 길을 그린 그림이었다. 여자아이는 손에 풍선을 들고 있었을 것이다. 그런데 아이가 풍선을 놓치자 풍선이 (놀랍게도) 그림 속으로 빨려 들어가는 것이었다. 여자아이가 풍선을 잡기 위해서 그림 속의 길로 뛰어들자 사람이 연기하는 영화 속의 풍경(현실)이 만화로 그려지는 이미지(가상 세계)로 바뀌면서 모험이 시작됐다. 생각나는 것은 이게 전부다. 겨우 이 정도의 희미한 기억이 사라지지 않고 남아 있는 것을 보면 현실과 가상 세계를 넘나드는 모험이 주는 감동이 어린 마음을 크게 뒤흔들었던 것 같다. 이런 식의 설정은 이제 흔하다 못해 진부한 기법이 되었을 테지만 당시의 나에게는 충격이었다. 이를테면 그것은 내게 가상 세계에 대한 최초의 경험이었던 셈이다.

가상 세계라는 말은 흔히 사이버스페이스(cyberspace)와 동일한 의미로 사용되기도 한다. 사이버스페이스라는 말은 윌리엄 깁슨(William Gibson)의 유명한 공상과학 소설인 『뉴로맨서(Neuromancer)』(황금가지, 2005)에서 처음 사용됐다. 소설의 주인공 케이스는 자신의 뇌를 컴퓨터와 연결해서 수많은 컴퓨터로 이뤄지는 데이터와 빛과 수학 공식의 세계를 (컴퓨터 화면이 아니라 뇌의 감각을 통해서) 생생하게 경험하게 된다. 이렇게 새로운 차원의 감각과 경험을 제공하는 세계를 깁슨은 사이버스페이스라는 이름으로 불렀다. 『뉴로맨서』보다 나중에 발표된 소설인 닐 스티븐슨(Neal Stephenson)의 『스노 크래시(Snow Crash)』(북스캔, 2008)는 사이버스페이스 대신 '메타버스(Metaverse)'라는 표현을 사용하기도 했지만 사이버스페이스라는 표현에 눌려서 대중적인 관심을 끄는 데에는 실패했다.[1]

---

1 그렇지만 닐 스티븐슨이 사용한 '아바타'라는 말은 가상 세계에 존재하는 '나'를 가리키는 용어로 널리 사용되고 있다.

: 사이버 펑크의 대부로 통하는 윌리엄 깁슨 (ⒸGonzo Bonzo / CC BY-SA 2.0)

깁슨의 소설에서 나타나는 바와 같이 사이버스페이스라는 표현 속에는 '컴퓨터 네트워크'라는 물리적인 매체에 대한 정의가 함축되어 있다. 깁슨이 『뉴로맨서』를 쓰던 당시로부터 30여 년[2]의 세월이 흐른 오늘 우리에게 컴퓨터 네트워크란 사실상 '인터넷'과 동의어다. 그렇기 때문에 사이버스페이스는 인터넷의 확장으로 인해서 사람들이 전과 다르게 경험하게 되는 내용을 지칭하는 공간적 개념에 가깝다. 그렇지만 '가상 세계'라는 표현은 사실 사이버스페이스가 가지고 있는 물리적이고 공간적인 의미를 뛰어넘는다.

예를 들어서 우리가 소설이나 영화를 보면서 이야기 속으로 빨려 들어갈 때, 우리는 사이버스페이스에 있는 것은 아니지만 가상 세계를 경험하

2 원작은 1884년에 출간되었다.

게 된다. 〈스타크래프트〉나 〈리니지〉 같은 게임에 몰두하거나 인터넷 게시판에 자신의 의견을 올리는 사람들은 모두 사이버스페이스에 있으면서 동시에 가상 세계에 몰입하고 있는 사람들이다. 이와 같이 가상 세계는 사이버스페이스에도 존재하고 그 바깥에도 존재한다.

그런데 사람들이 가상 세계에서 경험하는 몰입의 정도는 소설이나 영화보다 사이버스페이스에서 점점 강해지고 있다. 그렇기 때문에 가상 세계의 체험에 대한 논의는 다른 방식의 가상 세계보다는 주로 사이버스페이스의 경험(컴퓨터 게임, 인터넷, 채팅 등)에 초점을 맞춘다. 이러한 몰입의 강도는 소설이나 영화가 주는 몰입과 도저히 비교할 수 없을 정도로 강하며 심지어 중독성마저 가지고 있다는 점에서 완전히 새로운 차원의 경험을 제공한다.

사람들은 〈스타크래프트〉의 내용이 절정에 도달한 순간 자기 자신을, 게임을 즐기고 있는 현실 세계의 존재로 인식하기보다는 한 종족의 운명을 책임진 지도자로 느낀다. 아니 어쩌면 지도자라고 '느끼는' 것이 아니라 실제로 지도자가 되는 것일지도 모른다. 단순히 느끼는 것과 실제로 되는 것 사이의 차이는 엄청나게 크지만 사이버스페이스의 체험이 점점 현실성을 획득해나감에 따라서 그 차이가 좁아지고 있는 것만큼은 분명한 사실이다.

그러한 차이가 계속해서 좁혀지면 언젠가 현실과 가상 세계를 가로막고 있는 경계가 완전히 사라지게 되는 날이 올지도 모른다. 심지어 현실과 가상 세계의 현실성이 역전되는 날이 오지 말란 법도 없다. 그런 날이 온다면 사람들은 사이버스페이스의 현실감에 매료된 나머지 현실의 비현실성을 나무라게 될지도 모른다.

워쇼스키 자매가 감독한 영화 〈매트릭스〉는 바로 이와 같은 가상 세계와 현실 세계의 경계가 교차하는 모습을 뛰어난 오락성을 가지고 묘사했다. 영화에 등장하는 컴퓨터 매트릭스는 살아 있는 사람의 몸에서 나오는 에너지를 빨아먹고 살아간다. 그래서 매트릭스는 사람들을 캡슐에 가두어 놓고 사육하면서 잠들어 있는 사람의 뇌에 거짓 정보를 주입해서 마치 생생한 현실을 살아가고 있는 것처럼 착각하도록 만든다. 가상 세계를 현실로 여기도록 만드는 것이다.

: 영화속에서 매트릭스에게 사육되고 있는 인간의 모습 (출처 : whatisthematrix.warnerbros.com)

그러한 매트릭스의 지배를 분쇄할 구세주로 등장하는 네오(키아누 리브스)는 다른 사람들의 도움으로 매트릭스가 강요하는 가상 세계의 벽을 깨고 현실로 돌아온다. 그렇지만 그가 돌아와서 확인하게 된 현실은 너무나 초라하고 끔찍해서 도리어 비현실적으로 느껴질 정도였다. 사람들은 매트릭스가 조성해놓은 가상 세계 속에서 구체적인 실존의 기쁨(고소하고 쫀득쫀득한 스테이크의 맛)을 느낀다. 하지만 뇌를 파고드는 매트릭스의 촉수를 뽑아내고 현실 세계로 돌아온 사람들은 식은 죽을 먹으면서 비현실적인 투쟁의 삶을 걸어야 한다. 현실이 비현실이 되고 비현실이 현실이 되는 전도가 일어나는 것이다.

프로그래밍의 가장 큰 특징은 바로 이와 같은 '몰입'에 있다. 재미있는 게임에 빠져드는 과정이 그렇듯이 프로그래밍이라는 세계는 비트의 법칙을 깨달을수록 더욱 깊고 오묘한 세계가 끊임없이 모습을 드러낸다는 점에서 거부할 수 없는 매력을 갖는다. 그 법칙이 구성하고 있는 세계는 현실과 다름에도 불구하고 너무나 생생하고 구체적이기 때문에 프로그래머는 그 세계 안에서 거뜬히 며칠을 살다가 나올 수 있을 정도다.

객체를 설계하고, 메서드의 이름을 정하고, 알고리즘을 찾아내고, 프로그램을 작성해서 실행하는 모든 과정은 프로그래머에게 가상 세계의 창조주가 되는 감격을 맛보게 한다. 생각과 다르게 동작하는 프로그램 안에 숨어 있는 버그를 찾아내기 위해서 정신을 집중할 때는 세상에서 가장 추리력이 뛰어난 탐정이 되기도 하고 병을 치료하는 유능한 의사가 되기도 한다. 프로그래머의 정신이 손끝을 통해서 키보드에 전달되면 그것이 컴퓨터의 심장인 CPU에 전달되어 컴퓨터와 프로그래머 사이에는 일종의 연대 의식마저 생겨난다.

두 명의 그리스 화가 파라시우스(Parrhasius)와 제우시스(Zeuxis)는 어느 날 서로 경쟁을 벌였다. 제우시스가 포도나무를 너무나 정교하게 그리자 새들이 포도를 먹기 위해서 날아와 앉았다. 곧이어 파라시우스는 커튼을 그렸는데, 자신의 그림 위에 새들이 날아와서 앉았다는 사실에 고무

된 제우시스는 파라시우스에게 "어서 커튼을 거두고 그림을 보여 달라"고 당당하게 말했다. 제우시스는 곧 자신의 실수를 깨닫고 "나는 겨우 새들을 속였을 뿐이지만 파라시우스는 예술가를 속였다"고 말했다.[3]

　파라시우스의 그림은 눈속임이지만 가상 세계는 실재다. 파라시우스의 그림은 예술가를 속였지만 가상 세계는 전 인류를 속일 수 있다. 가상 세계는 현실과 다르지만 현실의 일부며 한번 경험한 사람은 누구도 잊을 수 없을 만큼 생생하고 구체적이다. 가상 세계가 가지고 있는 고유한 법칙은 프로그래머에게 현실 세계의 근심을 잊고 마음껏 뛰어 놀 수 있는 환상의 동산을 제공한다. 프로그래머는 가상 세계가 제공하는 동산 안에서 세상의 주인이 되고, 최고의 권력가가 되며, 구원의 메시아가 되고, 자애로운 어머니가 된다. 가상 세계 안에서 프로그래머는 명령하고 컴퓨터는 복

3 「The True Vine: On Visual Representation and the Western Tradition」(Cambridge Univ. Press, 1989), 27쪽, 그리고 「문화과학」 1996년 가을호에 실린 사이먼 페니(Simon Penny) 교수의 '계몽기획의 완성으로서 가상현실'에서 인용했다.

종한다. 프로그래머는 현실 세계(자본주의 시스템)에서는 소외당할 수 있지만 적어도 가상 세계 안에서는 완전한 해방감을 맛본다.

그렇기 때문에 프로그래밍은 사회적 생산력에 포함되는 구체적인 노동이긴 하지만 어쩔 수 없이 해야만 하는 소외된 노동과 구별되는 측면을 갖는다. 프로그래밍은 현실 세계와 구분되는 가상의 세계, 즉 비트의 법칙에 기초한 즐거운 놀이나 유쾌한 게임에 가깝기 때문이다. 이러한 프로그래밍의 세계에 제일 가까운 것이 있다면 그것은 아마 수학 정도일 것이다. 수학 명제를 증명하려고 정신을 집중하는 수학자의 모습은 가상 세계를 누비는 프로그래머의 모습과 닮은 점이 있다(프로그래머의 입장에서 보자면 수학의 즐거움은 프로그래밍의 즐거움에 미치지 못하지만). 수학에도 중독성이 있고 나름의 법칙이 있다. MIT의 수학자 지안카를로 로타(Gian-Carlo Rota)는 수학이 가지고 있는 중독성과 즐거움을 묘사하기 위해서 다음과 같이 말한 바 있다.

> "현실로부터 도피하는 수단 중에서 수학이야말로 으뜸이다. 수학은 점점 더 중독성을 띠면서 환상의 세계가 된다. 그 이유는 우리가 도피하려는 바로 그 현실 세계를 개선하기 위해 되돌아오도록 하기 때문이다. 다른 모든 도피 수단들, 즉 섹스, 마약, 취미 생활 등은 모두 수학과 비교하면 덧없을 뿐이다. 이 세계는 자신이 창조해낸 법칙에 따라 움직이도록 하는 힘을 갖고 있기 때문에, 이를 성취하면 수학자는 승리감을 만끽한다."
>
> 『화성에서 온 수학자(My Brain Is Open)』(지호, 1999)

이 말에서 '수학'을 '프로그래밍'으로 바꿔도 마찬가지다. 예를 들어 "현실로부터 도피하는 수단 중에서 프로그래밍이야말로 으뜸이다. 그것은 점점 더 중독성을 띠면서 환상의 세계가 된다" 혹은 "이 세계는 자신이 창조해낸 법칙에 따라 움직이도록 하는 힘을 갖고 있기 때문에, 이를 성취하면 프로그래머는 승리감을 만끽한다"가 되는 식이다. 요컨대 프로그래머들은 자신이 속한 비트의 세계에서 승리를 쟁취하기 위해서 혼신의 힘으로 전진하는 가상 세계의 전사(戰士)들인 것이다.

이진수 시스템의 발견

가상 세상의 전사들이 사용하는 무기는 창과 활이 아니라, 0과 1이라는 두 개의 수로 이루어진 비트다. 현실 세계의 물질이 원자로 이뤄져 있듯이, 사이버 세상의 물질은 비트로 이뤄져 있다. 이러한 비트의 법칙을 구성하는 이진수의 논리를 처음으로 체계적으로 정립한 사람은 독일 수학자 라이프니츠(Gottfried Wilhelm Leibniz)로 알려져 있다. 라이프니츠는 미분과 적분이라는 혁명적인 수학 개념을 발견한 수학자로도 유명한데, 지렁이처럼 생긴 적분 기호($\int$)를 처음 사용한 사람도 라이프니츠였다. 원래 1673년에 작성한 논문에서만 해도 적분 기호는 옴니아(omnia, 총합)라는 라틴어를 생략한 'omn.'으로 표기되었지만 뒤이어 저술한 1675년의 논문부터는 지렁이 적분 기호가 사용되어 훗날 많은 사람의 공책 안에 지렁이가 기어 다니게 됐다.

라이프니츠는 가톨릭과 프로테스탄트 사이에서 일어난 무려 30여 년에 걸친 전쟁으로 독일 전역이 황폐해져 가던 무렵인 1646년에 태어났다.

그는 어려운 학문을 거의 독학으로 섭렵해 나간 것으로 유명하다. 라이프니츠는 스무 살이 되던 1666년에 받은 법학 학위를 위한 논문인 「결합의 기술(Art of Combination)」에서 사람의 사고에 내재하는 법칙, 즉 논리(logic)가 모호한 말(verbal language)의 영역에서 탈출하여 자로 잰 듯한 엄밀하고 절대적인 수학적 조건의 세계로 승화할 수 있다는 견해를 밝혔다. 계속해서 그는 우리의 삶이 '빛과 어둠', '여자와 남자', '예와 아니오' 같은 대립된 쌍으로 구분될 수 있는 성질의 것이라면 우리의 사고, 즉 논리 또한 그렇게 되지 말라는 법이 없다고 생각하게 됐다. 라이프니츠의 이러한 통찰이 끝내 도달하게 된 곳은 바로 1과 0이라는 두 값으로 이루어진 '이진수 체계'였다.

그러나 라이프니츠의 통찰은 시대를 너무나 앞서 있었기 때문에 그는 이진수 체계를 가지고 무엇을 해야 하는지 알 수 없었다. 이진수 체계를 적용할 적절한 대상을 찾지 못하고 방황하던 그는 말년에 이르러 1은 신(God)이요, 0은 아무것도 없는 공허, 즉 "존재의 없음이다"라는 식의 선문답 같은 철학적 고찰을 통해서 스스로의 허기를 달랠 수밖에 없었다. 이렇게 혁명적인 그의 통찰이 제대로 대접받기까지는 그 뒤로도 무려 125년의 세월이 필요했기 때문이다. 많은 시간이 흐르고 나서 라이프니츠의 통찰을 계승한 사람은 프로그래머들에게는 매우 낯익은 또 한 명의 천재 수학자인 조지 불(George Boole)이었다.

컴퓨터나 수학을 전공하지 않은 사람에게도 불 대수(Boole Algebra) 혹은 논리곱(AND), 논리합(OR), 부정(NOT)과 같은 표현들은 매우 친숙할 것이다. 불이 그 당시에 오늘날의 컴퓨터와 같은 장치를 염두에 두었던 것은 아니었겠지만, 현대 디지털 컴퓨터의 근본 원리를 구성하는 이진수 체계나 AND, OR, NOT과 같은 기본적인 논리 게이트(logical gate)

들은 모두 불의 연구 결과에 기초하고 있다. 참 그리고 참($T \wedge T$)은 참, 참 그리고 거짓($T \wedge F$)은 거짓, 참 혹은 거짓($T \vee F$)은 참, 거짓 혹은 거짓($F \vee F$)은 거짓과 같이 간단하면서도 명쾌한 논리적 정의로부터 시작되는 불의 대수 시스템은 매우 복잡한 논리를 구성하기 위해서 쉽게 확장할 수 있다는 점에서 실로 혁명적인 의의를 가지고 있다.

추상적이고 수학적인 '이진수 체계'가 구체적이고 물질적인 '컴퓨터의 육체'와 만나는 지점은 바로 불의 대수학과 그를 구현한 논리 게이트들이 서로 만나는 지점에 있다. 복잡하고 정교한 논리의 체계가 단지 1과 0이라는 비트 두 개에서 출발하는 것과 마찬가지로, 강력한 연산 능력을 자랑

AND

x	y	z
0	0	0
0	1	0
1	0	0
1	1	1

OR

x	y	z
0	0	0
0	1	1
1	0	1
1	1	1

NOT

x	z
0	1
1	0

: 논리 게이트

하는 현대 컴퓨터의 육신은 불 대수를 구현하고 있는 논리 게이트에서 출발한다. 이러한 논리 게이트에는 'AND' 게이트, 'OR' 게이트, 'XOR' 게이트, 그리고 'NOT' 게이트 등이 존재하는데, 아무리 복잡하고 정교한 연산을 수행하는 반도체 칩도 모두 이러한 단순한 논리 게이트에서 시작한다. 따라서 이러한 논리 게이트는 복잡한 현대 컴퓨터의 육신을 이루는 세포에 해당하는 셈이다.

시대를 앞섰던 라이프니츠의 이진수 체계가 육화될 대상을 찾지 못하고 철학과 신학이라는 천상의 영역에서 배회하고 있었다면, 치밀하게 구성된 불의 이진수 체계는 적어도 하늘과 땅의 중간에 위치한 수학과 논리학 정도까지는 내려왔다. 이렇게 중간 정도의 위치에 머물던 이진수 체계가 전기와 반도체라는 화려한 옷을 입고 (현대 컴퓨터의 모습으로) 마침내 인간이 살고 있는 땅 위로 완전히 내려오게 된 것은 불 이후에도 수십 년의 세월이 흐른 다음이었다.

불은 유럽 전역에 증기 기관과 방적기가 주도하는 산업 혁명의 열기가 한창인 1815년에 영국에서 태어났다. 불에게 수학을 처음으로 가르쳐 준 사람은 학교 선생이 아니라 그의 아버지였다. 불 자신은 학위를 얻기 위한 정규 교육을 받지 않았으면서도 16세에 이미 다른 학생들을 가르치는 선생이 되었으며, 20세가 되었을 무렵에는 자신의 학교를 열었을 정도로 뛰어난 재능이 있었다.

그의 관심은 수학만이 아니라 언어 공부에도 집중되어서 12세 때에는 배운 지 얼마 되지도 않은 라틴어로 쓰인 시를 깔끔하게 영어로 번역하여 주변을 놀라게 했고, 16세 무렵에는 프랑스어, 독일어, 이탈리아어까지 모두 유창한 수준에 이르렀다고 한다. 그는 독학으로 뉴턴(Isaac Newton), 라플라스(Pierre-Simon Laplace), 라그랑주(Joseph-Louis

: 조지 불

Lagrange)와 같은 당대 최고 수학자들의 책과 논문을 읽어 나갔으며, 24세가 되던 해에는 처음으로 자신만의 독창적인 수학 논문을 발표하기도 했다.

불에게 이진수 체계와 논리 연산자들은 수학과 논리학, 나아가 언어학까지를 아우르는 정교한 대수학(Algebra) 시스템을 구축하기 위한 도구에 해당했다. 라플라스와 라그랑주의 논문을 읽으면서 형식 논리학에 관심을 갖게 되었던 불은 1847년에 「논리의 수학적 해석(The Mathematical Analysis of Logic)」에서 수학이란 정확한 내부적 법칙과 기호로 이루어지는 모순이 없는 시스템이라고 주장했고, 이후 1854년에 발표한 「사고 법칙에 관한 연구(Investigation of the Laws of Thought)」에 이르러서는 마침내 우리가 오늘날 '불 대수'라고 알고 있는 대수학 시스템을 확립하게 됐다. 프로그래머들은 이렇게 컴퓨터 시스템의 발전에 혁혁한 공을 세운 불의 이름을 잊지 않고 기억해두기 위해서 참(true)과 거짓(false) 중에서 하나를 값으로 갖는 자료형을 '불리언(boolean)' 혹은 '불(bool)'이라고 부르고 있다.

서양 수학계에서는 이와 같이 이진수의 체계를 처음으로 정립한 사람이 라이프니츠고 그것을 발전시켜서 형식 논리학에 적용한 사람은 불이라고 보는 것이 정설이다. 그러나 누튼(Barend van Nooten)이 쓴 「인도 유물에 적힌 이진수」에 의하면 놀랍게도 기원전 2세기의 인도 사람들은 이미 이진수의 논리를 정확하게 파악하고 있었던 것으로 보인다. 이러한 발견이 서양 과학사에서도 정식으로 인정받고 있는지는 확인하지 못했지만, 이것이 사실이라면 인도의 수학자들이 라이프니츠보다 한참을 앞서 있었다는 말이 되므로 놀라운 발견이 아닐 수 없다.

> "이진수 연산의 흔적들은 유럽의 라이프니츠에 의해서 1695년에 발견되기 훨씬 이전에, 핑갈라(Pingala)가 미터법을 나타내기 위해서 쓴 베다(Vedic)와 산스크리트(Sanscrit) 시(詩)에서 발견됐다."
>
> 「인도 유물에 적힌 이진수(Binary Numbers in Indian Antiquity)」(인도 철학 저널 21, 1993)

고대 인도의 과학적 성취에 대한 증거를 담은 자료들은 다른 나라의 침략과 전쟁의 와중에서 많이 훼손되었으나, 그나마 남부 인도 지역에 존재하던 자료들은 상대적으로 많이 보존되어 있다고 한다. 핑갈라의 노래는 그렇게 살아남은 자료 중에서 비교적 최근에 발굴되었는데, 그의 노래는 미터법을 표시하기 위해서 다음과 같은 테이블을 묘사하고 있었다.

```
0000    1
1000    2
0100    3
```

```
1100    4
0010    5
1010    6
0110    7
1110    8
...
```

이 테이블에서는 최초의 수가 0이 아니라 1부터 시작하고 있는데, 0이라는 숫자는 (마찬가지로 인도에서) 5, 6세기 무렵에 이르러서야 발견되었기 때문이다. 핑갈라의 시에서는 이진수의 수들을 1이나 0 같은 아라비아 숫자가 아니라 당시 인도의 문자를 사용해서 나타냈다. 놀라운 사실은 그의 노래가 단순히 십진수와 이진수를 대비시키는 데 그치지 않고 십진수를 이진수로 변환하는 알고리즘마저 설명하고 있었다는 사실이다.

❶ 주어진 수를 2로 나눈다. 만약 나눠떨어지면 땅에 1을 적고, 아니면 0을 적는다.

❷ 나누기 결과, 땅에 1을 적었으면 남은 수를 다시 2로 나눈다. 나눠떨어지면 땅에 적힌 수의 오른쪽에 1을 적고, 아니면 0을 적는다.

❸ 나누기 결과, 땅에 0을 적었으면 남은 수에 1을 더한 다음 2로 나눈다. 나눠떨어지면 땅에 적힌 수의 오른쪽에 1을 적고, 아니면 0을 적는다.

❹ 남아 있는 수가 0이 될 때까지 이 과정을 반복한다.

여러분도 종이와 연필을 가지고 이 알고리즘을 직접 실행해보기 바란다. 그리하여 2세기 인도의 시인이 창조한 아름다운 알고리즘이 담고 있는 오묘한 맛을 음미해보기 바란다. 핑갈라라는 시인이 오늘날 태어났더라면 사이버 세상을 종횡무진 하는 최고의 프로그래머가 되었으리라는 사실에는 의심의 여지가 없다. 알고리즘을 시로 적다니! 그는 진짜 프로그래머였던 셈이다.

비트의 법칙

한편 『디지털이다(Being Digital)』(커뮤니케이션북스, 1999)라는 책으로 우리에게 널리 알려진 MIT 미디어랩의 니콜라스 네그로폰테(Nicolas Negroponte) 교수는 비트를 다음과 같이 정의했다.

> "비트는 색깔도 무게도 없다. 그러나 빛의 속도로 여행한다. 그것은 정보의 DNA를 구성하는 가장 작은 원자적 요소다. 비트는 켜진 상태거나 꺼진 상태, 참이거나 거짓, 위 아니면 아래, 안 아니면 바깥, 흑이거나 백, 이들 둘 가운데 한 가지 상태로 존재한다."
>
> 『Being Digital : 디지털이다』, 15쪽

비트의 법칙은 단순하다. 하지만 프로그래밍을 알고자 하는 사람들이 비트의 법칙을 이해하는 것은 높은 곳에서 떨어지면 죽는다는 중력의 법칙을 이해하는 것만큼 필수적이다. 높은 무공을 배우기 위해서 이름난 고수를 찾아간 주인공이 대개 밥을 짓고 빨래를 하는 것에서부터 배움을 시작하듯이 프로그래밍을 배우는 사람은 이진수의 법칙에서부터 배움을 시

작한다. 밥을 짓고 빨래를 하는 일이 화려함과 거리가 먼 것처럼 이진수의 법칙을 습득하는 과정은 결코 화려하지 않다. 그렇지만 컴퓨터가 동작하는 원리를 이해하기 위한 첫걸음은 비트라는 작은 알갱이의 성질을 이해하는 데에서부터 시작한다.

라이프니츠와 불이 (혹은 인도의 시인 핑갈라가) 일찍이 정립한 이진수의 원리는 비트의 법칙을 구성하는 기본적인 원리다. 십진수에서 1은 이진수에서의 1과 마찬가지지만, 십진수의 2는 이진수에서 10이라고 표기된다. 십진수라는 수의 체계가 0부터 9까지 숫자 열 개를 이용해서 수를 표기하는 시스템인 것처럼, 이진수는 0과 1이라는 숫자 두 개를 이용해서 수를 표기하는 시스템이다. 0부터 15까지의 십진수를 이진수로 표시해보면 다음과 같다. 이진수 옆에는 16진수도 표기했다. 16진수는 0, 1, 2, 3, 4, 5, 6, 7, 8, 9, A, B, C, D, E, F라는 문자 16개를 이용해서 수를 표시하는 방법이다.

십진수	이진수	16진수
0	0000	0
1	0001	1
2	0010	2
3	0011	3
4	0100	4
5	0101	5
6	0110	6
7	0111	7
8	1000	8
9	1001	9
10	1010	A
11	1011	B
12	1100	C

13	1101	D
14	1110	E
15	1111	F

비트의 법칙을 이해하기 위한 첫걸음은 이러한 이진수끼리 더하고 빼는 연산을 자유자재로 할 수 있는 기본 초식을 닦는 일이다. 기본 초식을 익히고 난 다음에는 곱하기, 나누기, 오버플로(overflow), 1의 보수(1's complement), 2의 보수(2's complement)와 같이 약간 고급스러운 개념을 공부한다.

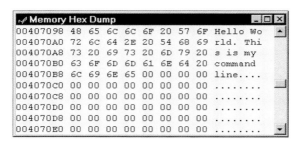

: 이진수 값이 16진수로 표기된 컴퓨터 메모리 (출처 : www.home.ix.netcom.com)

이진수와 16진수 사이에 존재하는 재미있는 특성 하나는, 네 자리로 이루어진 이진수 수가 항상 한 자리의 16진수 수에 대응한다는 사실이다. 그렇기 때문에 기다란 이진수는 종종 16진수를 이용해서 간단하게 표시하기도 한다. 이진수 숫자로 가득 찬 컴퓨터 메모리의 내부를 흔히 이진수가 아니라 16진수로 나타내는 것이 대표적인 예다. 다시 말해서 '1101110001010010'과 같이 비트 16개로 이뤄진 이진수 수를 16진수로 표현한다면, 이진수를 네 자리씩 끊었을 때 '1101'이 D에 해당하고, '1100'이 C에 해당하고, '0101'이 5에 해당하고, 마지막 '0010'이 2에 해당하므로 'DC52'처럼 훨씬 간단하게 표기할 수 있다. 복잡한 이진수 숫자를 16진수를 이용해서 간명하게 표현하는 것은 보통 컴퓨터의 내부를 한눈에 파악해야 하는 해커들이 즐겨 이용하는 방법이기도 하다.

수학자가 들으면 펄쩍 뛸지도 모르겠지만, 프로그래머는 이진수와 관련된 계산을 수행할 때 계산을 편리하게 하려고 다음과 같은 '이상한' 등식을 사용하기도 한다.

$$2^{10} = 10^3$$

2^{10}은 1,024고, 10^3은 1,000이므로 이 등식은 수학적으로 사실이 아니다. 그러나 커다란 수를 많이 다루는 프로그래머들은 이진수와 십진수 사이의 복잡한 계산을 피하려고 이 공식을 즐겨 사용한다. 이 공식이 사용되는 예를 들자면 이런 것이 있다. 한 번에 비트 32개로 이뤄진 메모리 주소 공간을 다루는 컴퓨터를 보통 32비트 컴퓨터라고 부른다. 그런데 사람들은 비트 32개로 이뤄진 이진수로 나타낼 수 있는 최댓값이 '40억'이기 때문에 메모리를 최대 4GB(기가바이트)까지만 지원할 수 있다고 말한다. 그러나 이것은 사실 정확한 표현이 아니다.

비트 한 개로 나타낼 수 있는 최댓값은 1이고, 비트 두 개로 나타낼 수 있는 최댓값은 11(십진수로 3)이며, 비트 세 개로 나타낼 수 있는 최댓값은 111(십진수로 7)이다. 이러한 결과를 가만히 들여다보면 비트의 수와 그것으로 나타낼 수 있는 이진수의 최댓값 사이에는 일정한 함수 관계가 존재한다는 사실을 알 수 있다. 즉, 비트의 수가 n이라고 했을 때, 그 수만큼의 비트를 이용해서 나타낼 수 있는 이진수의 최댓값은 $2^n - 1$이다. 그렇다고 한다면 비트 32개로 이뤄진 이진수로 나타낼 수 있는 최댓값은 다음과 같을 것이다.

$$11111111111111111111111111111111 = 2^{32} - 1 = 4,294,967,295$$

다시 말해서 사람들이 사용하는 4G(기가)라는 표현은 40억을 의미하기 때문에 실제로는 뒤에 붙어 있는 294,967,295라는 엄청난 수를 생략하고 있는 것이다. 294,967,295가 거의 3억에 가까운 수라는 사실을 생각해본다면 3억쯤을 우습게 알고 생략하는 프로그래머들의 배짱은 엄청난 것처럼 들린다(그렇지만 이것이 돈의 액수를 의미한다면 뒤에 붙은 수를 이렇게 생략할 사람은 없을 것이다. 아마 맨 끝의 −1까지 정확하게 계산할 것이다). 이런 결론이 나오게 된 배경에는 당연히 그 '이상한' 등식이 도사리고 있다. 프로그래머들은 그 등식을 이용하여 다음과 같은 계산을 수행하는 것이다.

$$2^{32} = (2^{10})^3 \times 2^2 = (10^3)^3 \times 2^2 = 10^9 \times 4 = 40억$$

내가 이 글을 쓰는 데 사용하고 있는 노트북 컴퓨터의 메모리 용량은 256MB다. (이 책의 초판을 쓴 게 2003년임을 기억해주기 바란다.) 그렇다면 256M(메가)는 실제로 2의 몇 승을 의미하는 숫자일까? 이상한 공식을 이용해보면 쉽게 알 수 있다.

$$256M = 256 \times 10^6 = 2^8 \times 10^6 = 2^8 \times (10^3)^2 = 2^8 \times (2^{10})^2$$
$$= 2^8 \times 2^{20} = 2^{28}$$

그런데 2^{28}을 실제로 계산한 값은 268,435,456이므로 256,000,000과 비교하면 무려 12,435,456만큼 더 크다. 여기에서도 앞서와 마찬가지로 우리가 256MB라고 말할 때는 이상한 공식 덕택에 적어도 12MB 정도는 허공에 날려버리는 것이다. 그렇다고 해서 어디 가서 256에 12를 더해서 268MB 메모리를 찾으면 곤란하다. 256MB 메모리가 곧 268MB 메모리를 의미하기 때문이다.

이와 같은 비트의 법칙에 익숙해져서 이진수, 8진수, 10진수, 16진수와 같은 수의 체계 사이를 자유자재로 돌아다니면서 연산을 수행할 수 있게 되면 최소한 밥 짓고 빨래하는 일은 졸업하게 된다. 프로그래머에 따라서는 이러한 이진수와 16진수의 세계에 푹 빠진 나머지 다음 학년으로 올라가지 않고 비트의 법칙만을 계속 파고드는 사람도 있다. 그런 사람은 이진수나 16진수만으로 가득 차 있는 화면을 보고도 코드의 의미를 정확하게 해석할 수 있는 신기한 능력을 갖게 되기도 한다.

언젠가 시애틀 근교 마이크로소프트 본사에 있는 익스체인지 서버(Exchange Server) 기술 지원 부서에서 근무하는 선배의 사무실을 방문할 기회가 있었다. 선배는 익스체인지 서버를 사용하는 일반 고객들이 소프트웨어에서 문제를 발견하면 PC 메모리의 현재 상태를 그대로 저장한 데이터를 자기 부서로 보내온다고 설명했다. 메모리의 상태는 이진수(혹은 16진수)로 가득 차 있으므로 보통 사람은 봐도 의미를 전혀 알 수 없다. 하지만 선배는 몇 년 동안 그런 데이터만 다뤘더니 이제는 힐끗 보기만 해도 어디에 무엇이 잘못되었는지 한눈에 보인다고 말하는 것이다.

이렇게 이진수나 16진수를 직접 다룰 수 있는 사람은 해커 중에서 특히 많다. 이런 사람은 메모리 속을 수시로 드나들면서 필요에 따라서 자기가 원하는 값을 메모리 위에서 직접 고치기도 한다. 예컨대 컴퓨터 게임을 하다가 에너지나 파워 같은 것이 더 필요하게 되면 메모리 값을 편집할 수 있는 소프트웨어를 이용해서 메모리에 저장된 이진수 값을 곧바로 수정하는 반칙을 저지르기도 하는 것이다. 한편 크래커들은 소프트웨어가 메모리 위에서 존재할 때 나타내는 이진수 코드의 패턴이나 중요한 데이터의 패턴을 분석해서 비밀번호와 같은 중요한 정보를 훔치는 크래킹에 이용하기도 한다.

　이렇게 컴퓨터의 언어, 즉 기계어를 직접 이해하고 다룰 수 있는 사람에게는 어쩌면 C, C++, 자바와 같은 프로그래밍 언어가 무의미하게 보일지도 모른다. 실제로 그러한 일화가 있다. 폰 노이만(John von Neumann)의 제자인 도널드 길리스(Donald Gillies)의 회고에 따르면, 그는 이진수만으로 구성된 기계어 프로그램을 일일이 손으로 짜 맞추는 (assemble) 작업이 너무나 고통스러워서 한때 스승 몰래 기계어 코드를 자동으로 맞춰주는 소프트웨어인 어셈블러(assembler)를 제작하려고 시도한 적이 있다고 한다.

: 존 폰 노이만

　하지만 그의 계획은 노이만에게 금방 들통났다. 불같이 화가 난 노이만은 길리스에게 이렇게 말하였다고 한다. "이렇게 값지고 소중한 과학적

도구(컴퓨터)를 그따위 사무적인(clerical) 일에 사용하는 것은 터무니없는 낭비가 아닌가!"

오늘날의 프로그래머가 어셈블러는 물론 어셈블러보다 훨씬 더 '사무적인' 컴파일러를 일상적으로 사용하고 있다는 사실을 고려해본다면 노이만의 분노는 사실 지나친 것이었다. 노이만은 심지어 1954년에 열린 회의에서 포트란(FORTRAN) 언어의 창시자인 존 바쿠스(John Backus)가 새로운 언어의 필요성에 대해서 열변을 토하자 심드렁한 표정으로 이렇게 얘기했다고 한다. "아니, 기계어가 있는데 무엇 때문에 그런 언어를 만들려고 합니까?"

그러나 오늘날에는 (버그 잡기와 같은) 특별한 작업을 수행하는 경우나 혹은 비트의 세계 깊숙한 곳을 누비고 다니는 해커가 아니라면 이진수로 된 코드를 바라보면서 작업하는 일은 거의 없다. 보통 사람보다 월등하게 뛰어난 계산 능력과 코드 분석 능력을 갖췄던 노이만 자신이라면 모를까 우리 같은 범부(凡夫)에게 이진수 코드(기계어)는 사용할 수 없는 무의미한 코드와 다름없다(혹시 독자 중에 천재가 있다면 그분도 빼고). 비트의 법칙을 이해하는 것은 어디까지나 프로그래밍의 아름다움을 감상하는 데 필요한 준비 작업이지 그 자체가 목적인 시대는 이미 오래전에 지났기 때문이다.

---

1 노이만의 천재성을 증명하는 일화는 무수히 많다. 또 다른 천재 수학자 폴 에르되시는 자신이 만난 사람 중에서 노이만이 가장 뛰어난 사람이라고 평가한 바 있다. 노이만은 컴퓨터와 수학만이 아니라 포도주, 여자, 시, 그리고 돈을 매우 좋아하는 정열적인 사람이었다.

영혼을 녹여서 만드는
아름다운 공식

앞서 보았던 '네 사내가 다리를 건너는 문제'를 접하게 되면 대부분의 사람이 먼저 생각해내는 답은 19다. 19보다 더 빠른 답이 있다고 말해주기 전에는 대부분이 자신의 직관에 기초해서 구한 19를 정답인 것처럼 느낀다. 저널리스트인 멘켄(H. L. Mencken)은 "모든 문제에는 언제나 가장 쉬운 해결책이 있다. 보기에는 깨끗하고 그럴듯하지만 실제로는 틀린 해결책이 바로 그것이다"라고 말한 적이 있다. 말하자면 19가 바로 그런 틀린 해결책에 해당하는 셈이다. 아니, 19를 (어쨌든 다리는 건널 수 있으니까) 꼭 '틀렸다'고 말하기는 어렵다. 하지만 적어도 17이라는 정답에 비해서 효율적이지 않은 것만은 틀림없다.

프로그래밍을 배운 지 얼마 되지 않은 사람들은 자신이 작성한 프로그램이 일단 돌아가기만 하면 감격한다. 나도 그랬다. 처음에는 프로그램이 돌아가도록 만드는 것 말고 다른 것은 생각할 여유가 없다. 자신이 작성한 프로그램이 원하는 결과를 낳는 것을 눈으로 확인하는 것만으로도 가슴이

벅차고 심장이 두근거리기 때문이다. 사내 네 명이 다리를 건너는 데 17분이 걸리는지, 19분이 걸리는지, 아니면 30분이 걸리는지 상관하지 않는다. 내가 작성한 프로그램 덕분에 그 사내들이 다리를 건넜다는 사실 자체가 중요하게 생각되는 것이다.

내가 프로그래밍을 제대로 배우기 시작한 것은 군대를 제대(그것도 현역으로!)하고 나서였으니 상당히 늦은 편이다. C 언어를 더듬더듬 독학으로 공부하던 시절에 후배 한 명이 내 방에 놀러 왔다. 제대하고 나서 아르바이트를 해서 번 돈으로 용산에서 조립품 386 PC를 가져다 놓고 낮과 밤이 바뀔 정도로 천리안 PC 통신에 흠뻑 빠져 있던 무렵이었다 ('삐삐삐삐이이이이이이익'하고 울리는 모뎀의 소리를 들을 때마다 가슴이 풍선처럼 부풀던 그 시절의 기억이 새롭다. 그 때만 해도 통신 채팅방이 지금처럼 성이 집중적으로 거래되는 타락한 공간이 아니었다).

침대에 걸터앉은 나와 잡담을 하면서 PC 앞에서 뭔가를 뚝딱거리던 후배가 "형, 이것 좀 보세요" 하면서 모니터를 보여줬다. 후배가 엔터키를 누르자, 화면에 신기한 숫자가 가득 나타났다. "피보나치 수열이에요. C로 한번 만들어 봤죠." 나는 후배가 C 프로그래밍을 할 수 있다는 사실을 모르고 있었다. 겨우 자료형, 배열, 포인터 같은 기본 초식을 연마하고 있던 나에게는 피보나치 수열 자체보다 아무 책도 보지 않고 프로그램을 만들 수 있는 후배의 능력이 너무나 경이롭게 느껴졌다.

해바라기 씨앗의 배열을 닮은 피보나치 수열은 매우 아름답지만, 그것을 컴퓨터 프로그램으로 옮기는 것이 별로 어려운 일이 아니라는 사실은 나중에야 알게 됐다. 그때에는 화면에 나타나는 숫자들을 바라보는 것만으로도 황홀감을 느낄 지경이었다. 후배가 남기고 간 프로그램을 혼자서 몇 번씩 실행해보다가, 나중에는 코드 내용을 읽으면서 흉내도 내어 보았다. 구체적인 내용은 다를지 몰라도 사람들은 이러한 단계를 거치면서 프로그래밍이라는 '약'에 조금씩 중독되어 간다. 이렇게 프로그래밍을 막 시작하는 단계에서는 프로그래밍 언어를 익히고 비트의 법칙을 깨달아 가는 것만으로도 바쁘기 때문에 프로그램의 효율성이나 알고리즘의 최적화와 같은 문제는 생각하기 어렵다.

: 피보나치 수열에 따라 배열되는 해바라기 씨앗 (ⓒEsdras Calderan / Wikimedia commons)

한편, 일정 정도의 수준에 오른 프로그래머라면 문제를 척 보기만 해도 다리 건너기 문제에서 19분에 해당하는 정도의 평범한 알고리즘은 머리에 금방 떠오른다. 어지간한 기능은 별로 고민하지 않아도 쉽게 프로그램으로 만든다. 병아리 시절에 비하면 월등하게 나아진 것이다. 그런데 대부분의 사람이 여기에서 멈춘다. 이 정도면 크게 나쁘지 않다고 보고 더 이상 고민하지 않는 것이다. 이러한 프로그래머가 작성하는 알고리즘은 대개 주어진 일을 처리하는 데 크게 문제를 일으키지 않는다. 가끔 버그가 발견되거나 성능에서 문제가 나타나기도 하지만, 그때마다 필요한 수정을 가해서 프로그램을 유지해나간다.

프로젝트를 수행하다 보면 이런 프로그래머의 수가 적지 않다는 (사실은 대부분이라는) 현실에 놀라게 될 때가 있다. 이들은 가끔 자신도 충분히 이해하지 못한 알고리즘을 구해와서 자기가 작성하는 프로그램에 집어넣는 경우가 있다. 그렇기 때문에 버그를 잡아내기 위해서 디버깅을 하다 보면 실로 어처구니없는 곳에서 버그를 발견하기도 한다. 프로그램이 기능적으로는 하자가 없지만 효율성이라는 측면에서는 허점이 많은 경우다. 이런 사람은 실력이 부족하다기보다는 집중력이 부족한 것이다. 능력이 없는 것이 아니고 열정이 부족한 것이다.

하지만 프로그래밍을 삶의 (전체는 아니더라도 최소한 일부) '목적'으로 대하는 프로그래머들은 다른 사람이 19분보다 빠른 방법이 있다고 말해주지 않아도 스스로 고민을 시작한다. 더 빠른 방법이 있는지조차 확실하지 않지만 커피를 한 잔 마시면서 새벽까지 고민한다. 이유는 없다. 그러한 고민을 하는 순간이 세상에서 두 번째로 행복한 순간이기 때문에 고민하지 않을 수가 없을 뿐이다. 그럼 세상에서 첫 번째로 행복한 순간은? 당연히 고민하던 문제를 풀어서 심장에 전류가 흐르는 듯한 쾌감을 느끼게 되는 순간이다. 말하자면 프로그래머는 그 쾌감을 잊지 못해서 끊임없이 키보드를 두드리게 되는 일종의 '쾌감 중독자'인 셈이다.

모든 일이 다 그렇지만 보통의 프로그래머와 뛰어난 프로그래머는 이렇게 열정이 있는가 없는가에서 판가름난다. 프로그래밍을 먹고 살기 위해서 (혹은 돈을 벌기 위해서) 어쩔 수 없이 하는 소외된 노동으로 만드는가, 아니면 자기를 실현하는 해방된 노동으로 만드는가는 (적어도 어느 정도는) 프로그래머 자신에게 달려 있는 것이다.

IT 산업이 굴뚝 산업을 몰아낸다는 소문이 돌자 수많은 젊은이가 프로그래밍 세계에 앞다투어 뛰어든 적이 있었다. 그중에는 프로그래밍이라는 세계가 가지는 독특한 매력에 이끌린 사람도 있었지만, 돈이 움직이는 방향을 보고 불나방처럼 뛰어든 사람도 많이 있었다. 그 당시 프로그래머의 주가는 너무 높아서 하늘에 닿을 정도였다. '인기 신랑감' 1등이 IT 업계 직원이라는 언론의 뿔피리와 꽹과리 소리에 이미 결혼을 한 사람마저 새삼스럽게 코에 힘을 주던 시절이었다. 직장을 옮기면 더 많은 돈을 챙길 수 있다는 소문이 무성했고, "누가 회사를 차렸다더라, 누구 회사는 코스닥에 상장되었다더라, 누구 회사는 나스닥에 IPO 나간다더라" 하는 소문이 하루가 멀게 들려오던 시절이었다. 프로그래밍을 할 수 있다는 사실과 부를 축적하여 팔자를 고쳐보겠다는 욕망은 점차 한 덩어리로 뭉쳐서 구분하기 힘들어지고, '비즈니스'라는 이름은 욕망을 감추는 당의정이 되어 불티나게 팔려나갔다.

많은 사람이 그 당시를 프로그래머들의 전성기라고 생각했지만, 사실은 그때야말로 프로그래밍이 소외된 노동으로 전락한 시절이었다. 프로그래밍 자체가 가지고 있는 매력과 아름다움이 '대박의 꿈'에 눌려 제대로 숨도 못 쉬던 시절이었기 때문이다. 그러나 상황은 달라졌다. 거품이 터지고 환상이 깨지자 현실이 드러났다. 돈을 좇던 사람들은 자의로 혹은 타의로 프로그래밍의 세계를 떠났고, 남은 사람들은 자세를 고쳐 앉았다. 프로그래밍은 다시 아름다운 향기를 되찾고 열정적인 사람들을 유혹하는 창조적인 노동의 대상으로 (적어도 일부는) 되돌아오게 됐다.

바둑을 직업으로 삼고 있는 프로 기사에게 바둑은 기본적으로 먹고살기 위한 수단이기도 하지만, 그 이전에 바둑을 두지 않으면 견딜 수 없을 만큼 바둑을 사랑하기 때문에 바둑을 둔다. 프로그래머에게도 이와 비슷한 점이 있다. 프로그래밍이라는 행위는 창조적인 노동을 바탕으로 자신의 '작품'을 만들어 나가는 과정이기 때문에 또한 '글쓰기'와 닮은 점도 많다. 글쓰기라는 것이 뜨거운 열정이 없으면 하기 어렵듯이 프로그래밍이라는 행위도 깊은 애정과 사랑이 없으면 하기 어렵다. 프로그래밍이라는 것은 마치 사랑하는 연인에게 보내는 연애편지를 쓰는 것처럼 가슴 떨리고 온 신경이 집중되는 뜨거운 창조 행위와 다르지 않기 때문이다.

프로그래밍은 영혼을 녹여서 아름다운 알고리즘을 빚어나가는 근사한 경험으로 채워져 있다. 프로그래머는 그 안에서 프로그래밍 언어를 익히고, 수학적 추론을 학습하고, 알고리즘을 작성하고, 프로그램의 속도를 분석한다. 다른 프로그래머들과 논쟁하고, 협동하고, 서로 동기를 자극한다. 때로는 어깨와 손목이 저리고 아프기도 하지만 마음은 언제나 즐겁고 행복하다. 커피 한잔을 마시면서 마우스를 어루만지고 키보드를 두드리면 프로그래머는 어느덧 컴퓨터와 하나가 된다. 뇌가 컴퓨터에 연결되어 사이버스페이스 속으로 날아 들어간다. 날아오는 총알을 느린 동작으로 피하고 지구의 운명을 책임지는 사령관이 되기도 한다. 가상 세계의 법칙을 깨달아나갈수록 더욱 깊고 오묘한 세계가 눈앞에 끊임없이 펼쳐진다. 거부할 수 없는 쾌감과 성취감의 끝없는 향연! 이것이 프로그래밍의 세계다.

알고리즘 1-1. 피보나치 수열 알고리즘

　　C 언어로 작성한 피보나치 수열 프로그램을 담아둔 PC는 유학을 떠나기 전에 용산 전자 상가의 중고 PC 상점에 8만 원 정도를 받고 팔았다. 그중에서 적어도 2~3만 원 정도는 당일 저녁에 먹은 소주와 삼겹살 값으로 사라졌을 것이다. 하드디스크에 담겨 있던 주옥같은 도스(DOS) 게임을 백업해두지 않은 것을 훗날 몹시 후회하기도 했다.

　　피보나치 수열은 두 개의 1로 시작하여 앞의 두 수를 더한 수가 현재의 수가 되는 방식으로 진행된다. 다음은 피보나치 수열의 예다.

1, 1, 2, 3, 5, 8, 13, 21, 34, 55, …

피보나치 수열을 수학 공식으로 나타내면 다음과 같다.

$F(n) = 1$ $(n \Leftarrow 2)$
$F(n) = F(n-1) + F(n-2)$ $(n > 2)$

　　피보나치 수열과 관련한 문제 중에서는 아마 다음 문제가 가장 유명할 것이다. 피보나치 수열을 이용해서 풀어보기 바란다.

　　"토끼 한 쌍이 매월 한 쌍의 새끼를 낳고, 태어난 새끼 한 쌍도 금방 커서 바로 다음 달부터 매월 한 쌍씩 또 새끼를 낳기 시작한다면, 처음 한 쌍의 토끼로부터 1년간 총 몇 쌍의 토끼가 태어날 것인가?"

　　피보나치 수열은 n의 값이 증가할수록 끝의 두 수 사이의 비율이 점점 황금비인 1.618..에 수렴하는 것으로 알려져 있다. 나무가 가지를 뻗는 모습, 소라나 고동의 집이 회오리 모양의 원을 그리며 가운데로 수렴하는 모습, 백화, 붓꽃, 채송화, 데이지와 같은 꽃잎의 개수, 은하계의 나선형 모양과 같은 자연 속의 사물은 물론 담뱃갑의 가로세로 비율이나 배꼽을 중심으로 사람의 상체와 하체도 황금비를 이룬다.

　　대런 애러노프스키(Darren Aronofsky)는 영화 〈파이(Pi)〉에서 피보나치 수열이 마치 자연이 감추고 있는 커다란 비밀이기라도 한 것처럼 신비하고 은밀한 모습으로 묘사했다. 그런데 피보나치 수열이 만들어내는 수의 비율을 가만히 들여다보면 실제로 깊은 신비로움을 느끼게 된다. 그것이 하도 신기해서 아예 피보나치 수열만 이용해서 음악을 만든 사람도 있을 정도다.

다음 프로그램은 화면에 n까지의 피보나치 수열을 출력하는 자바 프로그램이다 (JDK 1.4를 이용해서 작성했다). 프로그램을 들여다보면 피보나치 수열의 값을 구하는 메서드 자체는 매우 간단할 뿐만 아니라 앞에서 본 수학 공식과 거의 똑같다는 사실을 알 수 있을 것이다.

```java
// Fibonacci.java
public class Fibonacci
{
    public static void main(String[] args)
    {
        // 실전 프로그램에서는 인수(args)를 사용하기 전에 필요한 인수가 제대로
        // 전달되었는지 여부를 반드시 검사해야 한다.
        // 필요하다면 try-catch를 이용해서
        // ArrayIndexOutOfBoundsException이
        // 발생하는지 확인한다. 예외가 발생한 경우에는 적절한 오류 메시지를
        // 화면에 출력해야 하지만 여기에서는 편의상 생략한다.
        int inputNumber = Integer.parseInt(args[0]);

        // 화면에 출력할 내용을 저장하는 문자열 버퍼를 선언한다.
        StringBuffer stringBuffer = new StringBuffer();

        for (int i = 1; i <= inputNumber; i++)
        {
            // 피보나치 메서드 값 앞에 "F(N) ="을 출력해서 예쁘게 만든다.
            stringBuffer.delete(0, stringBuffer.length());
            stringBuffer.append("F(");
            stringBuffer.append(i);
            stringBuffer.append(") = ");

            // 피보나치 메서드를 호출한다.
```

```
            stringBuffer.append(fibonacci(i));

            // 결과를 화면에 출력한다.
            System.out.println(stringBuffer.toString());
        }
    }

    // 피보나치 수열에서 n번째 값을 반환하는 메서드다. 피보나치 수열을 나타내는
    // 수학 공식과 거의 일치하고 있음에 주목하기 바란다.
    private static int fibonacci(int n)
    {
        if (n <= 2)
        {
            return 1;
        }
        else
        {
            // 피보나치 메서드를 재귀적으로 호출한다.
            return fibonacci(n - 1) + fibonacci(n - 2);
        }
    }
}
```

코드를 Fibonacci.java라는 파일에 저장한 다음 컴파일하고 실행해보자. 다음은 n 의 값에 12를 넣었을 때 화면에 출력된 결과다.

```
C:\WORK\> java Fibonacci 12
F(1) = 1
F(2) = 1
F(3) = 2
F(4) = 3
```

F(5) = 5
F(6) = 8
F(7) = 13
F(8) = 21
F(9) = 34
F(10) = 55
F(11) = 89
F(12) = 144

이 숫자들이 화면에 나타나는 것을 보고 "이게 뭐야?"하고 느낀 사람은 저쪽으로 가서 앉고, 뭔가 감흥이 느껴지는 사람은 이쪽으로 와서 앉기 바란다. 이쪽에 와서 앉은 사람은 이제 12보다 큰 수를 입력해서 프로그램을 실행해보기 바란다. 흥미를 느낀 사람은 프로그램에서 main 메서드 부분을 수정해서 단순히 숫자를 나타내는 대신 피보나치 수열을 나타내는 도형을 화면에 그려보기 바란다. 아름다운 자연의 목소리를 들을 수 있을 것이다.

알고리즘 1-2. 러시아 농부 알고리즘

정수 두 개를 받아들인 다음 두 수를 곱한 값을 반환하는 간단한 메서드를 정의해보자.

```
int multiply(int n, int m)
{
    return n * m;
}
```

매우 간단하다. 하지만 이 메서드를 곱하기 없이 덧셈만 이용해서 작성해야 한다면 아래와 같이 약간 복잡해질 것이다.

```
int multiplyUsingAdditionOnly(int n, int m)
{
    int result = 0;

    for (int i = 0; i < n; i++)
    {
        result = result + m;
    }
    return result;
}
```

이제 러시아 농부 알고리즘을 한번 생각해보자. 이 알고리즘은, 수 하나는 2로 나눠서 줄여나가고 (소수점 이하는 버린다) 다른 수는 2배로 늘려나감으로써 두 수의 곱을 구하는 방법이다. 19와 22를 곱하는 경우를 예로 들어보자.

```
19    22
 9    44    → 19를 2로 나누면 9.5가 되지만 소수점 아래는 버렸다.
 4    88    → 마찬가지로 9를 2로 나눈 4.5에서 소수점 아래를 버렸다.
 2   176
```

1   352

이렇게 왼쪽의 수는 2로 나눠서 점차 줄어나가고 오른쪽의 수는 두 배로 늘려나간다. 왼쪽의 수를 더 이상 나눌 수 없게 되면 이제 왼쪽의 숫자가 짝수인 줄은 연필로 지운다. 이 경우에는 '4'와 '2'가 짝수이므로 그 줄을 지우고 나면 다음과 같이 된다.

19   22
 9   44
 1   352

이제 오른쪽에 남아 있는 수를 모두 더하면 22 + 44 + 352 = 418이 된다. 19와 22를 곱한 결과가 418임을 확인해보기 바란다. 두 수의 곱을 이렇게 구하는 방법을 "러시아 농부 알고리즘(Russian Peasant Algorithm)"이라고 한다.

러시아 농부 알고리즘이 동작하는 원리 속에는 이진수의 법칙이 도사리고 있다. 19라는 수를 이진수로 나타내면 10011이다. 그런데 10011은 다음과 같이 표현할 수도 있다.

$$10011 = 1 \times 2^4 + 0 \times 2^3 + 0 \times 2^2 + 1 \times 2^1 + 1 \times 2^0 = 2^4 + 2 + 1$$

이 수에 22를 곱하면 다음과 같다.

$$(2^4 + 2 + 1) \times 22 = (2^4 \times 22) + (2 \times 22) + (1 \times 22) = 352 + 44 + 22$$

이 결과가 앞서 봤던 러시아 농부 알고리즘에서 오른쪽 열에 남은 수를 더하는 것과 같다는 사실을 확인하기 바란다. 이 알고리즘에 러시아 농부 알고리즘이라는 이름이 붙은 이유는 불분명하지만, 정말로 그들이 이러한 방법을 이용했기 때문이라면 러시아 농부들은 이미 이진수의 법칙을 정확하게 파악하고 있었던 셈이다.

```
// Russian.java
public class Russian
{
    public static void main(String[] args)
    {
        int n = Integer.parseInt(args[0]);
        int m = Integer.parseInt(args[1]);
        StringBuffer stringBuffer = new StringBuffer();
        stringBuffer.append(n);
        stringBuffer.append(" * ");
        stringBuffer.append(m);
        stringBuffer.append(" = ");
        stringBuffer.append(multiplyOfRussianPeasant(n, m));
        System.out.println(stringBuffer.toString());
    }

    private static int multiplyOfRussianPeasant(int n, int m)
    {
        int result = 0;

        // n이 1이 될 때까지 반복한다.
        while (n >= 1)
        {

            // n이 홀수인 경우에 한해서 현재 m의 값을 결과에 더한다.
            if (n%2 == 1)
            {
                result = result + m;
            }

            // n은 2로 나누고 m은 2를 곱한다.
```

```
        n = n/2;
        m = m*2;
    }
    return result;
    }
}
```

이 프로그램을 실행한 예는 다음과 같다.

```
C:\WORK>java Russian 19 22
19 * 22 = 418
```

이 프로그램은 n이나 m이 0일 때에도 원하는 값을 출력할까? 만약 n이나 m이 음수라면 올바른 값이 출력될 것인가? 한번 생각해보기 바란다. 원하는 값이 출력되지 않는 경우가 적어도 하나는 있을 것이다. 그것을 일종의 버그라고 생각하고, 프로그램을 수정해서 모든 경우에 원하는 값이 출력되도록 고쳐보기 바란다.

2.
장.

행복한 프로그래밍

뜨겁고 진한 에스프레소 커피 위에 달콤한 젤라틴을 띄워서 크림처럼 녹여 먹는다. 이탈리아풍의 빈 커피라고도 불린다. 오전 10시면 하루 중에서 일의 능률이 가장 높을 때다. 에스프레소 젤라틴을 마시면서 알고리즘이 무엇인지, 프로그래밍 언어가 무엇인지를 알아보자. 참, 재미있는 버그 이야기와 무협지도 한 꼭지 들어있다.

———— 첫 번째. ————

알고리즘의 이해

도널드 커누스 교수의 「컴퓨터 프로그래밍의 기술(The Art of Computer Programming)」은 〈아메리칸 사이언티스트(American Scientist)〉가 1999년에 선정한 20세기를 빛낸 논문 12개에 이름을 올렸다. 이 12개에는 아인슈타인의 상대성 이론, 만델브로트의 프랙털, 러셀과 화이트헤드의 수학적 기초, 폰 노이만과 모르겐스턴(Morgenstern)의 게임 이론, 파인만의 양자 전기역학(quantum electrodynamics)에 대한 논문 등이 포함되어 있었다. 말하자면 컴퓨터 프로그래밍 알고리즘을 집대성한 커누스 교수의 책은 양자역학이나 상대성 이론과 같은 과학적 성과와 어깨를 나란히 한 셈이다.

프로그래밍을 처음 시작하는 사람들이 브라이언 커니핸(Brian Kernighan)과 데니스 리치(Dennis Ritchie)의 『C 언어 프로그래밍』(휴먼싸이언스, 2016)을 찾아서 읽는다면, 프로그래밍 실력이 일정 수준에 도달한 사람들은 대개 한 번쯤은 커누스 교수의 책을 찾는다. 두툼한 책

네 권으로 이뤄진 커누스 교수의 책은 깊이 있는 프로그래밍을 원하는 사람들에게는 필독서로 통하기 때문이다. 그렇지만 책의 제목만 보고 이 책에서 특정한 프로그래밍 언어로 작성된 프로그램 코드를 기대하는 사람은 실망하게 될 것이다. 책을 읽은 사람은 알겠지만 커누스 교수의 책은 프로그램 소스 코드가 아니라 수학적 명제와 명제에 대한 증명, 연습 문제, 그리고 알고리즘만으로 가득 차 있기 때문이다.

이것은 '컴퓨터 프로그래밍의 기술'과 '프로그래밍 언어'가 동일한 대상이 아니라는 사실을 의미한다. 프로그램을 처음 시작하는 사람이 주로 관심을 갖는 부분은 특정한 프로그래밍 언어의 문법과 API인 경우가 많지만, 프로그래밍의 본질은 프로그래밍 언어에 담겨 있는 것이 아니라 수학적 논리 체계, 즉 알고리즘에 담겨 있다. 『The Art of Computer Programming(개정3판)』(한빛미디어, 2006)이라는 선언적인 제목을 달고 있는 커누스 교수의 책에는 그래서 (붕어빵에 붕어가 없는 것처럼) 프로그래밍 언어가 등장하지 않는다.[1] 대신 프로그래밍에 필요한 여러 알고리즘을 깊이 있고 풍부한 수학 공식을 이용해서 해설하고 있다.

프로그래밍 세계에서 널리 사용하는 용어인 알고리즘은 8~9세기 아랍에서 유명한 수학자였던 아부 압둘라 무함마드 이븐 무사 알콰리즈미(Abu Abdullah Muhammad ibn Musa al-Khwarizmi)의 이름에서 유래한 말이다. 옛날에 코미디언 서영춘 씨가 즐겨 부르던 '김 수한무 거북이와 두루미 삼천갑자 동방삭 치치카포 사리사리센타'에 버금가는 기다란 이름인데, 그의 마지막 이름인 '알콰리즈미'가 변형되어 '알고리즘'이 된 것이라고 한다.

1 　물론 알고리즘을 설명하기 위한 유사(pseudo) 프로그래밍 언어나 어셈블리(Assembly)어 정도는 등장한다.

: 1983년 소비에트 연방에서 발행한 알콰리즈미 우표

생각해보면 알고리즘이라는 말의 기원을 제공한 알콰리즈미가 수학자였다는 사실과 커누스 교수의 책이 수학 공식으로 가득 차 있다는 사실은 우연이 아니다. 그것은 알고리즘 자체가 사실은 수학의 일부기 때문이다. 수학을 좋아하지 않는 사람에게는 별로 반가운 소식이 아니겠지만 프로그래밍과 수학은 서로 뗄 수 없는 밀접한 관련이 있다. 컴퓨터를 탄생시킨 비트의 법칙 자체가 사실은 수학의 일부이기 때문에 컴퓨터 역사에 이름을 올리고 있는 라이프니츠, 불, 튜링, 노이만과 같은 사람들을 봐도 컴퓨터학자기 이전에 우선 수학자였다.

영화 〈파이(Pi)〉의 주인공 맥스 코헨(Max Cohen)은 수(數) 안에 숨어 있는 패턴에 깊이 매료되어 이 세상에서 일어나는 모든 일을 수학으로 설명할 수 있다고 믿었다. 그렇지만 그의 믿음은 물론 사실이 아니다. 그것은 지나친 일반화가 초래한 오류일 뿐이다. "신이 있다면 그는 수학자일 것이다"라는 말이 있을 만큼 세상의 많은 일이 수학으로 표현될 수 있는 것은 사실이지만 그렇다고 해서 세상의 모든 것이 수학으로 표현될 수는 없다. 예를 들어서 매력적인 이성을 만났을 때 마음속에 일어나는 감정의 변화마저 수학으로 표현할 수는 없지 않은가! 물론, m은 남자(male), f는 여자(female), 그리고 b는 아기(baby)라고 했을 때 'm + f = f(b)'라는 절묘한 공식이 있긴 하지만 이것은 어디까지나 농담에 불과하다. 더구나 이 공식은 아름다운 감정의 변화가 아니라 신체상의 변화만을 포착하고 있을 뿐이다.

수학으로 표현할 수 없는 예는 그 밖에도 얼마든지 많다. 따라서 세상의 모든 것을 수학으로 환원할 수 있다고 믿는 것은 잘못된 미신이다. 그렇긴 하더라도 수학적 진리가 다른 어떤 것보다도 확실하고 보편적이라는 사실은 분명하다. "내일도 태양이 뜰 것이다"라는 표현은 우주 반대편에서는 사실이 아닐 수도 있지만, '1 + 1 = 2'라는 수학적 진리는 우주 끝에서도 사실일 것이다. 칼 세이건(Carl Sagan)의 소설을 기초로 한 영화 〈콘택트(Contact)〉에서 베가라는 머나먼 별에서 보내온 메시지가 소수(prime number)의 나열로 시작되는 것으로 설정한 것은 그러한 믿음을 반영한 것이라고 볼 수 있다. 이러한 설정은 언어가 통하지 않는 존재끼리 '문명'의 존재를 알리기 위한 방법으로 수학보다 확실한 것은 없을 것이라는 생각에 기초하고 있다.

사실 세이건의 이러한 설정은 소설적 상상에 그치는 것이 아니라 현실의 일부였다. 인류는 1974년에 푸에르토리코 북부의 항구 도시인 아레시보(Arecibo)에서 M13 성단에 사는 (혹은 살 것으로 믿는) 벗들을 향해 메시지를 보낸 적이 있다. 캄캄하고 광활한 우주에서 혼자 살아가는 것은 외롭고 막연한 일이기 때문에 인류가 친구를 찾으려고 하는 것은 어쩌면 당연한 노력일지도 모른다. 항구 도시의 이름을 따서 아레시보 메시지(Arecibo message)라고 불리는 이 메시지는 비트 1,679개로 이뤄져 있다. 비트 8개가 모여서 1바이트를 구성하고 1바이트는 한 글자를 표현하는 데 사용되므로 이것은 209바이트, 혹은 글자 209개로 이뤄진 대단히 짧은 메시지였다.

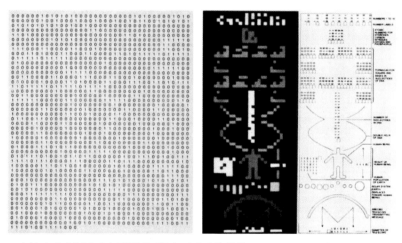

: 이진수로 된 아레시보 메시지(왼쪽)와 해독된 모습(오른쪽) (출처 : www.matessa.org)

그림에서 볼 수 있다시피 짧은 메시지 안에는 아레시보 망원경, 태양계, 우리의 DNA 구조, 사람의 모습, 그리고 화학 성분에 대한 정보를 포함하는 풍부한 내용이 담겨 있다. 하지만 가장 중요한 메시지의 시작 부분에는 1부터 10까지의 수를 이진수로 헤아려 나가는 방법이 적혀 있다. 우리가 M13 성단의 벗들에게 건네게 될 첫 마디는 다른 것이 아니라 바로 '이진수'인 것이다. M13 성단의 벗들이 수학을, 혹은 이진수를 이해하고 있다면 아레시보 메시지에 담긴 우리의 모습을 볼 수 있을 것이고 그렇지

않다면 그들은 머나먼 별 지구에서 날아온 절실한 신호를 한낱 시끄러운
잡음쯤으로 여기고 그냥 지나치게 될 것이다.

```
001
010
011
100
101
110
111
1000
1001
1011
```

이것이 인류가 M13 성단의 벗들에게 보내는 인사말이다.

그쪽에서 뜨는 태양이 하나인지 두 개인지, 밥을 먹으면서 사는지 흙
을 먹으면서 사는지조차 알지 못하는 상태에서 수학은 이처럼 서로에게

의미를 전달할 수 있는 유일한 언어가 된다. 수학은 그만큼 절대적이고 확실한 범우주적 언어인 것이다. 라이프니츠는 이러한 범우주적 언어 속에서 이진수 체계라는 가느다란 실을 뽑아 올렸고, 불은 그 실을 엮어서 논리 회로라는 부드러운 옷감을 만들었다. 그리고 프로그래머들은 그러한 옷감을 자르고 붙여서 알고리즘이라는 간편하고 아름다운 옷을 만든다. 그러므로 알고리즘 속에는 수학의 명증성을 토대로 하는 논리의 거미줄이 올마다 박혀 있다.

알고리즘이 특정한 문제를 해결하기 위한 작업의 절차를 정의하고 있다는 점에서 본다면 음식을 만들기 위한 조리법이나 결혼식의 식순과 별로 다를 바가 없다. 하지만 알고리즘이 조리법이나 식순과 구별되는 지점은 바로 수학과의 관련성에 있다. 조리법에서 어떤 단계 하나가 잘못 처리되면 맵거나 싱거운 음식을 먹으면 그뿐이다. 하지만 알고리즘은 어느 한 단계에서 오류가 발생하면 논리 체계 전체가 붕괴할 수도 있다. 그러므로 알고리즘을 작성하는 프로그래머는 단 한 순간도 긴장의 끈을 늦출 수가 없다.

그렇지만 여기에서 말하는 수학적 논리라는 것이 반드시 복잡하고 심오한 수학적 체계를 의미하는 것은 아니다. 알고리즘을 구성하는 수학적 논리는 때로 평이하고 단순해서 우리의 일상에서도 쉽게 발견할 수 있는 것이 의외로 많다. 수학 공식을 사용하지 않고도 쉽게 이해할 수 있는 생활 속에 숨어 있는 알고리즘을 생각해보면 프로그래머들이 프로그래밍할 때 고민하는 알고리즘의 정체를 쉽게 이해할 수 있을 것이다.

생활 속에 숨어 있는 알고리즘

예를 들어서 사람들이 출근할 때 선택할 수 있는 경로는 대개 하나로 국한되지 않는다. 버스를 타고 나가서 지하철을 탈 수도 있고 아니면 지하철역까지 걸어가서 지하철을 탈 수도 있다. 아니면 아예 버스를 두 번 갈아타고 갈 수도 있을 것이다. 이런 상황에서 우리는 출근 시간, 교통 상황, 비용 등과 같은 여러 변수를 고려해서 최선의 경로를 선택한다. 이러한 선택을 내리는 과정은 가장 효율적인 알고리즘을 찾으려고 노력하는 프로그래머의 고민 과정과 본질적으로 다르지 않다.

데이트하는 연인들이 밥을 먹고 영화를 볼 것인가 아니면 영화를 보고 밥을 먹을 것인가를 고민하는 것도 마찬가지다. 보편적인 알고리즘을 따르자면 영화를 보고 나서 밥을 먹는 것이 정석이지만 그 순서는 그날의 분위기와 목적에 따라서 얼마든지 달라질 수 있다. 연인과 정을 깊게 하는 것이 목적이라면 정석대로 영화를 본 다음에 천천히 밥을 먹는 쪽이 낫다. 남자와 여자는 대개 밥을 함께 먹으면서 정이 많이 들기 때문이다. 한편 저녁에 다른 약속이 있다든지 해서 시간을 절약하는 것이 목적이라면 밥을 먹고 영화를 볼 수도 있을 것이다.

생활 속에 숨어 있는 알고리즘의 예는 너무나 많아서 화장실에서조차 발견된다. 미국의 공중 화장실을 보면 대개 두루마리 화장지가 두 개씩 걸려 있다. 나는 그것을 보고 처음에는 (전 세계 자원의 절반 이상을 소비하는 이 친구들이) "물자가 남아돌아서 화장지를 두 개씩 걸어놓았나"하고 생각했는데, 나중에 알고 보니 나름대로 이유가 있었다. 화장실을 관리하는 사람들은 보통 화장실 문을 열어 보아서 화장지가 완전히 다 떨어졌을 때에 한해서 새것을 갈아놓는다. 따라서 화장지를 한 개만 걸어놓았을 때는 맨 마지막에 걸린 사람들은 화장실 안에 화장지가 하나도 남지 않은 '황당한' 상황에 빠지기도 한다(우리나라에서는 이러한 상황을 극복하기 위한 여러 가지 절묘한 방법이 농담 형식으로 회자되기도 했다).

하지만 화장지를 두 개씩 걸어놓는 경우에는 둘 중에서 하나가 다 떨어졌을 때 그것을 새것으로 갈아놓으면 화장지 두 개가 동시에 다 떨어지는 황당한 경우는 발생하지 않을 것이다. 화장지 두 개를 나란히 걸어놓은 이유는 (정식으로 확인한 것은 아니지만) 이러한 논리에서 비롯된 것이라고 한다. 하지만 추상적인 이론과 구체적인 현실 사이에는 언제나 간극이 존재하기 마련이다. 여러분이 화장실에 앉아 있다고 생각해보기 바란다. 두루마리 화장지 두 개가 있는데 그중에서 하나는 거의 다 떨어져 가고 다른 하나는 넉넉하게 남아 있다. 여러분의 손은 어느 쪽으로 향할 것인가?

사람들의 손은 대부분 넉넉하게 남아 있는 쪽으로 향하게 되어 있다. 결국 화장지는 어느 하나가 눈에 띄게 줄어들면 남은 다른 한쪽이 집중적으로 사용되기 때문에 전체적으로는 비슷한 속도로 줄어들게 된다. 그러다가 나중에는 두 개 모두 조금만 남게 되고 마침내 화장지를 헤프게 쓰는 사람이 들어와서 양쪽을 모두 바닥내어버리면 그다음 사람은 여전히 '황당한' 상황을 모면할 수 없게 되는 것이다. 화장지를 하나만 걸어놓았을 때에 비해서 황당한 상황이 발생하는 빈도는 줄어들겠지만 화장지 두 개를 나란히 걸어놓는다는 새로운 알고리즘도 문제를 완전히 해결하지는 못하는 것이다. 알고리즘을 개발하는 과정은 흔히 이처럼 예상치 못한 상황을 동반하기 마련인데, 말하자면 이러한 예외적인 상황이 소프트웨어 안에 숨어 있는 버그(bug)의 뿌리가 되는 것이다.

생활 속에 숨어 있는 알고리즘의 다른 예로는 '한줄서기'가 있다. 요즘은 우리나라에서도 '한줄서기'가 많이 정착된 것으로 알고 있는데, 내가 미국으로 오기 전인 1990년대 중반까지만 해도 그런 문화가 거의 없었다. 요즘은 그렇지 않겠지만 그런 문화가 자리 잡기 전에는 어디에서 줄을 서

든지 그야말로 순간의 선택이 운명을 달리 했다. 운이 좋다면 같은 순번에서 기다리는 다른 사람들보다 빨리 앞으로 나가는 예도 있었지만 '머피의 법칙'에 따르자면 그 반대의 경우가 훨씬 많았다. 그러므로 줄을 설 때는 가장 짧은 줄이 어디인가를 순간적으로 파악하는 능력이 중요했다. 하지만 줄의 길이만 따지는 것은 평범한 하수의 방법이었고 줄서기의 진정한 고수들은 언제나 다음과 같은 공식에 입각해서 줄을 선택했다.

$$T = K \times \frac{L}{V}$$

이 공식에서 T는 줄을 서는 데 걸리는 총시간, L은 현재 줄의 길이, V는 줄이 줄어드는 속도, 그리고 K는 여러 가지 다른 변수를 고려한 상수를 의미했다. 고수들은 단순히 줄이 짧다고 해서 선택하는 것이 아니라 줄이 줄어드는 속도와 줄에 서 있는 사람들의 분위기까지 한눈에 파악했던 것이다. 순간의 선택이 운명을 달리하는 예는 아주 급한 상황에서 화장실 문 앞에 줄을 설 때가 대표적이다. 한줄서기가 자리 잡지 않았던 시절에는 이마에서 식은땀을 흘리면서 화장실 문을 노려보고 있는데, 자기보다 늦게 온 사람이 먼저 안으로 들어가는 것을 바라보면서 탄식하는 경우가 드물지 않았다.

이러한 상황은 비단 화장실만이 아니라 현금지급기나 매표소와 같은 곳에서도 다반사로 일어났다. 이러한 탄식과 불공평의 원인은 모두 알고리즘의 논리 구조가 잘못 짜여졌기 때문이었다. 화장실이나 현금지급기 앞에서 줄 여러 개가 형성되도록 만드는 알고리즘은 각각의 줄을 하나의 독립적인 스레드(thread)에 비유했을 때 여러 개의 스레드가 서로 독립적으로 동작하도록 만드는 멀티스레딩(multithreading) 알고리즘에 해당한다고 볼 수 있다.[1] 이러한 멀티스레딩 알고리즘이 안고 있는 문제의 핵심은 먼저 온 사람이 나중에 온 사람보다 먼저 서비스를 받는다는 보장이 없다는 데 있다.

이에 비해서 한줄서기가 구현하고 있는 알고리즘은 스레드 하나가 모든 업무를 순서대로 처리하는 싱글스레딩(single-threading) 알고리즘이다. 이 알고리즘에서는 줄이 한 개만 존재하기 때문에 나중에 온 사람이 먼저 온 사람을 앞지를 가능성이 원천적으로 차단된다. 이러한 알고리즘은 누구든지 먼저 온 사람이 반드시 먼저 서비스를 받도록 보장하기 때문에 더 합리적이고 공평하다는 의미가 있다.[2] 말하자면 한줄서기 알고리즘은 프로그래밍 세계에서 '큐(queue)'라고 불리는 자료구조가 사용하는 'FIFO(First-In-First-Out, 선입선출)' 알고리즘을 구현한 예라고 볼 수 있다.

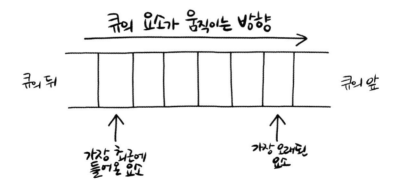

---

1 스레드란 간섭을 받지 않고 독립적으로 수행되는 프로그램의 기본 단위를 뜻한다. 대개의 프로그램은 스레드 여러 개로 구성되어 있다. 사용자의 입력을 기다리는 스레드, 데이터를 전송하는 스레드, 화면을 그리는 스레드 등이 그러한 예다.
2 그렇지만 실제 프로그래밍에서는 멀티스레딩이 싱글스레딩보다 효율적인 경우가 대부분이다.

한편 회사가 불경기를 맞아서 직원들을 감원할 때 가장 최근에 입사한 사원을 우선적으로 내보내는 것은 늦게 온 사람이 먼저 서비스(?)를 받는다는 'LIFO(Last-In-First-Out, 후입선출)' 알고리즘을 구현한 것이라고 볼 수 있다. 한국의 회사는 다르겠지만 미국 회사는 주로 LIFO 알고리즘에 입각해서 감원하는 경우가 많다(따라서 불경기에 회사를 옮기는 것은 매우 위험하다). 다른 사람들에게 이유를 물어보았더니 최근에 들어온 사람이 아무래도 프로젝트에 대한 경험과 이해가 상대적으로 부족한 만큼 전체 프로젝트에 대한 손실이 적어서일 것이라는 대답을 들었다. 이유야 어찌 되었든 감원 대상이 되는 직원 입장에서는 LIFO 알고리즘이든 FIFO 알고리즘이든 괴롭고 고통스럽긴 마찬가지다.

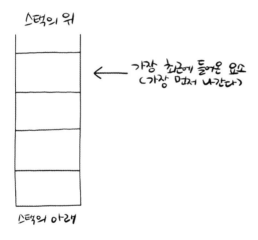

LIFO 알고리즘은 접시를 설거지하는 과정에서도 쉽게 발견된다. 테이블에서 접시를 걷어 온 사람이 접시를 차곡차곡 쌓아 올리면 설거지하는 사람은 위에 있는 접시부터 꺼내서 닦는다. 이때 접시가 쌓였다가 닦이는 과정을 생각해보면 맨 나중에 들어와서 맨 위에 놓인 접시가 가장 먼저

닦인다는 사실을 쉽게 발견할 수 있다. 이러한 알고리즘을 구현하고 있는 자료구조를 프로그래밍 세계에서는 '스택(stack)'이라고 부른다.

영어 사전에서 단어를 찾을 때도 우리는 알게 모르게 알고리즘을 사용한다. 사전에서 'mule'이라는 단어를 찾는다고 해보자. 아마 'm'으로 시작하는 단어들이 있을 만한 위치를 대충 정한 다음 사전을 펼칠 것이다. 펼쳐진 페이지에 나타난 단어를 확인해 봐서 mule이라는 단어를 지나쳤으면 앞쪽으로 페이지를 넘기고 그렇지 않으면 뒤쪽으로 페이지 넘길 것이다. 이렇게 앞뒤로 왔다 갔다 하면서 단어를 찾다 보면 어느 순간 원하는 단어를 포함한 페이지를 발견하게 된다. 우리는 이러한 방법을 매우 당연하게 생각하면서 사용하지만 이러한 검색 방법은 사실 '이진 검색(binary search)'이라는 알고리즘으로, 실제 프로그래밍에서도 많이 사용하는 방법이다.

생활 속에 숨어 있는 알고리즘은 노래방에서도 발견된다. 여러 명이 노래방에 가서 노래를 부를 때, 사람들 사이에는 마치 공통의 프로토콜(protocol, 규약 혹은 협의)처럼 굳어진 하나의 알고리즘이 존재한다. 노래를 다 부른 사람은 마이크를 옆 사람에게 넘겨서 사람들이 차례로 노래를 부르도록 하는 것이다. 가끔 술이 많이 취한 과장님이나 부장님 중에는 프로토콜을 위반하고 혼자 연달아서 노래를 부르는 일도 있지만, 사람들은 대개 이러한 알고리즘을 충실하게 준수한다.

컴퓨터 네트워크를 구성하기 위한 위상(topology)의 한 방법인 '토큰 링(token ring)'이라는 방법은 원리적으로 노래방 알고리즘과 동일하다. 이것은 링(ring) 네트워크에 참여하고 있는 컴퓨터 여러 대가 데이터를 동시에 전송하면 (방에 있는 사람들이 저마다 자기 노래를 동시에 부르는 것처럼) 충돌이 일어날 가능성이 있으므로, 마이크에 해당하는 토큰을 가지고 있는 컴퓨터만 데이터를 전송할 수 있도록 한 방법이다. 데이터를 전송

한 컴퓨터는 물론 토큰(마이크)을 옆에 있는 컴퓨터에 넘겨줘야 한다.

여기까지 살펴본 바와 같이 알고리즘은 일상에서도 많이 발견된다. 그렇다고 해서 이 세상의 모든 것을 알고리즘으로 표현할 수 있다고 생각하는 것은 맥스 코헨이 저지른 일반화의 오류를 되풀이하는 것이므로 주의해야 한다. 세상에는 알고리즘으로 표현할 수 없는 일도 얼마든지 있기 때문이다.

프로그래머는 이렇게 다양한 형태의 알고리즘 중에서 특히 수학적으로 잘 정의된 알고리즘을 프로그래밍 언어로 옮기는 일을 한다. 헝가리 수학자 알프레드 레니(Alfred Renyi)는 커피를 즐겨 마시는 수학자를 빗대어 '수학자는 커피를 정리(theorem)로 바꿔주는 기계'라고 말했다. 그의 말을 빌리자면 프로그래머는 '커피를 알고리즘으로 바꿔주는 기계'에 해당하는데, 프로그래머의 일은 알고리즘을 만들어 내는 데에서 끝나는 것이 아니라 알고리즘을 다시 컴퓨터가 이해할 수 있는 프로그램으로 바꿔주는 일을 포함하고 있다. 결국 프로그래밍이라는 일은 크게 보아서 알고리즘을 만들어내는 과정과 알고리즘을 프로그램으로 바꿔주는 두 부분으로 이뤄진다고 볼 수 있는 것이다.

앞서 당구공의 무게를 가장 효율적으로 측정하는 방법을 찾아낸 것이나 사내 네 명이 다리를 가장 효과적인 방법으로 건너도록 고민한 것이 모두 최적의 알고리즘을 찾기 위해서 고민하는 과정이었다. 하지만 알고리즘은 그 자체로는 추상적인 논리에 불과하므로 컴퓨터가 이해할 수 없다. 문제를 해결하기 위해서 고안한 알고리즘은 프로그래밍 언어를 통해서 구체적인 프로그램으로 거듭 태어나야만 비로소 컴퓨터가 실행할 수 있는 대상이 되기 때문이다.

프로그래밍 언어와 컴파일러

프로그래밍 언어는 비트의 법칙에 대한 깊은 이해와 언어학에 대한 통찰을 바탕으로 만들어지는 인공의 언어다. 그것은 사람과 컴퓨터(사실은 컴파일러라는 소프트웨어)가 동시에 이해할 수 있도록 정교하게 설계된 마술 같은 언어. 라이프니츠가 일찍이 '모호한 말의 영역에서 탈출하여 자로 잰듯한 엄밀하고 절대적인 수학적 조건의 세계'에서 사용되는 언어를 꿈꿨을 때 그는 (본인은 미처 몰랐겠지만) 사실 프로그래밍 언어를 상상하고 있었던 것이다.

그렇지만 컴퓨터는 프로그래밍 언어로 작성된 프로그램을 있는 그대로 읽고 이해하지 못한다. 그 대신 프로그램 코드는 반드시 컴파일러라는 소프트웨어를 통해서 컴퓨터가 이해할 수 있는 언어인 이진 코드(binary code)로 번역되어야 한다. 말하자면 이진수 코드는 컴퓨터를 위한 언어이고 프로그래밍 언어는 사람을 위한 언어인 것이다. 따라서 프로그래밍 언어는 사람이 사용하는 언어(특히 영어)와 많이 닮았다. 다음 프로그램 코드는 'Sumin'이라는 사람에게 'Hello' 하고 인사하는 알고리즘을 구현한 프로그램이다.

```
if (name.equals("Sumin"))
{
    System.out.println("Hello");
}
```

프로그래밍 언어를 전혀 모르더라도 영어를 아는 사람이라면 이 프로그램 코드를 어렵지 않게 이해할 수 있을 것이다. 프로그램의 논리(즉 알고리즘)를 제어하는 데 사용하는 단어들은 if, else처럼 사람이 일상적으로 사용하는 단어와 다르지 않기 때문에 보통 사람도 얼마든지 (직접 코딩하는 것은 어려울지 몰라도) 이해할 수 있다. 프로그래밍 언어라는 것은 컴퓨터가 아니라 사람이 알고리즘의 흐름을 쉽게 이해할 수 있도록 만들기 위해서 고안된 언어기 때문이다. 하지만 이 프로그램 코드를 컴퓨터가 이해할 수 있는 이진수 코드로 바꾸면 다음과 같이 사람이 알아보기 힘든 복잡한 비트의 열이 된다.[1]

```
0110100101100110001000000010100001101110011000010110110101100
1010010111001100101011100010111010101100001011011000111001100
1010000010001001010011011101010110110101101001011011100010001
0001010010010100100001101000010100111101100001101000010100010
0000001000000010000000100000010100110111100101110011011101000
1100101011011010001011100110111101110101011101000001011100011100
0001110010011010010110111001110100011011000110111000100000001
0100000100010010010000110010101101100011011000110111100100010
```

1 아래의 코드 값은 위의 프로그램 조각을 컴파일러를 이용해서 바꾼 것이 아니고, 프로그램 코드를 나타내는 아스키코드 값을 단순히 이진수로 바꾼 것이다.

001010010011101100001101000010100111110100001101000010100000110100001010

프로그래머는 사람의 언어를 닮은 프로그래밍 언어를 이용해서 프로그램 코드를 작성하고, 컴파일러는 다시 프로그램 코드를 이진수 코드로 번역한다. 컴퓨터는 이렇게 이진수로 번역된 코드만을 알아듣기 때문에 (폰 노이만이 알면 화를 내겠지만) 현대 프로그래밍에서 컴파일러 사용은 필수적이다. 이러한 컴파일러가 수행하는 일은 대단히 중요하기 때문에 컴파일러는 그 자체로 컴퓨터 공학의 중요한 주제가 되기도 한다. 벨 연구소의 아호(Alfred V. Aho)와 세타이(Ravi Sethi), 스탠퍼드 대학교의 울만(Jeffrey D. Ullman)이 공동으로 집필한 『Compilers: Principles, Techniques and Tool』(사이버출판사, 2000)는 컴파일러 분야에서 고전으로 통하는 명저로 프로그래밍을 공부하는 사람이라면 한 번쯤 읽어볼 만한 책이다. 이 책의 서문에는 다음과 같은 문구가 적혀 있다.

> "컴파일러를 작성하는 것은 프로그래밍 언어, 컴퓨터 아키텍처(machine architecture), 언어 이론(language theory), 알고리즘, 그리고 소프트웨어 공학의 문제로 확장된다."

프로그래밍 언어의 의미를 해석하고, 문법을 검사하고, 코드를 최적화하는 컴파일러의 작업을 이해하려면 이와 같은 여러 주제를 학습할 필요가 있다. 그러한 주제들은 이론적이고 추상적인 공부가 아니라 문자열 패턴 인식(string pattern recognition), 유한 오토마타(finite automata), 정규 표현식(regular expression), 구문분석 기술(parsing technique), 알고리즘 최적화 등과 같이 실전 프로그래밍에 활용할 수 있는 고급 기술들을 포함하고 있다. 따라서 컴파일러가 동작하는 원리를 학습하는 과정

속에는 실전 프로그래밍에서 사용할 만한 수준 높은 초식을 익힐 기회가 곳곳에 숨어 있다.

이 중에서도 '패턴 인식'은 프로그래머들이 매일 마시는 커피처럼 자주 사용하는 기술이다. 실제로 프로그램을 작성하다 보면 특정한 문자열이 담고 있는 '부분 문자열(substring)'의 패턴을 찾아서 처리해야 하는 경우가 많이 발생한다. 패턴 인식은 이렇게 아무렇게나 흩어져 있는 것처럼 보이는 문자들 중에서 의미 있는 문자열을 찾아내는 데 사용되는 기법이다.

뉴저지에 있는 한국 비디오 가게에서 빌려 본 코미디 프로에서 패턴 인식 기법을 토대로 만든 문제를 본 적이 있다. 의미가 확실하게 드러나지 않는 글자를 여러 개 흩뜨려놓은 다음 그중에서 의미 있는 단어를 찾아내는 게임이었는데, 패턴 인식을 이해하는 데 도움이 될 만하다고 생각했다. 다음은 예를 들기 위해서 만들어본 문제다. 다음과 같은 문자 여러 개 중에서 2002 월드컵 축구 국가 대표 선수의 이름을 하나 찾아보기 바란다.

이 홍 보 히 김 태 천 표 상 선 운 박 지 딩 철 황 차

그렇게 어렵지는 않을 것이다. 사람들이 이 문제를 푸는 과정은 컴파일러가 프로그램을 읽고 해석하는 과정과 비슷한 면이 있다. 컴파일러에서는 인식할 수 있는 단위 하나(이 예에서는 문자 한 개)를 보통 '토큰(token)'이라고 한다. 이 문제에서는 문자 17개가 있으므로 토큰 17개가 주어진 셈이다. 컴파일러는 주어진 입력을 앞에서부터 차례로 읽어 나가면서 토큰이 특별한 의미를 가지고 있는지 확인한다. 다시 말해서 방금 읽은 토큰이 미리 약속된 키워드(keyword)와 일치하는지 확인하는 것이다. 이를테면 이 문제에서는 우리가 알고 있는 축구 선수들의 이름이 키워드에 해당한다.

물론, 실제로 컴파일러가 작동하는 방식과 이 문제를 풀어나가는 방식은 경우가 다르다. 이 문제에서 토큰 자체는 의미를 지니지 않기 때문에 입력을 전부 읽은 다음 토큰 세 개를 묶어서 키워드(선수 이름)와 비교해야 한다. 하지만 실제 프로그램 코드를 해석하는 경우에는 if나 else처럼 연달아 읽은 토큰 자체가 의미를 가지는 예도 있고, 아니면 '{'와 '}'의 짝을 맞추는 경우처럼 앞에서 읽은 토큰을 기억해두었다가 현재 읽는 토큰과 비교해봐야 하는 경우도 있다(이렇게 짝을 맞추기 위한 비교 과정을 위해서 앞서 살펴본 스택을 이용한다). 컴파일러가 프로그램 코드를 해석하는 과정은 이처럼 주어진 입력(프로그램 코드)을 읽어 들여서 키워드와 일치하는지 혹은 언어의 문법에 부합하는지 확인하는 과정으로 이뤄져 있다.

컴퓨터가 그럴 리는 없겠지만 사람 중에는 글자가 만들어 내는 패턴에 지나치게 사로잡힌 나머지 정상적인 사고가 마비되는 경우도 있다. 영화 〈뷰티풀 마인드〉에서 러셀 크로가 연기한 수학자 존 내시(John F. Nash)가 바로 그러한 예다. 게임 이론으로 유명한 그는 신문과 잡지에 실린 글을 남들이 읽듯이 읽지 않고 몇 글자씩 건너뛰면서 읽어서 숨어 있는 (혹은 숨어 있다고 착각하는) 의미를 해독해내려고 애썼다. 남들보다 뛰어난 패턴 인식 능력을 갖춘 그에게는 텍스트 속에 '숨어 있는' 메시지가 눈에 너무나 선명하게 들어왔기 때문에 그것을 현실로 받아들이지 않는 것이 도리어 힘들었던 것이다. 프린스턴 대학교 수학과에서 내시를 자주 만났던 친구로부터 그에 관한 이야기를 들은 적이 있는데, 그에 따르면 내시는 〈뷰티풀 마인드〉가 자신의 이야기라고 보기에는 과장된 내용이 너무 많지만 재미있어서 여러 번 보았다고 한다. 영화를 보면 실제로 존재하지도 않는 비밀 정보국이 자신에게 특별한 지령을 내린다고 착각하는 모습이 나오는데, 그것이 과연 사실인지 궁금했다. 들은 바에 의하면 그는 아직도 착각 속의 사람들과 함께 살아가는 것처럼 보였다. 다만 이제는 현실 속의 사람과 착각 속의 사람이 서로 볼 수 없는 다른 부류의 사람들이라는 사실 정도는 이해하여 그들을 각각 다른 방식으로 끌어안고 살아가는 방법을 깨달았기 때문에 영화에서처럼 엉뚱한 행동은 하지 않는다고 한다.

『바이블 코드』(황금가지, 1999)를 쓴 마이클 드로스닌(Michael Drosnin)과 같은 사람은 내시보다 한 걸음 더 나아가서 아예 성경에 실린 글자를 컴퓨터를 이용해서 해석(몇 글자씩 건너뛰면서 읽기)했더니 세계 무역 센터의 붕괴는 물론 인류의 미래에 대한 의미심장한 이야기들이 예언되어 있다는 식의 황당한 주장을 펼치기도 한다. 이러한 주장은 이미 반으로 쪼개진 수박 위에 머리카락이 한 가닥 놓여 있는 것을 보고서 누군가 머리카락으로 내리쳐서 수박을 잘랐다고 말하는 것과 다를 바 없는 논리다.

내시의 글 읽기나 드로스닌의 바이블 코드도 말하자면 일종의 패턴 인식에 속한다. 하지만 이들은 〈파이〉의 맥스 코헨이 숫자에 담긴 패턴에 집착하다가 정신이 오락가락한 것처럼 텍스트에 담긴 패턴을 인식하는 일에 지나치게 집착해서 신비주의에 빠지는 우를 범하게 된 것이다. 사람이 사용하는 문자의 수는 (특히 영어에서는) 놀랄 정도로 적기 때문에 성경책 정도의 두께라면 사실, 몇 글자씩 건너 읽는 방법을 통해서 만들어 내지 못할 말이 거의 없다. 머릿속으로 2002년 월드컵의 열기를 상상하면서 다음 문장을 처음 글자부터 시작해서 일곱 글자씩 건너뛰면서 읽어보기 바란다. 뭔가 의미심장한 메시지를 읽을 수 있을 것이다. 여러분은 과연 이 문장 속에 감추어져 있는 말의 의미를 진지하게 받아들일 것인가?

> 십만이 모여서 응원을 하다 보니 그만 함성 소리가
> 광주 구장에 지진이라도 난 듯했다.

> 십 원 만 주 라

네 번째.

언어의 모호성

한편 우리가 실제 세계에서 사용하는 자연적인 언어와 컴퓨터 프로그래밍 언어 사이의 가장 큰 차이를 들라고 하면, 그것은 아마 라이프니츠도 고민했던 '언어의 모호성'에 놓여 있을 것이다. "집 앞에 쌓인 눈을 두 눈으로 똑똑히 보았다"라는 말을 들으면 우리는 첫 번째 눈은 하늘에서 내리는 눈(snow)으로, 두 번째 눈은 사물을 바라보는 눈(eye)으로 알아듣는다. 또 "아버지가 방에 들어가셨다"라는 말을 들으면 당연히 "아버지가 방(room)으로 들어가셨구나"하고 알아듣는다.

그러나 컴퓨터는 '눈'이라는 말을 오직 한 가지 의미로만 이해할 수 있다. 눈이 앞에서 snow였으면 뒤에서도 snow가 되어야 하고, eye였으면 뒤에서도 eye가 되어야 한다. 다시 말해서 컴퓨터 언어에서는 단어 하나가 앞뒤 문맥에 따라서 다른 의미로 해석되는 경우가 없어야 한다는 이야기다. 만약 어떤 단어가 문맥에 따라서 다른 의미로 해석될 여지가 있다면 그런 단어를 포함하는 언어를 우리는 '모호하다'고 말한다.

"아버지가 방에 들어가셨다"라는 문장은 그 자체로는 모호하지 않지만 상황에 따라서 모호해질 가능성이 있다. 컴파일러가 프로그램 코드를 읽을 때 단어 사이의 공백(space)을 모두 무시하고 읽는 경우가 있기 때문이다. 공백을 제거하면 이 문장은 "아버지가방에들어가셨다"라고 읽힐 것이다. 이것은 아버지가 '가방' 안으로 들어갔다는 말로 읽힐 수도 있고, 아니면 다른 사람이 아버지의 가방 속으로 들어갔다는 말로 읽힐 수도 있다. 문장의 의미가 모호해지는 것이다.

: 힐의 작품 〈나의 아내와 장모님〉

이 그림은 힐(W. E. Hill)이 1915년에 그린 〈나의 아내와 장모님(My wife and My Mother-in-Law)〉으로, 모호한 그림의 대표작이다. 처음에는 대개 고개를 돌리고 있는 아내(젊은 여인)의 얼굴만 보일 것이다. 장모님(노파)의 얼굴을 발견하기 위한 힌트는 '아내의 턱이 장모님의 코로 변한다'.

예를 들어서 다음 프로그램의 의미는 모호하다. if 조건과 else if 조건
이 규정하는 바가 같으므로 프로그램 코드만 보아서는 a가 b보다 큰 경우
에 프로그래머가 원하는 출력이 어느 쪽인지 분명하지 않다.

```
int a = 1;
int b = 0;

if (a > b)
{
    System.out.println("a is bigger than b");
}
else if (a > b)
{
    System.out.println("a is still bigger than b");
}
```

프로그래밍 경험이 있는 독자에게는 어려운 문제가 아니겠지만 한번
생각해보자. 이 프로그램을 (자바 컴파일러로) 컴파일하면 어떻게 될까?
컴파일러가 오류를 보고할 것인가, 만약 정상적으로 컴파일된다면 이 프
로그램을 실행한 결과는 어느 쪽이 될 것인가? 답을 말하자면 이 프로그
램은 아무런 문제 없이 정상적으로 컴파일되고 프로그램을 실행하면 if 조
건의 본문에 들어 있는 명령문에 따라서 "a is bigger than b"를 출력한
다. 이유는 간단하다. 이 프로그램이 실행될 때 if 조건의 괄호 안에 있는
내용과 else if 조건의 괄호 안에 있는 내용을 동시에 비교하는 것이 아니
라 if 조건의 내용부터 검사하기 때문이다. 만약 if 조건의 괄호 안에 있는
조건문이 참이면 if의 내용을 실행하고 거짓이면 그때서야 비로소 else if
조건의 내용을 검사한다. 조건을 검사하는 순서가 논리의 모호함을 제거

하고 있는 것이다.

다음 예도 한번 살펴보기 바란다. 이 메서드가 구현한 알고리즘은 매우 중대한 결점을 안고 있다. 프로그래밍 경험이 있는 사람이라면 문제점을 어렵지 않게 지적할 수 있을 것이다. 여기에서 질문은 알고리즘에서 문제가 되는 부분을 찾아보라는 것이 아니라 그 문제가 프로그램 코드를 해석하는 컴파일러에 의해서 발견될지, 아니면 프로그램이 실행되는 도중에 발견될지를 생각해보라는 것이다. 즉, 컴파일 오류(compile-time error)가 될지 아니면 런타임 오류(runtime error, 실행시간 오류)가 될지를 생각해보라는 문제다.

```
public int test()
{
    int a = 0;
    while (true)
    {
        a = a + 1;
    }
    return a;
}
```

이 프로그램 코드는 철자법이 틀리는 것 같은 단순한 실수나 주어와 목적어를 혼동하는 것과 같은 문법적인 실수를 담고 있지 않다. 다시 말해서 코드에 담긴 키워드와 변수 이름, 그리고 문법 구조에는 아무런 하자가 없다. 따라서 언뜻 생각하기에는 컴파일러가 이 프로그램을 정상적으로 해석할 것처럼 생각된다. 다만 while 문의 순환 조건인 괄호 안의 값이 언제나 참이기 때문에 while 문을 중단할 수 없다는 사실이 프로그램이 실행될 때 문제를 일으킬 것처럼 생각된다. 즉, 언뜻 보기에 이 프로그램은 컴파일 오류가 아니라 런타임 오류를 발생할 것처럼 보이는 것이다.

그렇지만 이 코드를 담은 Ambiguity2라는 클래스를 컴파일하니 자바 컴파일러는 다음과 같은 오류를 보고했다.

```
C:\WORK>javac Ambiguity2.java
Ambiguity2.java:21: error: unreachable statement
        return a;
        ^
1 error
```

컴파일러가 프로그래머에게 while 문에 무한 루프를 형성하므로 그 다음에 있는 명령문인 return a;는 아예 닿을 수조차 없는(unreachable) 명령문이라고 일깨워주는 것이다. 이러한 실수는 단순히 문법적인 잘못이 아니라 알고리즘 자체가 구현하고 있는 논리상의 허점에 해당한다. 이러한 사실로부터 알 수 있는 것은 컴파일러라는 소프트웨어가 단순히 프로그래밍 언어의 철자와 문법만 검사하는 것이 아니라 이처럼 명백한 논리상의 오류나 허점도 지적해준다는 사실이다. 이러한 지적은 프로그래밍 언어의 문법 자체가 정교하게 구성되어서 가능하다기보다는 컴파일러라는 프로그램이 그만큼 정교하게 만들어졌기 때문에 가능한 것이다.

하지만 프로그램의 덩치가 커지고 복잡해지면 이와 같은 논리상의 허점들이 프로그래머는 물론 컴파일러의 눈에도 쉽게 보이지 않게 된다. 알고리즘 하나하나는 치밀하고 완벽하게 작성된 것처럼 보이지만 그러한 알고리즘이 모여서 만들어진 소프트웨어를 실행해보면 전혀 예상하지 않았던 결과가 나타나기도 하는 것이다. 이러한 프로그램들은 정상적으로 컴파일되고 처음에는 정상적으로 실행되는 것처럼 보이지만 시간이 흐르거나 프로그램이 실행되는 환경이 달라지면 런타임 오류를 발생시키면서 동작을 중단하거나 아니면 전혀 예상하지 못한 오동작을 일으키기도 한다.

이러한 논리상의 허점은 우리가 일상 속에서 구사하는 말에서도 발견된다. 말 속에 존재하는 논리적 모순이나 허점의 예는 많지만, 그중에서도 같은 말을 되풀이하는 동어반복은 자주 발견되는 예다. 말이 동어반복의 형태로 무한 루프에 빠지게 되면 그다음에 존재하는 말(명령어)이 정상적으로 수행될 수 없기 때문에 컴파일조차 제대로 되지 않는 엉터리 표현이 되어버리는 것이다. '흰색과 백색의 조화'나 '기회는 찬스다'와 같은 표현은 동어반복의 좋은 예다. 이런 하나 마나 한 소리는 특히 폼잡기 좋아하는 지식인이나 정치인들이 애용하는 경향이 있다. 예를 들어서 미국의 부시 대통령은 1998년 10월, 다가오는 대통령 선거에 나설 것인가를 묻는 기자의 질문에 다음과 같이 대답한 적이 있다.

> "(내가 대통령 선거에 나설 것인가에 대한) 수많은 추측이 있습니다. 내가 보기에는 추측이 끝날 때까지는 아무래도 수많은 추측이 계속될 것 같습니다.
>
> (There is a lot of speculation and I guess there is going to continue to be a lot of speculation until the speculation ends.)"
>
> 「The Bush Dyslexicon」, 133쪽

하나 마나 한 소리치고는 압권이 아닐 수 없는 말이다. "잠을 깨기 전까지는 아무래도 계속 잠을 자게 될 것 같다", " 우리나라가 선진국이 되기 전까지는 아무래도 선진국이 될 수 없을 것 같다"와 같은 동어반복이 모두 이와 비슷한 예다. 대개 할 말이 없는 사람이 억지로 말을 하거나 자신의 진의를 숨기기 위해서 말을 만들어낼 때 이와 같은 동어반복의 무한 루프가 형성되기 쉽다. 컴파일조차 제대로 되지 않는 엉터리 프로그램 코드가 양산되는 것이다. 신문에 실린 지식인들의 칼럼이나 정치인들의 발언 내용을 꼼꼼히 들여다본다면 이러한 '컴파일 오류'가 정신없이 발견된다는 사실을 금방 알 수 있을 것이다(아마, 이 책에도 컴파일 오류가 전혀 없지는 않을 것이다).

그렇지만 프로그래밍 언어는 '엄밀하고 절대적인 수학적 조건의 세계'에서 사용되는 언어기 때문에 의미가 불분명한 말이 끼어들 여지가 없다. 설령 사람이 보기에 다소 모호한 논리가 작성된다고 해도 앞서 본 것처럼 컴파일러가 가만히 놔두지 않는다. 하지만 사람들이 사용하는 자연 언어는 직설적으로 표현될 때보다는 오히려 모호하게 표현될 때 오묘하고 깊은 맛을 전달하기도 한다. 그래서 언어의 모호함이 컴퓨터에는 독이 되지만 사람에게는 시(詩)를 상상하는 원천이 되기도 한다(이러한 오묘함과 앞서 말한 동어반복은 차원이 다르다).

사랑하는 어머니 비에 젖으신다.
사랑하는 어머니 물에 잠기신다.
살 속으로 물이 들어가 옷이 불어나도
사랑하는 어머니 미동도 않으신다.

이 구절은 이성복의 '또 비가 오면'의 일부다. 이러한 시를 읽을 때 말 자체의 뜻에 집착하는 사람은 아마 없을 것이다. 말의 형식적인 의미보다는 말 속에 숨어 있는 뜻에 충실할 때 시인의 감정과 읽는 이의 정서 사이에서 공명(共鳴)이 일어나기 때문이다. 그렇지만 컴퓨터에는 사람과 같은 감정상의 공명이 일어나지 않는다. 컴퓨터의 입장에서 이 시는 단순히 문자 68개로 이뤄진 68바이트 문자열 이상의 의미를 갖지 않는다.

한편 프로그래밍 언어는 마치 자연 언어가 그러한 것처럼 여러 가지 다른 언어의 형태로 존재한다. 요즘 널리 사용되는 언어만 따져보아도 자바, C#, 루비, 파이썬, 고 언어, 스칼라, 자바스크립트와 같은 일반적인 프로그래밍 언어를 비롯하여 리스프(LISP), 프롤로그(Prolog), 스킴(Scheme)과 같이 인공 지능(Artificial Intelligence) 분야에서 사용되는 언어에 이르기까지 많은 종류가 존재한다. 그나마 이러한 언어들은 '고급(high-level) 언어'라고 하여 주로 사람이 읽기 편하도록 고안된 언어에 해당하지만, 특정한 컴퓨터 칩(CPU 혹은 마이크로프로세서)을 위해서 고안된 '저급(low-level) 언어'인 어셈블리(Assembly) 언어에서는 칩마다 서로 다른 언어를 가지고 있기 때문에 칩의 종류만큼이나 많은 언어가 존재한다.

저명한 언어학자이자 미국의 진보적인 지식인인 놈 촘스키(Noam Chomsky) 교수는 인류가 사용하는 다양한 언어가 인류의 문명을 더 풍요롭게 만들어주는 원천이라고 찬사를 보냈지만, 성서에 적힌 바벨탑의 전설에 따르면 인류가 사용하는 다양한 언어는 높은 탑을 쌓아 신성을 모독한 대가로 받게 된 형벌이었다. 불행하게도 그러한 형벌은 사이버 세상이라고 해서 예외는 아니었던 셈이다.

_다섯 번째._

북풍표국의 냉혈독마[1]

잠시 쉬어가는 의미에서 무협지를 한 토막 읽고 넘어가기로 하자. 무협지를 좋아하지 않는 사람은 이 부분을 읽지 않고 건너뛰어도 상관없다.

아주 오래된 옛날, '냉혈독마'라는 사파 무공의 고수가 등장해서 평화롭던 무림을 뒤흔드는 사건이 일어났다. 그의 무공은 대단히 높아서 강호에 이름을 떨치던 협객들이 하나둘씩 그의 손에 목숨을 잃었다. 이에 무당파, 소림사, 아미파, 화산파 등을 망라한 정파 연합의 지도자인 '무학대사'는 냉혈독마와의 한판 대결에 나서게 됐다. 그것은 사흘 밤낮에 걸친 치열한 혈투였다. 근처에 있던 나무와 풀이 모두 까맣게 타고, 짐승들은 혈관이 터져서 죽었으며, 하늘에는 짙은 먹구름이 사흘 동안 낮게 깔려 있었다. 그렇지만 정파 무림에서는 무학대사가 냉혈독마를 누를 것이라는 믿음을 누구도 의심하지 않았다. 그의 무공은 이미 다른 사람이 범접할 수 없는 절정의 수준에 도달해 있었기 때문이었다.

---

1 북풍표국이라는 말은 인터넷에 있는 동일 이름의 웹사이트에서 가져왔다.

하지만 그 대결에서 목숨을 잃은 이는 무학대사였다. 무림은 벌집을 쑤신 것처럼 뒤집혔고, 다른 사람들보다 더 큰 충격을 받은 무학대사의 수제자 '강철협'과 '유지신'은 깊은 슬픔에 잠겼다. 그들은 당장이라도 냉혈독마를 찾아가서 사부의 복수를 하고 싶었지만 자신들의 실력이 냉혈독마에게는 아직 크게 부족하다는 현실을 깨닫고 대책을 논의했다.

평소 사부인 무학대사가 보여준 화려한 외공에 경도되었던 강철협은 당장 강호에 내려가서 풍부한 실전을 쌓으며 강맹한 외공을 더욱 연마하여 냉혈독마를 물리치자고 제안했다. 하지만 무학대사의 끝을 알 수 없는 심오한 내공에 깊이 심취하였던 유지신은 강호를 등지고 산속으로 들어가서 계속해서 내공을 연마함으로써 냉혈독마와의 한판 승부를 준비하자고 제안했다. 이렇게 의견이 갈라지자 강철협은 홀로 강호로 내려갔고, 혼자 남은 유지신은 세상을 등지고 입산한다.

강호에 내려온 강철협은 사파의 고수들과 무수한 실전을 치르면서 계속해서 화려하고 강력한 외공술을 상승시켰다. 실전이 없는 날에는 온몸을 돌에 문질러서 피부를 단련하고 각목으로 몸을 때리면서 온몸을 강철처럼 강하게 단련시켰다. 산으로 들어간 유지신은 방해하는 사람이 아무도 없는 자연 속에서 깊은 명상과 호흡법을 통해서 단전에 기를 축적하며 상승 무공을 연마했다. 그렇게 하여 10여 년의 세월이 흐른 어느 날 마침내 자신의 내공이 무학대사의 경지를 뛰어넘은 것을 확인한 유지신은 크게 기뻐하고 커다란 삿갓을 쓰고 냉혈독마가 기거하고 있는 북풍표국을 찾아갔다.

무학대사와 냉혈독마가 10년 전에 사흘 밤낮을 싸우던 장소에서 유지신은 냉혈독마와 마주 서게 됐다. 바람이 거칠게 불고 달빛이 환한 겨울밤이었다. 냉혈독마는 무학대사의 제자가 뿜어내는 내공의 깊이에 속으로 놀라며 당황했다. 유지신이 지닌 내공의 끝이 보이지 않았기 때문이었다. 그러나 몇 번의 초식이 오가자 모든 것이 분명해졌다. 유지신의 외공이 상대적으로 크게 빈약하다는 사실이 드러난 것이다. 상대의 약점을 파악한 냉혈독마는 독한 수법을 구사하여 별로 어렵지 않게 유지신의 목숨을 빼앗고 말았다.

유지신이 냉혈독마에게 당했다는 소식은 날개 단 바람처럼 강호에 퍼졌고, 혈혈단신으로 강호를 떠돌면서 숱한 사파 고수들을 제압하여 이미 큰 명성을 얻은 강철협의 귀에도 전해졌다. 소식을 들은 강철협은 마치 자기 몸의 일부가 떨어져 나가는 것 같았다. 슬픔에 잠겨 있던 그는 얼마 지나지 않아서 강철같이 단단한 자신의 육체가 환골탈태(換骨奪胎)하면서 드디어 금강불괴지신(金剛不壞之身)을 이룬 것을 깨닫게 됐다. 강호의 수많은 영웅이 꿈꾸는 '금강불괴지신'의 경지에 다다른 강철협은 더 이상 망설이지 않고 유지신의 뒤를 따라 북풍표국을 찾아갔다.

이미 계절이 바뀌어 태양이 이글거리며 작렬하는 여름이 되었고, 들판에서는 매미를 비롯한 갖가지 풀벌레가 목청을 돋우며 울고 있었다. 사부인 무학대사와 다정한 벗 유지신이 목숨을 잃은 그 들판에서 강철협은 10년이 넘도록 한시도 잊어본 적이 없는 냉혈독마와 마주 서게 됐다. 그의 몸은 이미 불에 달군 쇠도 뚫지 못한다는 금강불괴지신의 경지에 이르렀기 때문에 냉혈독마의 손속이 파고들 여지가 거의 없었고, 고수들과의 숱한 실전 경험으로 단련된 그의 감각은 과연 냉혈독마의 악랄한 수법에 맞서서도 전혀 흔들림이 없었다. 싸움이 치열해질수록 냉혈독마는 지난 겨울에 찾아온 유지신에 비해서 훨씬 높은 수준의 무공을 지닌 강철협에게 일말의 두려움마저 느끼게 됐다.

그러나 하루가 지나고 이틀이 지나자, 냉혈독마는 부딪히는 손끝에 전해오는 강철협의 내공이 급격하게 약화되는 것을 느끼게 됐다. 따라서 그는 싸움의 방향을 빠르고 치열한 외공의 경합으로부터 조용히 마주 서서 내공의 깊이를 겨루는 쪽으로 서서히 옮겨갔다. 평소에 내공 수련을 소홀히 한 강철협에게 이것은 견딜 도리가 없는 치명적인 약점이었다. 그는 싸움의 흐름을 계속해서 격렬한 외공 격돌로 이끌고자 했으나 노련한 냉혈독마는 내공만으로 승부를 걸어왔다. 그리하여 싸움이 삼 일째로 접어든 그날, 강호에 명성이 자자했던 강철협마저 끝내 냉혈독마의 손에 목숨을 잃고 말았다.

이미 눈치챈 사람도 있겠지만 이 이야기에서 강철협은 프로그래밍 언어는 누구보다 확실하게 습득하고 있지만 비트의 법칙이나 수학적 기초에 관한 공부가 부족한 사람을, 유지신은 수학적 기초나 추상적인 알고리즘 분석에는 강하지만 구체적인 프로그래밍 언어는 제대로 습득하지 못한 사람을 가리키고 있다.

내공과 외공 중에서 한쪽만을 강조하는 사람은 냉혈독마의 비정한 수법을 당해낼 수가 없다. 완성도 높은 프로그램을 만들어내기 위해서는 어느 한쪽도 부족함이 없는 균형 있는 학습이 필요하기 때문이다. 잠깐 쉬어가는 이야기가 사파의 승리로 끝나고 만 것 같아서 좀 아쉽지만 걱정할 필요는 없다. 이 이야기의 진짜 주인공은 강철협이나 유지신이 아니라 내공과 외공을 두루 섭렵하여 언젠가는 냉혈독마의 횡포를 분쇄할 여러분 자신이기 때문이다.

빠르게 점점 빠르게

강철협과 같이 내공이 결여된 프로그래머가 작성한 프로그램을 식별하는 것은 어렵지 않다. 내공의 결여는 필연적으로 아름다운 공식의 결여로 이어지기 때문이다. 내공이 부족한 프로그래머가 작성한 알고리즘은 대개 필요 이상으로 복잡하고 최적화도 고려되어 있지 않다. 앞서 봤던 당구공 문제나 다리를 건너는 문제를 생각해보면 그 차이를 쉽게 알 수 있다. 내공이 부족한 프로그래머는 당구공 문제를 풀 때 최선의 알고리즘을 고민하기보다는 우선 당구공을 하나씩 저울에 올려놓고 무게를 비교하는 방법부터 구현한다. 다리를 건너는 문제에서도 19보다 빠른 방법이 없는지 고민하지 않고 그냥 제일 빠른 값을 통해서 모든 사람이 다리를 건너가도록 하는 직관적인 방법을 구현한다. 이런 방법도 궁극적으로는 문제를 해결하는 데 하자가 없지만, 그것이 최선의 방법이 아니라는 점에서 내공의 부족이 드러나는 것이다.

프로그램 안에 녹아들어 있는 '내공'의 깊이를 헤아려보는 것은 프로그램의 '아름다움과 추함'을 한가하게 따지는 현학적인 취미가 아니다. 알고리즘의 효율성에 관한 신중한 고민이 없이 작성된 프로그램은 실전 프로그래밍에서 실제로 두 가지 심각한 문제를 일으키기 때문이다. 하나는 프로그램의 성능을 저하한다는 문제고 다른 하나는 버그가 발생하도록 만든다는 문제다. 그래서 프로그램의 성능과 버그는 프로그래머의 진정한 실력을 가늠하는 리트머스 시험지에 해당한다.

프로그램 성능이란 대개 프로그램이 실행되는 속도를 의미한다. 프로그램 속도에는 또 '이론적인 속도'와 '실제 속도'라는 두 가지 다른 속도가 존재한다. 다음 알고리즘을 생각해보자.

```
int sum = 0;
for (int i = 0; i < 1000000; i++)
{
    sum = sum + 1;
}
```

이 알고리즘은 정수형 변수 i가 0에서 999,999까지 이르도록 백만 번 변하는 동안 sum이라는 정수형 변수를 1씩 증가시켜나가는 단순한 알고리즘이다. 이 알고리즘에서 가장 많이 실행되는 명령문은 for 순환문 안에 존재하는 sum = sum + 1이다.[1] i가 백만 번 변하므로 이 명령문도 백만 번 실행되는 것이다. 알고리즘의 이론적인 속도는 이렇게 가장 많이 실행되는 명령문에 의해서 결정된다. 말하자면 이 알고리즘의 이론적인 속도는 1,000,000이라고 말할 수 있다.

한편 이 알고리즘을 실제로 실행했을 때 걸리는 시간을 측정하기 위해서 다음과 같이 for 문의 시작과 끝에서 시간을 측정한 다음, 두 값의 차

---

[1] 물론 for 순환문의 조건식도 똑같은 횟수로 실행되지만, 속도를 계산할 때 보통 조건 비교 부분은 생략한다.

이를 출력해보자.

```
// 시작 시간을 기록한다.
long beginTime = System.currentTimeMillis();

int sum = 0;
for (int i = 0; i < 1000000; i++)
{
    sum = sum + 1;
}

// 종료된 시간을 기록한다.
long endTime = System.currentTimeMillis();

// 종료된 시간과 시작 시간의 차이를 출력한다.
System.out.println("time spent = " + (endTime - beginTime));
```

이 프로그램을 Speed라는 클래스에 저장한 다음 실행한 결과는 다음과 같다.

```
C:\WORK>java Speed
time spent = 10
```

주어진 for 문을 실행하는 데 걸린 시간은 10밀리초, 즉 0.01초다. 이러한 시간을 알고리즘의 실제 속도라고 말한다. 나는 이 속도를 펜티엄 III 750MHz CPU와 256MB 메모리가 장착된 델 노트북 컴퓨터에서 구했다. 하지만 여러분이 동일한 프로그램을 다른 컴퓨터에서 실행한 결과는 다를 수도 있을 것이다.

실제 속도는 이렇게 컴퓨터의 CPU 성능이나 메모리 용량과 같은 가변 조건에 의해서 달라지기 때문에 알고리즘의 속도를 분석할 때 보편적으로 이용할 수 없다. 똑같은 프로그램이라고 해도 그것을 486 CPU에 16MB 메모리를 갖춘 컴퓨터에서 실행할 때와 코어 i7 CPU에 32GB 메모리를 갖춘 컴퓨터에서 실행할 때 서로 다른 속도를 보여주기 때문에 프로그램의 속도를 꼭 집어서 "이것이다"라고 말할 수 없는 것이다.

그래서 알고리즘을 분석할 때에는 절대적인 값을 갖는 이론적인 속도가 더 중요하다. 이론적인 속도는 알고리즘의 논리 바깥에 존재하는 다른 요인에 영향받지 않기 때문에 보편적으로 사용할 수 있기 때문이다. 그렇다면 몇몇 알고리즘의 예를 가지고 이론적인 속도를 함께 분석해보도록 하자.

준비. a는 정수고, 초깃값은 0이다.

단계 1. [루프] i가 1부터 n일 동안 각각에 대해

단계 2.　　[루프 안의 계산] 숫자 a에 i를 더하라.

단계 3.　　　루프 i 종료

이 알고리즘은 주어진 수 n에 대해서 1부터 n까지의 합을 구하는 알고리즘이다. 이를 실제 코드로 나타내면 다음과 같다.

```
int a = 0;
for (int i = 1; i <= n; i++)
{
    a = a + i;
}
```

앞서 살펴본 것과 마찬가지로 속도를 계산하기 위한 알고리즘 분석에서 주목해야 하는 부분은 가장 집중적으로 실행되는 명령문이다. 이 알고리즘에서는 가장 뜨거운 명령문이 바로 2번 단계, 즉 a = a + i라는 사실

을 어렵지 않게 알 수 있다. 루프가 n번 반복되고 있으므로 이 명령문은 n번 실행된다. 이제 다음 알고리즘을 분석해보도록 하자.

준비. a는 정수고, 초깃값은 0이다.

단계 1. [외부 루프] i가 1에서 n까지 각각에 대해

단계 2.   [내부 루프] j가 1에서 n까지 각각에 대해

단계 3.   [내부 루프 안의 계산] a에 j를 더하라.

단계 4.   루프 j 종료

단계 5. 루프 i 종료

이것을 프로그램 코드로 나타내면 다음과 같다.

```
int a = 0;
for (int i = 1; i ⇐ n; i++)
{
    for (int j = 1; j ⇐ n; j++)
    {
        a = a + j;
    }
}
```

이 알고리즘이 구하는 값은 1부터 n까지의 합을 구한 다음 그 값에 n을 곱한 것과 같다. 즉, n이 10이라면 이 알고리즘이 실행된 결과는 55 * 10 = 550이 된다. 잘 이해되지 않는 사람은 알고리즘의 각 단계를 손으로 천천히 따라가면서 확인해보기 바란다. 이 알고리즘을 분석하는 데 있어서 초점이 되는 뜨거운 명령문은 당연히 3번 단계다. 그렇다면 이 알고리즘에서 3번 단계는 몇 번 실행될까? n번 실행되는 내부 루프가 역시 n번 실행되는 외부 루프 안에 포함되어 있으므로 3번 단계의 명령문은 n^2번 실행된다.

알고리즘의 이론적인 속도는 가장 뜨겁게 실행되는 명령문에 의해서 결정되므로 첫 번째 알고리즘의 이론적인 속도는 n이고 두 번째 알고리즘의 이론적인 속도는 n^2이라고 말할 수 있다. 이제 첫 번째 알고리즘이 두 번째 알고리즘과 동일한 결과를 출력하도록 하기 위해서 알고리즘의 끝에 명령문 하나를 더해보자.

단계 1. [루프] i가 1부터 n일 동안 각각에 대해

단계 2.　　[루프 안의 계산] 숫자 a에 i를 더하라.

단계 3.　　루프 i 종료

단계 4. a에 n을 곱하라.

이것을 프로그램 코드로 표현하면 다음과 같다.

```
int a = 0;
for (int i = 1; i <= n; i++)
{
    a = a + i;
}
a = a * n;
```

이것을 세 번째 알고리즘이라고 부르자. 앞서 보았던 두 번째 알고리즘과 이 세 번째 알고리즘은 동일한 값을 출력하는 알고리즘이지만, 내부에서 구현하고 있는 논리는 다르다. 그렇다면 세 번째 알고리즘의 이론적인 속도는 얼마일까? 세 번째 알고리즘에서 마지막에 더한 4번 단계는 프로그램 전체를 통틀어 한 번만 실행되기 때문에 숫자 n이 커진다면 무시해도 좋다. 따라서 세 번째 알고리즘의 이론적인 속도는 첫 번째 알고리즘과 마찬가지로 여전히 n이다.

좀 이상하게 들리겠지만 대개 알고리즘 분석에서는 n과 n + 1, 혹은

k를 임의의 상수라고 했을 때 n + k는 모두 n이라는 동일한 속도를 갖는 것으로 간주한다. 우리가 알고리즘의 속도, 혹은 프로그램의 성능을 이야기할 때 주목하는 것은 정확한 실제 수치가 아니라 n이라는 변수로 표시되는 명령어의 실행 횟수기 때문이다. n이 n인가, n^2인가, 아니면 n log n인가 하는 것이 핵심이지 그밖에 자질구레한 상숫값은 전체 속도에 별로 영향을 주지 않는 것으로 간주하고 무시하는 것이다. 이러한 결론은 앞에서 보았던 2^{10} = 10^3이라는 이상한 공식이 탄생한 배경과 비슷한 논리에서 비롯된 것이다. 프로그래머들이 3억 정도의 값은 '우습게' 여긴다는 사실을 기억하기 바란다.

따라서 프로그램이나 알고리즘을 작성할 때는 바로 n의 값을 가능한 한 작은 값으로 묶어 두는 것이 중요하다. 따라서 두 번째 알고리즘처럼 루프 여러 개를 이용하는 것보다는 세 번째 알고리즘처럼 간단한 명령어 한두 개를 이용해서 필요한 작업을 하는 것이 더 효율적이다. 알고리즘의 이론적인 속도가 n인가 n^2인가 하는 것은 n의 값이 작을 때는 별로 큰 차이가 없지만 n의 값이 커졌을 때는 커다란 차이를 불러일으키기 때문이다. 예를 들어서 명령어 하나를 처리하는 데 걸리는 시간이 1밀리초이고 n의 값은 1,000,000이라고 가정해보자. 이론적인 속도가 n인 알고리즘이 실행되는 데는 불과 16분 40초가 걸리지만, 이론적인 속도가 n^2인 알고리즘이 실행되는 데는 무려 30년 이상의 엄청난 '세월'이 걸리게 된다.

이론적인 알고리즘 분석에서는 가상의 수 n을 수학적으로 좀 더 명확하게 정의하기 위해서 극한(lim)이나 빅오(big-O), 스몰오(small-o) 등과 같은 수학 함수를 사용한다. 하지만 실전 프로그래머에게 중요한 것은 이런 수학 함수의 의미를 이해하는 것이 아니라 알고리즘의 이론적인 속도를 최적화할 수 있는 능력을 갖추는 것이다. 예전에 회사에서 수행하던 프로젝트에서 어느 프로그래머가 작성한 프로그램이 심각한 성능 문제를 일으킨 적이 있다. 네트워크의 연결 상태를 자세하게 보여주는 그림을 화면에 나타내는 프로그램이었는데, 그림이 화면에 완전히 나타나기까지 무려 10초 정도가 걸리던 것이다. 그래서 다른 프로그래머 몇 명이 모여서 코드를 정밀하게 분석했다. 그리고 화면을 초기화하는 함수에서 다음과 같은 코드를 발견했다.

```
for (int i = 0; i < MAX_X; i++)
{
    for (int j = 0; j < MAX_Y; j++)
    {
        // 서너 줄로 이루어진 명령문이 여기에 들어 있었다.
    }
}
```

여기에서는 생략했지만 속에 들어 있는 두 번째 for 루프가 포함하는 명령문들이 실행되는 데 걸리는 시간은 대략 3밀리초 정도로 측정됐다. 그리고 MAX_X라는 상숫값은 160으로 선언되어 있었고 MAX_Y는 10이었다. 이 알고리즘이 소비하는 시간을 한번 생각해보기 바란다. 160 * 10 * 3 = 4,800밀리초다. 거의 5초 정도의 시간을 소비하고 있던 것이다. 이 알고리즘을 작성한 프로그래머와 상의한 결과 이 초기화 과정은 대부분 불필요한 것으로 판명되었고 따라서 10초 정도 걸리던 시간은 5초로 대폭 줄어들었다.

알고리즘의 이론적인 속도를 분석하고 실제로 프로그램을 작성할 때 코드를 최적화하기란 결코 간단한 일이 아니다. 하지만 그러한 노력은 프로그램의 질을 개선하기 위해서 반드시 필요한 절차며 프로그래머 자신의 수준을 높이는 데에도 절대적으로 요구되는 덕목이다. 특히 컴퓨터 시스템의 깊숙한 곳에서 실행되는 시스템 프로그램의 경우에는 알고리즘의 최적화가 대단히 중요한 문제가 된다. 그래서 내공이 깊은 프로그래머는 프로그램을 빨리 작성하는 것을 자랑으로 삼지 않으며 단 몇 줄의 프로그램을 작성하더라도 최선의 코드를 만들기 위해서 노력한다.

하지만 프로그래밍이라는 사이버 세상에는 최고의 내공을 지닌 전사들마저 피할 수 없는 숙명 같은 존재가 있다. 장판 밑에 숨어 사는 바퀴벌레처럼 소프트웨어의 알고리즘 속에 숨어 있다가 기회만 주어지면 사이버 세계의 평화를 어지럽히기 위해서 출몰하는 버그(bug)들이다. 프로그래머의 내공의 깊이에 따라서 버그의 종류와 성격이 크게 달라지기는 하지만 버그로부터 완전히 자유로운 프로그램을 작성할 수 있는 프로그래머는 세상에 없다. 버그란 사이버 세상의 전사들이 영원히 품고 살아가면서 다스려야 하는 고질병과 같은 존재기 때문이다.

소프트웨어 공포 이야기

버그로 인해 발생한 재앙을 영원히 잊지 않고 기억해두고자 사람들은 '소프트웨어 공포 이야기(software horror story)'라는 것을 만들어서 퍼뜨린다. 그렇게 하면 마치 무시무시한 버그에 의한 재난을 미리 피할 수 있다고 믿기라도 하는 것처럼 말이다.

셀 수 없이 많은 소프트웨어 공포 이야기 중에서 최고의 압권은 뭐니 뭐니해도 (그 엄청났던 야단법석에 비하자면 실로 어이없을 정도로 빠르게 사람들의 기억에서 잊혀버린) 'Y2K(Year 2000) 버그'일 것이다. 당시 세계 각국의 정부가 Y2K 버그에 대처하기 위한 특수 부서를 설치하고, 은행과 관공서를 비롯한 대다수 기업이 데이터를 복사해서 저장해두느라 열을 올리고, 급기야 연도가 1999년에서 2000년으로 바뀌는 당일에는 비행기 운항을 중단할 정도였으니 Y2K 버그가 몰고 왔던 '공포'의 폭과 깊이에 대해서는 구태여 설명할 필요가 없을 것이다.

이러한 Y2K 버그가 발생한 근본적인 원인을 살펴보는 것은 흥미로운 일이다. Y2K 버그의 뿌리를 이해하기 위해서는 컴퓨터의 메모리 공간이 예전에는 지금보다 훨씬 더 귀하게 취급되었다는 사실을 기억할 필요가 있다. 그 당시에는 프로그램을 작성할 때 단 1바이트의 공간이라도 더 절약하는 것이 당대의 '아름다운 공식'으로 칭송받았던 것이다. 사람들의 미에 대한 기준은 어차피 시대에 따라서 변하기 마련이므로 이것은 놀라운 일이 아니다.

그렇지만 메모리의 단위가 백만에 해당하는 메가(Mega)를 넘어 10억에 해당하는 기가(Giga)로 넘어간 오늘, 1바이트의 메모리 공간에 벌벌 떨면서 프로그램을 작성하던 선배들의 이야기를 "아, 과연 그렇군요!" 하면서 실감 나게 경청할 수 있는 프로그래머는(특수 목적의 임베디드(embedded) 소프트웨어를 작성하는 프로그래머를 제외하면) 거의 없을 것이다. 100평짜리 빌라에 사는 사람이 15평짜리 아파트에서 사는 사람들의 애틋하고 아기자기한 삶의 속살들에 관심을 두기는 어려운 법이다.

『처음 쓰는 한국 컴퓨터사』(전자신문사, 1997)에 따르면, 1967년 4월 경제기획원에 처음으로 도입되어 국가적인 주목을 받았던 IBM 1401 기종의 메모리 용량은 16KB 정도에 불과했다. 오늘날의 일반적인 PC가 갖추고 있는 메모리 용량은 16KB의 1,000,000배에 달하는 16GB를 넘나들고 있으니, 요즈음 프로그래머에게 1바이트란 존재가 바닷가의 모래알보다 하찮고 흔하게 느껴지는 것도 무리는 아니다. 더구나 당시의 IBM 1401이 PC와 같은 대중적인 컴퓨터 시스템에 비교되는 대상이 아니라 엄청난 국가 예산을 들여서 특별한 기관에만 겨우 모셔놓을 수 있는 초대형 컴퓨터 시스템이었다는 사실을 고려해본다면 그 차이는 실로 엄청난 것이다(사진 속의 남성은 오늘날의 PC나 인터넷을 상상도 못 하고 있었을 것이다).

: 냉장고 만한 크기의 IBM 1401 (ⒸArnold Reinhold / CC BY-SA 3.0)

　이렇게 단 1바이트의 메모리 공간도 아쉬운 상황에서는 연도를 표기하기 위해서 '80'처럼 두 자리가 아니라 '1980'과 같이 네 자리 수를 이용하는 것은 '낭비'라고 생각했을 법도 하다. 컴퓨터 시스템과 프로그래밍 언어가 '정수'와 '문자열'을 구분해서 저장하는 능력이 있다면, 정수로서의 '1980'과 '80'은 같은 크기의 메모리 공간을 차지하지만, 문자열로서의 '1980'이 차지하는 공간과 '80'이 차지하는 공간은 정확히 두 배 차이가 난다. 즉 문자 하나가 차지하는 메모리 공간이 1바이트에 해당하므로, 문자열 '1980'이 차지하는 공간은 4바이트고 문자열 '80'이 차지하는 공간은 2바이트기 때문에 두 배 차이가 나는 것이다. 이런 차이가 있었기 때문에 그 당시에 프로그램을 작성하는 사람들은 별 망설임 없이 '1980' 대신 '80'이라는 Y2K 버그의 씨앗을 사이버 세상 곳곳에 꾸준히 심어나갔던 것이다.

시간이 흐르면서 전 세계의 컴퓨터가 서로 연결되어 네트워크의 네트워크라고 불리는 인터넷이 대중 앞에 모습을 드러냈다. 그리고 인터넷이라는 열차를 타고 실리콘 밸리로 떠나간 카우보이들의 빽적지근한 성공담이 회자되면서 이에 고무된 수많은 젊은이가 불나방처럼 사이버 세상으로 뛰어들었다. 이것은 이미 앞서 말한 바와 같다.

사람들은 '닷컴'이라고 불리는 빌딩을 사이버 세상에 세워나갔다. 신문이나 방송과 같은 대중 매체는 하루가 멀다 하고 '인터넷', 'IT,' 닷컴'과 같은 키워드를 '벤처', '투자', '주식', '코스닥', '나스닥'과 같은 키워드와 짬뽕하여 굿판의 열기를 더욱 뜨겁게 가열했다. 사람들은 둘 이상이 모이면 주식 이야기를 나눴고, 캘리포니아 드림(California dream)에 대해서 수군거렸다. 컴퓨터에 익숙하지 않은 사람은 '컴맹'이라는 딱지를 붙여서 놀림감으로 삼았고, 컴퓨터와 관련된 비즈니스로 돈을 벌어 사회 귀족의 대열에 새롭게 합류한 사람에게는 영웅의 칭호를 수여했다. 경제를 연구하던 사람들은 학문적 자존심을 포기하면서 하나둘씩 '신경제(new economy)'라는 대세에 손을 들고 투항하기 시작했다. 바람은 점점 거세졌고, 영원히 멈추지 않을 것처럼 보였다.

이러한 바람이 불고 있을 때도 시간은 어김없이 흘러갔다. 달력이 한 장씩 떨어져 나가고 해가 바뀌어 나아갔다. 그러다가 사람들은 99년이 00년으로 변하는 순간에 대해서 생각이 미치게 됐다. 1999년이 2000으로 변해야 하는 순간에 99년이 00년으로 변한다는 것은 어딘가 부자연스러웠다. 그리고 사람들의 가슴은 철렁 내려앉았다. 99년에서 바뀐 00년은 2000년을 의미할 수도 있지만, 1900년을 의미할 수도 있고 혹은 그보다 훨씬 이전을 의미할 수도 있다는 사실을 깨달은 것이다. 연도가 증가할 때마다 특별히 필요한 동작을 수행해야 하는 프로그램에 있어서 1999년이 느닷없이

1900년으로 후퇴한다는 것은 실로 엄청난 재앙이 아닐 수 없었다.

그렇지만 사람들을 더욱 깊은 공포로 몰고 간 것은 바로 어떤 프로그램이 어디에서 오동작을 일으킬지 예측할 수조차 없다는 사실이었다. 그것은 마치 언제 어떻게 끝날지 알 수 없는 고문을 당하는 것과 같았다. 고문 자체도 고역이지만, 고통이 어떻게 끝날지 알지 못하는 데서 오는 절망감과 공포는 더욱 고역인 법이다. 알 수 없는 공포에 휩싸인 각국의 정부와 기업들은 막대한 돈을 쏟아부으면서 소위 'Y2K 특별 대책반'을 구성하느라 정신이 없었다. 사람들은 동요했으며 Y2K 해결사임을 자처하면서 돈벌이에 나선 메뚜기 떼는 여느 때와 다름없이 시장판을 날뛰어 돌아다녔다. 먹이를 찾아 들판을 헤매는 메뚜기 떼의 공포에 질린 사람들의 아우성은 그야말로 신나는 아수라장이었다.

'시간'과 '공간'이라는 우주의 두 기본 축은 원자의 세계에서만이 아니라 비트의 세계에서도 서로 직교하고 있다. 비트의 세계에 존재하는 알고리즘이 시간을 절약하기 위해서는 더 많은 공간이 필요하고, 공간을 절약하기 위해서는 더 긴 시간이 필요하다는 사실은 프로그래머 사이에는 상식으로 통한다. 무슨 말인가 하면, 특정한 알고리즘이 더 빠르게 수행되도록 만들기 위해서는 일반적으로 더 많은 메모리 공간을 사용해야 하고, 그 반대로 메모리 공간을 최소로 사용하게 만들기 위해서는 알고리즘이 수행되는 속도를 일정 정도 희생해야 한다는 말이다. Y2K 버그의 경우는 '1980'과 '80' 사이에 존재하는 2바이트의 공간을 '절약'하려고 한 경솔함의 대가를 치르기 위해서, 훗날 몇만 배 혹은 몇억 배에 달하는 시간과 비용을 감당해야만 했던 비극적인 코미디였다. 버그들을 위한 영화제가 열린다면 인류 전체에게 엄청난 사회적 비용을 강제했던 Y2K 버그가 대상을 수여하리라는 사실에는 의심의 여지가 없을 것이다.

영화제의 최우수 작품상에 빛나는 Y2K 버그가 불과 10~20여 년 뒤의 일을 내다보지 못하는 인류의 근시안에 대한 뚜렷한 표징(標徵)이라면, 미국 항공우주국(NASA)의 화성 탐사선 매리너 1호(Mariner 1)의 임무가 실패로 돌아가도록 만든 유명한 버그는 사람의 '실수'를 알아채지 못하는 컴퓨터의 미숙한 지능과 치명적인 고지식함에 대한 움직일 수 없는 증거가 된다.

　　비유하자면 Y2K 버그가 다른 영화들이 따라올 수 없는 압도적인 규모를 자랑하면서 1998년 아카데미 수상식에서 무려 11개 부분의 상을 휩쓸었던 제임스 카메론 감독의 〈타이타닉〉에 해당한다면, 매리너 1호의 임무를 좌절시킨 버그는 1962년 아카데미 수상식에서 작품상을 받은 〈웨스트 사이드 스토리〉에 해당하는 조용한 고전이었다. 이 '작고 귀여운' 고전적인 버그의 이야기는 1962년 화성 탐사를 위해서 궤도에 오르던 미국 항공우주국의 탐사선 매리너 1호의 임무가 실패로 돌아간 데서부터 시작한다. 매리너 1호를 등에 업고 하늘로 솟아오르던 로켓이 불과 5분 만에 정상 궤도에서 이탈하는 사건이 발생한 것이다.

　　이 이야기는 '포트란 버그(Fortran bug)'라는 이름으로 널리 알려졌다. 1963년에 미국 항공우주국이 매리너 1호에서 사용한 궤도 계산 프로그램을 달 탐사선인 아폴로호에서 사용하기 위해서 테스트하던 중 포트란 언어로 작성된 프로그램에서 다음과 같은 버그를 발견했다는 것이 널리 알려져 있는 '포트란 버그' 이야기의 골자다.

```
DO 10 I=1.10
```

　　궤도 계산 프로그램 안에 이와 같은 명령문이 있었는데, 이를 포트란 컴파일러는 다음과 같이 해석한다.

```
DO10I=1.10
```

이 코드는 'DO10I'라는 이름의 변수에 1.10이라는 숫자를 할당하라는 의미다. 포트란 컴파일러가 공백을 모두 무시하고 있음에 주목하기 바란다. "아버지가방에들어가셨다"가 바로 이런 사례에 해당하는 것이다. 하지만 프로그래머가 실제로 의도한 것은 다음과 같은 명령문이었다. 앞의 명령문과 다른 점은 마침표 대신 쉼표가 사용되었다는 사실 한 가지뿐이다.

```
DO 10 I=1,10
```

이 명령문의 의미는 이 명령어 다음에 오는 명령어들을 I라는 변수가 1에서 10까지 열 번 변할 동안 반복해서 실행하라는 것이다. 즉 순환문(loop)인 것이다. 이 이야기는 이렇게 간단한 실수 하나가 어마어마한 비용이 들어간 화성 탐사 계획을 실패로 돌아가게 하였다는 극적인 요소를 담고 있다는 점에서 사람들의 이목을 끌면서 계속 회자됐다. 하지만 (역설적이게도) 널리 회자되고 있는 이 버그 이야기조차 버그(즉, 틀린 사실)를 안고 있었다.

아직도 많은 사람이 매리너 1호의 임무가 실패로 돌아간 원인이 포트란 버그였다고 생각한다(나도 한참을 그렇게 알고 있었다). 하지만 매리너 1호의 계획은 포트란 버그가 아닌 다른 버그 때문에 유발되었고, 포트란 버그 자체는 상당히 극적인 요소를 안고 있긴 했지만 사실상 별로 치명적이지는 않았던 것으로 나중에 밝혀졌다. 매리너 1호의 계획을 실패로 돌아가게 한 진짜 버그도 재미있는 버그인데, 그것은 소프트웨어 버그와 하드웨어 버그가 합작으로 만들어낸 작품이었다. 더 자세한 내용을 알고 싶은 사람은 '컴퓨터와 관련 시스템이 대중에 미치는 위험성을 토의하는 포럼(Forum on Risks to the Public in Computers and Related Systems)'의 웹사이트(http://catless.ncl.ac.uk/Risks/)에 가서 '볼륨 8: 이슈 75(Volume 8: Issue 75)'의 기사를 찾아보기 바란다.

'Y2K 버그'나 '포트란 버그'는 모두 소프트웨어 공포 이야기에서 모르는 사람이 거의 없을 정도의 고전에 속한다. 이러한 버그들은 알고리즘 내부의 허점 속에 은밀하게 숨어 지내다가 논리가 실행되는 순간에 한해서 잠깐 모습을 드러내고 곧 사라지기 때문에 소스 코드를 읽어서 잡아내기는 매우 어렵다. 특히 프로그램의 규모와 복잡성이 커지면 찾아내기 어려운 버그 수는 증가할 수밖에 없다. 소프트웨어를 제작하는 회사들은 소프트웨어를 전문적으로 테스트하는 부서를 두고 이러한 버그들을 미리 잡아

: 매리너 1호의 뒤를 이은 매리너 2호의 모습

내려고 노력한다. 하지만 소프트웨어가 사용자에게 출시되기 전에 숨겨진 버그를 모두 잡아내는 것은 현실적으로 불가능하다.

2000년 11월 지디넷(http://www.zdnet.com)에 실린 기사에 의하면 윈도우 2000 운영체제에 숨어 있는 버그의 수는 무려 65,000개에 달하고, 그중에서 마이크로소프트에서 실제 문제를 일으킬 소지가 있다고 인정한 버그 수만 해도 21,000개에 달했다고 한다. 당시 마이크로소프트라는 회사에 모인 프로그래머들의 실력이 전 세계에서 둘째가라면 서러워할 고수들이라는 사실을 고려해볼 때 이렇게 윈도우 운영체제가 안고 있는 엄청난 수의 버그는 소프트웨어 공포 이야기가 결코 말하기 좋아하는 사람들이 재미로 지어내는 이야기가 아니라는 사실을 반증해준다.

치열한 고민을 통해서 신중하게 작성되지 않은 프로그램이 안고 있는 결정적인 문제는 알고리즘이 필요 이상으로 복잡하고 어렵기 때문에 버그가 숨어서 지내기 알맞은 환경을 제공해준다는 점이다. 바퀴벌레가 어둡고 축축한 구석을 좋아하듯이 사이버 세계의 버그들은 복잡하게 얽히고설킨 알고리즘의 구석을 좋아하는 것이다. 이에 반해서 누가 보기에도 아름답고 깔끔하게 작성된 프로그램은 버그가 숨어 있을 만한 어둡고 습한 구석이 별로 없다. 그 안에 담긴 논리의 흐름이 자연스럽고 명쾌하므로 실수가 스며들 여지가 거의 없는 것이다. 그래서 프로그래머 세계에서 최고의 고수로 통하는 사람은 복잡하고 다양한 프로그래밍 기법과 기술을 현란하게 구사하는 사람이 아니라 오히려 어려운 문제를 쉽고 간결하게 풀어나가는 사람인 경우가 많다.

이처럼 프로그램 안에 존재하는 논리적 결함이나 실수를 '결함' 혹은 '실수'와 같이 따분한 말로 표현하지 않고 '버그'라는 생동감 넘치는 말로 표현하게 된 데에는 사연이 있다. 코볼(COBOL)이라는 프로그래밍 언어의 탄생에 결정적인 기여를 한 것으로 평가되는 컴퓨터학자인 그레이스 호퍼(Grace Murray Hopper)는 1945년 여름에 마크 II라는 컴퓨터 시스템을 붙들고 씨름하고 있었는데, 계속해서 틀린 결과를 얻게 되자 그 원인을 찾기 위해서 고심했다.

우습게도 그녀가 문제의 원인을 발견한 장소는 비트의 세계가 아니라 원자의 세계였다. 컴퓨터 내부의 부속 안에 진짜 나방이 끼어서 죽어 있던 것이다. 타자기에 낀 벌레 때문에 죄수의 이름이 바뀐 나머지 엉뚱한 시민이 체포되는 에피소드로 시작하는 영화 〈브라질〉을 연상케 하는 이 사건은 말하자면 세계 최초의 버그에 해당했던 셈이다. 나방을 발견한 그레이스 호퍼는 죽은 나방을 조심스럽게 꺼내서 공책의 한 페이지에 스카치테이프로 붙여놓은 다음 그 밑에 이렇게 적어놓았다고 한다.

"버그가 발견된 첫 번째 사례(First actual case of bug being found)"

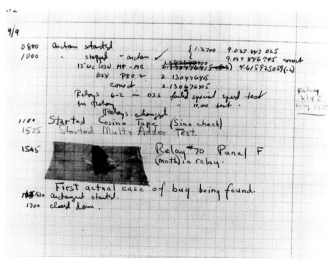

: 세계 최초로 발견된 '버그'의 모습

뫼비우스의 띠

내공이 부족한 프로그래머도 100여 줄 정도의 명령문으로 이뤄진 간단한 프로그램을 작성할 때는 내공의 부족을 거의 드러내지 않는다. 그렇지만 입문 단계를 벗어난 프로그래머가 작성해야 하는 프로그램 코드가 수천, 혹은 수만 줄에 이르는 경우는 드물지 않다. 이러한 경우에는 단순히 수학적인 추론 능력의 깊이가 프로그램의 질을 전적으로 결정하지는 않는다. 부분적인 알고리즘이 아무리 효율적으로 작성되어 있더라도, 소프트웨어의 전체적인 설계가 엉망이거나 프로그래밍 언어의 고유한 특성을 제대로 살리지 못한다면 좋은 품질의 소프트웨어가 되기 어렵기 때문이다. 따라서 진정한 고수로 성장하고자 하는 프로그래머는 수학적 추론이나 논리 능력을 키우는 내공 수련 이외에도 자신이 선택한 프로그래밍 언어의 속성과 기능들을 정확하게 파악하여 그것을 자신이 고안한 알고리즘을 구현하는 데 정확하게 적용할 수 있도록 하는 외공 연마에도 심혈을 기울여야 한다.

자신이 선택한 프로그래밍 언어의 특성을 살리지 못하는 경우의 예를 들자면 C++나 자바와 같은 객체 지향 언어를 가지고서 C 언어로 작성할 법한 절차적인(procedural) 코드를 작성하는 경우가 대표적이다. 함수(function)를 중심으로 하는 절차적 언어인 C 언어와 객체(object)를 중심으로 하는 객체 지향 언어인 C++나 자바 사이에 존재하는 차이를 이해하지 못하는 프로그래머는 C++나 자바를 가지고서 'C 프로그램'을 작성하는 우를 범한다. 물론, 자바 프로그램은 객체를 정의하지 않고서는 단한 줄도 작성할 수 없으므로 객체를 제대로 이해하지 못하는 프로그래머도 객체를 정의할 수밖에 없다. 하지만 객체를 형식적으로만 정의할 뿐 소프트웨어 전체의 효율성을 개선하기 위해 객체가 가지고 있는 고유한 특성을 활용하지 못한다는 점에서 본다면, 실질적으로는 객체를 사용하지 않는 것과 다름없다. 이러한 경향은 모두 외공의 부족에서 비롯되는 결점에 해당한다.

1990년대나 2000년대 초반에 객체 지향을 가지고 말했던 이 말을 2020년대를 바라보는 요즘에는 함수형 패러다임을 가지고 말할 수 있게 되었다. 스칼라 언어를 생각해보자. 빅데이터, 분산 컴퓨팅, 동시성 프로그래밍이라는 시대적 요청에 부응하기 위해서 함수형 프로그래밍 언어가 주목받는 요즘, JVM에서 클로저 언어와 더불어 자바의 대안 언어로 인식되는 스칼라는 기본적으로 함수 패러다임을 사용하는 언어다. 하지만 자바를 이용하던 다수의 개발자들은 스칼라 언어를 사용해서 자바 코드를 작성한다. 20년 전에 개발자들이 자바 언어를 이용해서 C 코드를 작성했던 것과 다르지 않다.

언어의 문법은 값싼 껍질이다. 비싼 알맹이는 언어의 패러다임과 철학이다. C를 사용하던 개발자가 자바를 접하면 객체 지향이라는 방법론, 자바가 해결하고자 했던 문제의 본질을 고민할 필요가 있다. 마찬가지로 자바를 사용하던 개발자가 스칼라를 접하면 함수 패러다임이라는 방법론, 그리고 스칼라가 해결하고자 했던 문제의 본질을 고민할 필요가 있다. 그래야 진짜다. 이런 고민 없이 새 언어의 문법만 차용해서 낡은 방식을 고수하면 발전이 없다.

내가 루슨트에 입사하기 전인 1996년에는 네트워크 관리 시스템이 C 언어로 작성되어 있었다. 2000년대 중반에도 독일과 영국을 비롯한 유럽, 사우디아라비아, 중국, 일본 등지의 통신 회사에서 사용된 이 소프트웨어는 1990년대 말에 전 세계 통신 시장이 급속도로 팽창하면서 관리해야 하는 네트워크의 범위와 복잡성이 증대되어 자주 업그레이드되어야 했다. 이 시스템은 클라이언트–서버 아키텍처[1]로 구성되어 있었는데, 이러한 업그레이드의 일환으로 PC에서 실행하는 GUI(Graphical User Interface) 소프트웨어, 즉 클라이언트를 C 언어 대신 자바 언어로 다시 작성하기로 하는 결정이 내려졌었다.

이러한 결정의 배경을 이해하려면 자바가 C나 C++와 결정적으로 구별되는 부분을 알아야 한다. C와 C++로 작성한 프로그램이 컴파일러에 의해서 바이너리 코드로 변환될 때 바이너리 코드는 특정한 컴퓨터의 CPU 구조나 운영체제를 염두에 두고 만들어진다. 즉, 인텔의 코어 CPU를 이용하는 윈도우 시스템인지 IBM의 파워 CPU를 이용하는 유닉스 시스템인지에 따라서 바이너리 코드의 구조가 달라진다는 이야기다. 이것은 다시 말하면 인텔 코어 CPU를 위해서 컴파일된 실행 코드를 IBM의 파워 CPU에서 실행하려면 제대로 동작이 이뤄지지 않는다는 사실을 의미한

---

1 중앙에 있는 서버에서 데이터의 처리와 같은 복잡한 계산을 수행하고, 서버에 연결된 많은 클라이언트(예를 들어서 PC)는 주로 서버가 보내온 데이터를 사용자에게 보여주는 GUI 프로그램을 실행하는 구조를 말한다.

다. 결국 C나 C++로 작성한 코드는 어느 특정한 플랫폼에서만 실행할 수 있으므로 사용자가 선택할 수 있는 클라이언트 컴퓨터의 폭이 제한된다는 단점이 있다.

이에 비해서 자바의 경우에는 '가상 기계(virtual machine)'라는 개념을 도입하여 자바 컴파일러는 프로그래머가 작성한 자바 코드를 컴파일할 때 특정 CPU나 운영체제를 위한 바이너리 코드가 아니라 '가상의 기계'를 위한 바이트 코드(byte code)를 만들어낸다. 이러한 바이트 코드는 아직 실제 컴퓨터에서 실행시킬 수 있는 코드가 아니기 때문에 바이너리 코드와 구별된다. '가상 기계'라는 말은 '기계'로 끝나기 때문에 하드웨어라는 느낌을 주지만 실제로는 다양한 컴퓨터 위에서 실행되는 소프트웨어를 의미한다. 가상 기계라는 소프트웨어에 '바이트 코드'가 입력되면 가상 기계를 실행하고 있는 실제 컴퓨터의 CPU와 운영체제에 알맞은 바이너리 코드로 변환되면서 동시에 실행되는 것이다.

자바라는 새로운 언어는 가상 기계를 언어 명세의 일부로 포함하고 있다. 그런데 가상 기계는 실제로 존재하는 '기계'가 아니므로 특정한 CPU의 구조와 상관없이 언제나 동일하다. 그렇기 때문에 프로그래머는 자바 코드를 작성할 때 특정한 CPU나 운영체제를 염두에 둘 필요 없이 가상 기계를 대상으로 하는 한 가지 코드만 작성하면 충분한 것이다. 이것은 해당 시스템에서 동작하는 가상 기계만 존재하면 소프트웨어 하나를 일반 PC에서 워크스테이션에 이르는 여러 시스템에서 실행할 수 있다는 사실을 의미했다. 이러한 가상 기계 개념을 처음으로 도입한 것이 자바는 아니었지만, 그 개념을 프로그래밍의 세계에 광범위하게 퍼트린 최초의 언어였다는 점에서 이것은 혁명적인 변화였다.

루슨트의 프로그래머들은 이러한 새로운 기술 흐름에 발맞추려고 자바 언어가 탄생한 지 채 1~2년밖에 지나지 않은 1996년 말에 C로 작성된 프로그램을 자바로 재작성하기로 결정했다. 아직 자바라는 새로운 언어를 깊이 이해할 만한 충분한 시간적인 여유가 없었지만 프로젝트를 진행하면서도 얼마든지 새로운 언어를 습득할 수 있으리라고 본 것이다. 대개 세상의 일이 다 그렇듯 프로그래밍 언어를 익히기 위한 가장 훌륭한 방법은 그것을 이용해서 실제 프로젝트를 수행함으로써 경험을 쌓는 것이다. 차분히 앉아서 새로운 언어의 구석구석을 전부 익힌 다음에 비로소 프로젝트를 시작할 수 있는 여유는 현실 세계에서 기대하기 어렵다. 그렇긴 하지만 새로운 프로그래밍 언어를 프로젝트를 진행하는 도중에 익히는 도전은 모험을 내재하기 마련이다.

C에서 자바로 가는 길은 C에서 C++로 가는 길에 비해서 훨씬 근본적인 변화를 함축하고 있었다. C와 C++는 공통점이 많았지만, C와 자바는 기본적인 문법 구조와 키워드라는 겉모습 이외에는 닮은 점이 별로 없었다. C와 자바는 패러다임을 근본적으로 달리하고 있기 때문이다. 이렇게 근본적인 패러다임의 변화를 프로젝트를 진행하면서 학습하려면 프로그래머가 기본적인 능력을 갖추고 있어야 하는 것은 물론 자신을 프로젝트의 요구에 완전히 몰입시키는 열정도 가지고 있어야만 했다. 하지만 모든 프로그래머가 그러한 열정을 가지고 있는 것은 아니다.

C 프로그램을 자바 프로그램으로 재작성하는 프로젝트는 성공적으로 끝났지만 자바 프로그램의 적지 않은 부분이 여전히 C 프로그램의 모습을 그대로 닮아 있었다. 많은 메서드가 별로 관련이 없는 객체(사실은 클래스)에 선언되어 있었다. 객체와 객체 사이에 존재할만한 사려 깊은 상속(inheritance) 관계나 여러 가지 패턴(pattern)에 대한 고려는 찾아볼 수 없었다. 멀티스레딩 기법이나 자바가 제공하는 그래픽 관련 메서드들이

비효율적으로 사용되고 있었고 자바가 제공하는 API와 자료구조는 C 프로그램에서나 봄 직한 복잡한 배열(array) 구조로 대체되어 있었다.

전 세계 통신 회사들은 새로운 언어로 만들어진 루슨트의 새로운 네트워크 관리 프로그램에 찬사를 보냈지만 프로그램의 내부에는 그렇게 부끄러운 흔적이 감춰져 있었다. 소프트웨어는 필요한 업무를 수행했지만 그 안에 담긴 코드는 결코 최선의 코드가 아니었다.[2] 내공의 부족이 아름다운 공식의 결여라는 문제를 낳는다고 한다면 외공의 부족은 프로그래밍 언어에 대한 이해의 부족을 초래한다. 아름다운 공식의 결여가 성능 저하와 버그 출몰이라는 문제를 낳는다면 프로그래밍 언어에 대한 이해 부족도 마찬가지로 프로그램의 성능을 떨어뜨리고 소프트웨어 전체에 대한 관리를 쉽지 않게 만든다는 점에서 똑같이 치명적인 것이다.

오늘날에도 널리 사용되는 C 언어는 프로그래머가 쉽게 이해할 수 있는 고급 언어[3] 문법 구조를 지니고 있으면서도 CPU와 메모리라고 하는 비트의 세계 깊숙한 곳까지 들어갈 수 있도록 해주기 때문에, 엄청난 주목과 찬사를 받으면서 단숨에 1970년대와 1980년대를 관통하는 최고의 프로그래밍 언어로 등극했다. 앞서 이야기한 브라이언 커닝핸과 데니스 리치가 쓴『C 언어 프로그래밍』은 자기가 선택한 프로그래밍 언어가 무엇이든 상관없이 사이버 세상의 전사가 되기를 희망하는 젊은이라면 반드시 한 번쯤은 읽어야 하는 비트 세계의 확고부동한 바이블이다. 프로그래밍의 세계에서 C 언어가 가지는 위치는 그만큼 절대적이라고 볼 수 있다.

하지만 C 언어는 객체 지향 언어보다 절차 중심(procedure-

---

2 전체적으로는 훌륭한 프로그램이지만 C와 자바의 관련성에 초점을 두고 분석했을 때 일부 내용이 그렇다는 이야기다. 또한 이처럼 어느 정도의 단점이나 한계를 포함하지 않은 프로그램은 세상에 없다.

3 고급 언어가 좋고, 저급 언어가 나쁘다는 의미는 아니다. 고급 언어일수록 사람이 이해하기 편하고, 저급 언어일수록 컴퓨터가 이해하기 편하다는 의미다.

oriented)의 언어라는 한계를 가지고 있다. 모든 프로그래밍에서 객체 지향 언어가 절차 중심의 언어보다 더 낫다고 볼 수는 없지만 절차 중심의 언어가 해결하기 어려운 문제를 객체 지향 언어로 풀 수 있다는 점에서 그 둘의 차이는 분명히 존재한다. 절차적인 언어의 핵심은 바로 특정한 알고리즘, 혹은 절차를 중심으로 문제를 해결해나간다는 것이다. 알고리즘이나 절차는 특정한 함수(function) 안에 보관되는데, 누군가 그 함수를 호출하면 함수 내부에 담긴 알고리즘이 실행된다. 다시 말해서, 절차적인 언어의 핵심은 내가 입력을 보내면 잠시 후에 출력 결과를 되돌려주는 함수라고 볼 수 있다. 예를 들어서 내가 어떤 정수를 보내면 그 정수의 제곱을 계산해서 되돌려주는 함수를 C 언어로 작성해보자.

```
int square(int n)
{
    return n*n;
}
```

프로그래머가 알고리즘을 작성해나가다가 어떤 수의 제곱이 필요하면 직접 계산할 필요 없이 다음과 같이 square 함수를 호출하면 된다.

```
int number = square(3);
```

이 경우에는 square 함수에 3이 전달되었으므로 number라는 정수형 변수에 할당되는 값은 3의 제곱인 9가 된다. 이 예에서는 square 함수 안에 담긴 알고리즘이 매우 짧고 간결하지만 실제로는 복잡하고 정교한 경우가 많다. 그래서 함수를 잘 정의한 다음 알맞은 위치에서 불러 쓰는 것은 복잡한 논리로 뒤엉킨 알고리즘을 간결하고 아름다운 공식으로 만드는데 아주 중요한 역할을 담당한다. 그런데 함수에서 재미있는 것은 함수의 내부에서 자기 자신을 부르는 것도 가능하다는 사실이다.

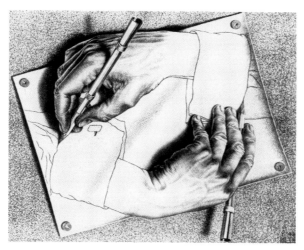

: 에셔의 작품 〈그리는 손〉 (ⓒCordon Art BV – Baarn – the Netherlands)

네덜란드의 화가 에셔(M. C. Escher)의 작품은 절묘하게 뒤얽힌 시각적 패턴이 불러일으키는 신비로운 유혹과 기묘하게 뒤틀린 물리적 공간의 낯선 분위기로 사람들을 유혹한다. 이러한 에셔의 작품 세계는 환상적인 세계를 그리고 있는 것 같지만 사실은 우리가 살아가고 있는 세계에 숨어 있는 시각적이고 공간적인 법칙을 나타내고 있으므로 단순히 환상이라고 보기 어렵다. 뫼비우스의 띠를 무한히 반복해서 기어 다니는 개미들의 모습을 그린 작품만 해도 그렇다. 좁은 띠 위를 기어가고 있는 개미들의 모습은 사실 삼차원이라는 공간적 한계에 갇혀서 살아가는 우리의 모습과 다를 바가 없다.

우리가 사는 우주라는 공간은 무한하지 않다(솔직히 완전히 이해하기는 어렵지만). 우주라는 공간은 배율이 무한한 망원경으로 끝을 바라보면 보는 이의 뒤통수가 보이는 방식으로 '휘어져' 있다고 한다. 개미가 뫼비우스의 띠를 한 바퀴 돌아서 자신이 출발했던 지점으로 되돌아오게 되는 것처럼 망원경 끝에서 떠나간 빛은 우주를 한 바퀴 돌아서 자신이 출발했던 지점으로 되돌아오는 것이다.

: 에셔의 작품 〈뫼비우스의 띠 II〉 (ⓒCordon Art BV – Baarn – the Netherlands)

개미에게는 뫼비우스의 띠가 무한한 것처럼 느껴져도 삼차원 세계에서 바라본 뫼비우스의 띠는 작은 종잇조각에 불과한 유한한 존재다. 우리가 사는 우주도 이와 마찬가지로 더 큰 차원에서 볼 때는 한 조각의 '무엇'에 불과한 유한한 존재라는 것이 물리학자들의 추측이다. 이렇게 경계가 유한한 체제(system) 안에 신의 영역에 속하는 '무한'을 담는 것은 근본적으로 불가능하다. 다만 무한을 흉내 낼 수 있을 뿐이다. 뫼비우스의 띠처럼 시작도 없고 끝도 없이 반복되는 '재귀(recursion)' 패턴은 바로 이렇게 유한한 시스템이 무한을 흉내 내고자 할 때 사용하는 도구의 하나다.

스파이크 존즈(Spike Jonze) 감독의 〈존 말코비치 되기〉라는 영화도 '재귀 패턴'의 예를 보여준다. 영화의 주인공은 어느 날 자신의 사무실에서 우연히 할리우드의 실제 영화배우인 존 말코비치의 뇌로 들어가는 통로를 발견한다. 좁은 통로를 따라서 그의 뇌 안으로 들어가면 자신의 의식이 존 말코비치의 의식으로 바뀌어서 그가 보고 말하고 느끼는 것을 생생하게 경험하게 된다. 이러한 사실이 소문이 나자 많은 사람이 존 말코비치의 뇌에 들어가기 위해서 통로 앞에 길게 줄을 설 정도가 됐다. 뒤늦게 이 사실을 알게 된 말코비치는 화를 내면서 통로가 있는 현장으로 뛰어갔다.

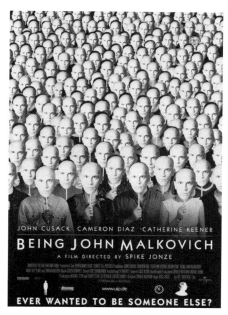

: 영화 〈존 말코비치 되기〉 포스터

자신의 뇌 속으로 들어갈 수 있는 통로 앞에 서게 된 말코비치의 기묘한 표정은 인상적이다. 자신의 뇌 속으로 들어가면 도대체 무슨 일이 생기는 것일까? 영화를 보지 않은 사람들을 위해서 다음 장면은 여기에서 말하지 않겠다. 다만 말코비치의 경험은 재귀의 역설을 잘 보여주는 예라고 할 수 있다(내가 말코비치의 경험을 통해서 보았던 재귀의 역설은 한 꺼풀만 벗겨 보면 마음속에 온통 자기 자신만 가득 찬 사람들의 이기심이었다). 이처럼 재귀가 부리는 마술은 다른 곳보다도 프로그래밍의 세계에서 가장 생생하게 경험할 수 있다. 재귀를 잘 활용하면 어렵고 복잡한 알고리즘을 매우 간단하게 만드는 신기한 '마술'을 부릴 수 있기 때문이다.

앞서 보았던 square 함수를 무한히 반복되는 뫼비우스의 띠로 묶어서 에셔의 그림 속으로 집어넣어 보자. 그러면 다음과 같은 함수가 될 것이다.

```
int square(int n)
{
    return square(n);
}
```

이 함수는 자기 자신을 무한히 반복해서 호출하게 되어 있다. 누군가 이 함수를 호출하면 square 함수는 자기가 포함하고 있는 명령문을 통해서 자신을 호출한다. 이렇게 호출된 함수는 다시 자신을 호출하는 명령문을 포함하고 있으므로 마찬가지로 square 함수를 호출한다. 이러한 호출의 순환은 끝이 없이 (무한하게!) 반복되는 것이다.

그러나 이러한 함수가 진짜로 무한하게 반복될 수는 없다. 이유는 간단하다. 프로그램을 실행하는 컴퓨터 시스템의 자원, 즉 CPU 성능과 메모리 공간은 한계가 있기 때문이다. 우리의 몸이 속해 있는 원자의 세계가 유한한 것처럼 프로그램이 실행되는 비트의 세계도 유한하다. 그렇기

때문에 프로그램은 이와 같이 자신을 '무한히' 호출하도록 작성되면 곤란
하다. 계속 반복되는 호출이 CPU와 메모리로 구성된 비트 세계의 경계를
건드리게 되면 컴퓨터 시스템이 동작을 멈출 수밖에 없기 때문이다. 이것
은 소프트웨어에 있어서 치명적인 버그에 속한다.

   따라서 이러한 무한 반복의 고리를 끊어주는 일은 재귀적인 함수를 구
현할 때 필수적이다. 자기 자신을 호출하는 코드를 포함하는 함수는 알고
리즘의 내부에 무한 반복의 '종료 조건'을 검사하는 부분을 반드시 포함해
야 한다. 이러한 종료 조건의 검사는 유한자가 신 앞에서 자신의 유한성을
겸손하게 고백하는 행위와 같다. 이제 square 함수가 담고 있는 알고리
즘에 종료 조건을 검사하는 명령문을 더함으로써 에서의 그림에서 꺼내어
다시 현실로 데려와 보자.

```
int square(int n)
{
    if (n < 0)
    {
        return 0;
    }
    return square(n-1);
}
```

   이 함수는 이제 자신을 호출하기 전에 자기에게 전달된 입력을 1만큼
감소시킨다. 그리고 함수의 시작 부분에서 n의 크기를 검사하여 n이 0보
다 클 때만 자신을 호출하고 만약 0보다 작으면 0을 반환함으로써 무한
순환의 고리를 끊어준다. 무한을 꿈꾸는 유한자에게 현실을 일깨워주는
것이다. 따라서 n이 양수라고 했을 때 square 함수가 square 함수를 부
르는 재귀적인 호출은 딱 n번만 일어나고 그 이상은 일어나지 않는다.

이러한 재귀 패턴은 프로그래밍에서 사용하는 여러 기법의 하나에 불과하다. 프로그래밍을 익힌다고 하는 것은 이와 같은 패턴과 기법을 자기 것으로 만들어서 어려운 문제를 풀 때 적절하게 응용할 수 있는 능력을 키우는 것이다. 여기에서 살펴본 재귀 패턴은 프로그래밍 언어와 상관없이 일반적으로 사용할 수 있는 패턴이지만 각 언어에 따라서 구사할 수 있는 다양한 기법이 많이 존재한다. 훌륭한 프로그래머가 되기 위해서는 그러한 기법을 수시로 배우고 익혀서 적재적소에서 사용할 수 있어야 한다. 이러한 기법을 익히는 과정은, 말하자면 선배들이 찾아낸 최선의 알고리즘을 익혀나가는 과정과 같다. 훌륭한 화가가 처음에는 다른 사람의 그림을 똑같이 그리는 연습을 하고 뛰어난 바둑 기사가 처음에는 고수들이 둔 바둑의 기보를 열심히 읽어보듯이, 수준 높은 프로그래머가 되기를 꿈꾸는 사람은 실력이 뛰어난 프로그래머가 작성한 프로그램을 많이 보고 똑같이 흉내 내볼 필요가 있다.

그렇게 잘 짜인 프로그램을 보고 따라 해보는 것은 새로운 프로그래밍 언어를 익히는 매우 좋은 방법이다. 하지만 남의 프로그램을 무작정 따라 하는 것은 물론 맹목에 불과하고 발전 가능성도 그만큼 낮아진다. 아무리 뛰어난 프로그래머가 작성한 코드라고 해도 개선의 여지는 항상 남아있기 마련이다. 따라서 남의 프로그램을 분석하거나 학습할 때 자기만의 주관과 철학을 가지고 비판적인 시각으로 바라보는 자세는 대단히 중요하다.

이렇게 함수를 중심으로 구성된 C 언어와 유닉스 운영체제가 당시에는 컴퓨터 프로그래밍의 패러다임을 근본적으로 뒤흔든 일대 사건이었다. 30여 년의 세월이 흐른 지금까지도 C 언어와 유닉스는 시스템 프로그래밍은 물론 일반 기업의 응용 프로그램에서도 널리 사용되고 있다. 하지만

: C 언어의 창시자 데니스 리치 (©CC BY 2.0)

함수, 혹은 절차를 중심으로 성장하던 프로그래밍의 패턴과 기법들은 하드웨어의 성능이 급속도로 발전하고 소프트웨어의 규모와 복잡성이 점차 증대함에 따라서 서서히 한계에 부딪히게 됐다.

제아무리 뛰어난 프로그래머라도 엄청난 규모로 팽창하는 소프트웨어의 구성물들을 혼자서 완전하게 통제하는 것은 점점 불가능하게 됐다. 그래서 적어도 소프트웨어의 일부는 다른 사람이 작성한 프로그램을 이용해야 하는 상황이 전개되었는데, 그럴 때마다 사람들은 다른 사람이 작성한 프로그램을 자신의 프로그램 안에서 다시 사용하는 일이 쉽지 않다는 사실을 느끼게 됐다. 다른 사람이 이미 작성해둔 프로그램을 다시 사용하는 것을 보통 '소프트웨어의 재사용'이라고 하는데, 말하자면 '소프트웨어의 재사용성(software reusability)'이 문제가 되는 상황이 발생한 것이었다.

C 언어로 작성된 프로그램은 메인 함수(main function) 하나가 함수 여러 개를 수시로 호출하면서 업무를 수행해나가는 방식으로 작성되기 때문에, 프로그램 전체가 독립적인 모듈(module)로 이뤄지기보다는 서로

분리하기 어려운 방식으로 깊숙이 연관된 경우가 많았다. 즉 A라는 프로그램을 위해서 작성한 함수를 B라는 프로그램에서 사용하기 위해서는 약간의 수정을 가해야 하는 경우가 대부분이었던 것이다. 그래서 사람들은 차츰 '소프트웨어의 위기'에 대해서 말하기 시작했다. 사람들은 기존의 C언어가 제공하던 함수를 뛰어넘는 다른 무엇이 필요하다는 사실을 느끼고 있었다. 새롭고 차원을 달리하는 패러다임에 대한 요구가 프로그래밍의 세계를 무겁게 내리누르고 있던 것이다.

알고리즘 2-1. 알고리즘의 속도 비교하기 ———————

　본문에서 알고리즘의 속도를 분석하는 방법을 공부했다. 함수 number1과 number2는 n이라는 정수를 받아들인 다음 약간의 계산을 해서 결괏값을 반환한다. 물론, 두 함수가 계산하는 값은 서로 다르다.

　number1 함수는 서로 떨어진 for 루프 두 개를 가지고 있고, number2의 경우에는 루프 세 개가 내부에 서로 겹쳐(nested) 있다. n의 값이 증가하면 함수가 수행하는 계산의 양은 어느 쪽이 더 빠르게 증가할까? 두 함수의 이론적인 속도를 비교하기 위해서는 각 함수에서 가장 뜨거운 명령문이 수행되는 횟수를 n으로 표현되는 수학 공식으로 표현해볼 필요가 있을 것이다.

```
int number1(int n)
{
    int temp1 = 1;
    int temp2 = 1;

    for (int i = 0; i < n; i++)
    {
        temp1 = temp1 * 2;
    }

    for (int j = 0; j < temp1; j++)
    {
        temp2 = temp2 * 2;
    }

    return temp2;
}

int number2(int n)
{
    int temp = 1;
```

```
for (int i = 0; i < n; i++)
{
    for (int j = 0; j < n; j++)
    {
        for (int k = 0; k < n; k++)
        {
            temp = temp*2;
        }
    }
}

return temp;
}
```

두 함수의 이론적인 속도를 비교했으면 이제 n이 10일 때 두 함수가 반환하는 값을
비교해보기 바란다. n이 10일 때 어느 함수가 더 큰 값을 반환할 것인가? 앞서 보았던
'이상한 공식'이 머리에 떠오른다면 제대로 풀고 있는 것이다.

알고리즘 2-2. 우주왕복선 버그 찾기

2003년에 폭발한 미국 우주왕복선 컬롬비아호의 사고 원인을 규명하기 위한 논란이 한창이다. 다음 코드는 HTML 문서에 포함된 자바스크립트 함수다. 이 코드를 문서 편집기로 복사해서 저장한 다음 크롬이나 파이어폭스 같은 브라우저로 읽으면 화면에 '1', '2', '3'... 이라는 카운트다운(초읽기)이 진행되는 것을 볼 수 있을 것이다.

우주선을 발사하기 위한 카운트다운을 진행하기 위해서 (그리고 문제를 만들어내기 위해서) n:m, 즉 1:9나 5:9와 같은 형태로 구성된 데이터가 본부에 전달된다고 가정했다. 콜론의 앞에 있는 숫자는 현재의 카운트 값을 의미하기 때문에 1씩 증가한다. 그리고 콜론의 뒤에 있는 숫자는 최대 카운트 값을 의미한다. 데이터가 도착하면 본부는 로켓에 정의된 fireRocket 함수를 호출하면서 이 데이터를 전달한다.

fireRocket 함수는 본부에서 전달하는 2:9와 같은 형태의 문자열을 받아들인다. 그 다음 자바스크립트가 제공하는 split 함수를 이용해서 가운데 있는 콜론을 중심으로 앞의 값과 뒤의 값을 따로 분리해서 읽는다. 앞의 값은 현재 카운트를 의미하는 변수에 저장하고, 뒤의 값은 최대 카운트를 의미하는 변수에 저장한다. 그리고 두 값을 비교해서 현재 카운트가 최대 카운트보다 작거나 같으면 현재 카운트를 화면에 출력하고, 현재 카운트가 최대 카운트보다 크면 화면에 "FIRE"(발사)라는 단어를 출력한다.

전 세계의 이목이 집중한 가운데 로켓 발사를 위한 카운트다운이 시작됐다(카운트다운은 대개 10부터 1씩 감소하지만 여기서는 1씩 증가하는 것으로 가정했다). 프로그램을 브라우저로 읽어보면 화면에 1, 2, 3, 4, 5, 6, 7, 8, 9가 차례로 나타날 것이다. 9 다음에는 화면에 "FIRE"라는 단어가 출력되어야 한다. 하지만 (직접 코드를 실행해보면 알겠지만) "FIRE"가 출력되어야 할 순간에 (버그 때문에) "10"이라는 값이 출력된다.

프로그램 코드의 if (currentCount <= maximumCount)라는 조건문은 분명히 현재 카운트(즉 10)가 최대 카운트(즉 9)보다 작거나 같을 때만 현재 카운트를 그대로 출력하고, 만약 그렇지 않으면 "FIRE"를 출력하도록 하고 있다. 도대체 무엇이 잘못된 것일까? 최고의 프로그래머가 되어 버그를 잡아보자. 힌트는 자바스크립트는 자료형을 구별하지 않기 때문에 모든 변수를 var라는 키워드로 선언한다는 점이다.

```
<html>
<head>
  <title>Fire the rocket</title>
```

```
<script>
// "data"라는 문자열을 읽어서 로켓 발사의 현재 상태를 화면에 출력하는 함수
function fireRocket(data)
{
    // 입력된 데이터를 콜론(":")을 이용해서 둘로 나눈다.
    // split 함수는 자바스크립트가 제공하는 라이브러리 함수다.
    var array = data.split(":");

    // 둘로 나뉘진 값 중에서 첫 번째 값은 현재 카운트를 의미한다.
    var currentCount = array[0];

    // 둘로 나뉘진 값 중에서 두 번째 값은 최대 카운트를 의미한다.
    var maximumCount = array[1];

    if (currentCount <= maximumCount)
    {
        // 현재 카운트가 최대 카운트보다 크지 않으면 현재 카운트를 출력한다.
        alert(currentCount);
    }
    else
    {
        // 현재 카운트가 최대 카운트보다 크면 "FIRE"를 화면에 출력한다.
        alert("FIRE");
    }
}
</script>
</head>

<body>
    <h2>Fire the rocket</h2>
```

```
<script>
// 본부에서 카운트다운의 값을 1씩 증가시키면서 fireRocket 함수를 호출한다.
fireRocket("1:9");
fireRocket("2:9");
fireRocket("3:9");
fireRocket("4:9");
fireRocket("5:9");
fireRocket("6:9");
fireRocket("7:9");
fireRocket("8:9");
fireRocket("9:9");

// 발사!!!!
fireRocket("10:9");
</script>

</body>
</html>
```

알고리즘 해답 2-1. 알고리즘의 속도 비교하기

number1 함수의 첫 번째 for 루프에서 구한 temp1의 값은 2^N이다. 그리고 이 값이 두 번째 for 루프에서 사용되고 있으므로 number1 함수가 계산하는 값은 2^{2^N}이다. number2 함수의 경우에는 N번 되풀이되는 루프가 세 개 겹쳐져 있으므로 number2 함수가 계산하는 값은 2^{N^3}이다. 두 경우 모두 '지수 함수'에 해당하므로 n이 증가함에 따라서 함수가 수행하는 계산량이 빠르게 증가한다.

두 함수가 계산하는 값에서 지수 아래에 있는 수는 2로 동일하기 때문에 지수만 비교하면 이론적인 속도와 함수가 반환하는 값의 크기를 서로 비교할 수 있다. 두 함수의 지수를 비교하면 다음과 같다.

number1: 2^N
number2: N^3

지수만을 놓고 보면 number1이 지수 함수고 number2는 다항식 함수다. 따라서 number1이 number2보다 계산량이 더 빠르게 증가하는 비싼 (즉, 느린) 함수다. 이제 N에 10을 대입해보자.

number1: 2^{10}
number2: 10^3

본문에서 봤던 '이상한 공식'이다. 자세히 따지자면 n이 10일 때 number1이 number2보다 큰 값을 반환한다고 볼 수 있지만, '이상한 공식'에 입각해서 따지자면 두 함수가 반환하는 값은 같다.

알고리즘 해답 2-2. 우주왕복선 버그 찾기

　　if (currentCount <= maximumCount)는 정수형 데이터의 크기를 비교하는 것이 아니라 문자열 데이터의 크기를 비교하는 것이다. 문자열의 크기를 비교하는 경우에는 사전(dictionary)의 앞쪽에 나오는 문자열을 작은 값으로 취급한다. "10"은 "9"보다 작은 "1"로 시작하는 문자열이기 때문에 사전에서 "9"보다 앞에 나온다. 이것은 "af"라는 문자열이 "i"라는 문자열보다 사전에서 먼저 나오는 것과 같은 이치다.

　　로켓이 정상적으로 발사되도록 만들려면 if 조건문을 다음과 같이 수정해서 문자열 값이 아니라 정수형 값을 비교하는 내용으로 만들어줘야 한다.

```
if (parseInt(currentCount) <= parseInt(maximumCount))
```

　　이와 같은 버그는 C, C++, 자바와 같이 자료형을 엄격하게 구분하는 프로그래밍 언어에서도 저지르기 쉬운 잘못이다. 이렇게 정수를 비교해야 하는 자리에서 문자열을 비교해서 발생한 버그를 실제 소프트웨어 제품에서 발견한 적도 있다.

3.
장.

알고리즘과 해킹의 세계

🕐 ─────────────────────────

카페 에스프레소는 정통 이탈리아 커피로 '크림 카페'라고도 한다. 지방이 많은 요리를 먹은 식후에 즐겨 마시는 에스프레소와 함께 세일즈맨의 여행, 블록버스터 벌금 시스템 해킹, 암호화, 전자화폐, 콘웨이 씨의 인생 게임 등을 통해서 복잡하고 신기한 알고리즘과 해킹의 세계를 알아본다.

세일즈맨의 여행

삼성 SDS에서 일할 때의 일이다. 선배들의 어깨너머로 코드를 훔쳐 보면서 열심히 프로그램을 작성하던 초보 프로그래머 시절이었다. 기업의 물류 관리에 사용할 소프트웨어를 개발하는 프로젝트가 막바지로 접어들자 우리가 개발한 제품을 테스트도 할 겸해서 실제로 이용하는 고객들이 걸어오는 전화를 (막내였기 때문에) 직접 응대하는 일이 많았다. 전화를 받는 일은 프로그램을 작성하는 것에 비해서 어려울 때도 있었지만 고객들이 주로 젊은 여직원(!)이었기에 재미있을 때가 더 많았다. 층이 달라도 대부분 같은 건물에 있었기 때문에 목소리가 고운 고객이 전화하면 사소한 문제임에도 직접 방문해서 도와준 적도 많았다.

하루는 전화를 건 고객이 "마우스로 화면에 있는 마우스 포인터를 움직이는데, 마우스가 책상 끝에 다다라서 더 이상 오른쪽으로 움직일 수가 없다"고 했다. 마우스 포인터는 현재 어디에 있느냐고 물었더니 화면 한 가운데에 있다고 하고, 자기는 마우스 포인터를 화면의 오른쪽으로 더 움

직이고 싶은데, 마우스가 책상 끝에 걸려 있어서 더 이상 움직일 수가 없다는 사연이었다. 믿기 어렵겠지만 이것은 실화다. 그래서 나는 그 고객에게 친절한 목소리로 해결책을 설명해 주었다. "오른쪽에 다른 책상을 끌어다 붙이세요. 그럼 마우스를 더 움직일 수 있을 겁니다."

　루슨트에 입사해서 일을 시작한 지 얼마 지나지 않았을 때 나보다 몇 년 선배인 프로그래머와 나란히 앉아서 디버깅을 수행한 적이 있다. 큼직한 모니터에 vi를 이용해서 프로그램 소스 코드를 띄워놓고 코드를 신중하게 분석했다. 그런데 그 프로그램은 여러 사람이 이곳저곳을 뜯어고친 흔적이 역력해서 읽기에 불편한 점이 한둘이 아니었다. 변수 이름은 일관성 없이 임의로 붙여져 있었고 줄 간격이나 들여쓰기와 같은 부분은 전혀 지켜지지 않았다. 그래서 프로그램을 읽는 것이 피곤하게 느껴진 나는 (예를 들어) 다음의 코드를 내 코딩 스타일대로 바꿨다.

```
fakeObject.firstMethod(param1,param2).secondMethod(param3);
```

바로 firstMethod와 secondMethod 바로 뒤에 공백(space)을 하나
씩 집어넣어서 수정한 것이다. 다음은 수정한 코드다.

```
fakeObject.firstMethod (param1,param2).secondMethod (param3);
```

그러자 선배 프로그래머가 고개를 저으면서 그렇게 공백을 집어넣으
면 곤란하다고 말하는 것이었다. 어째서 곤란하냐고 묻자 "It's going to
be a compilation error(컴파일 오류가 날 거야)"라고 대답하여 내게 충
격을 줬다. 대부분 언어에서 공백은 의미가 없기 때문에 위의 코드는 심지
어 다음과 같이 작성해도 아무런 상관이 없다.

```
fakeObject . firstMethod (param1, param2) . secondMethod (param3);
```

반면 단어를 구별하기 위한 공백은 의미가 있다. 즉 fakeObject는 단
어 하나지만 fake Object는 단어 두 개기 때문에 서로 의미가 달라진다.
후자의 경우에서 fake와 Object 사이에 존재하는 공백은 단어를 서로 구
별하는 데 사용되기 때문에 생략할 수 없다. 그렇지만 미리 약속된 토큰
주위에 존재하는 공백은 아무런 의미가 없다. 즉 있어도 그만, 없어도 그
만이다. 앞에서 예로 든 코드에서 . (,)와 같은 기호는 모두 자바 프로그
래밍 언어에서 미리 약속된 토큰에 해당한다. 따라서 이러한 토큰 주변의
공백은 의미가 없으므로 컴파일러는 다음 두 줄을 완전히 같은 코드로 인
식한다.

```
fakeObject.fakeMethod();
fakeObject    .      fakeMethod    (  )   ;
```

단어를 구별하려면 두 단어 사이에 공백이 최소한 하나가 존재해야 한다는 규칙을 제외하면 프로그래밍 언어의 문법에서 공백이 의미가 있는 경우는 별로 없다(물론 예외적인 언어도 있겠지만 C, C++, 자바와 같은 언어들 대부분 그렇다. 요즘에는 파이썬이나 F# 같은 언어에서 들여쓰기(indentation)를 통해 블록을 구분할 때는 공백이 문법적 의미를 갖는다). 따라서 '박', '지', '성'이라는 글자가 각각 독립된 단어 혹은 토큰으로 취급된다면 '박 지 성'과 '박지성'은 동일한 의미를 갖는다. 하지만 '박지성'이라는 세 글자가 모여서 단어 하나를 구성한다면 '박지성'과 '박 지 성'은 다른 의미를 지니게 된다. 이러한 내용은 따로 공부해서 알게 되는 사실이 아니고 프로그래밍을 하다 보면 자연스럽게 깨닫는 매우 기초적인 사항이다. 그렇기에 절묘한 알고리즘을 척척 만들어내는 선배 프로그래머가 이렇게 단순한 사실을 착각하고 있다는 사실이 당시의 나에게는 매우 혼란스럽게 느껴졌다.

두 얘기는 사실 웃고 넘어갈 수도 있는 단순한 에피소드지만, 한 가지 주목할 만한 공통점이 있다. 그것은 바로 두 사람이 모두 아주 단순한 사실을 모르고 있거나 잘못 알고 있었으면서도 그것을 극복하려는 실천적인 노력을 기울이지 않았다는 사실이다. 전화를 건 고객은 마우스를 들어서 책상의 한복판으로 옮겨보는 너무나 쉬운 노력을 스스로 해보지도 않고 전화를 걸었고, 선배 프로그래머는 촘촘한 코드 사이에 공백을 넣어보는 간단한 실험을 해보지도 않고 지레 그것을 '컴파일 오류'라고 단정 짓고 있던 것이다.

아이가 뜨거운 물을 직접 만져보고 나서야 비로소 물이 뜨겁다는 사실을 알게 되듯이 정확한 인식의 뿌리는 실천 속에 놓여 있다. 특히 구체적인 비트의 법칙 속에 존재하는 진실을 다루는 프로그래머에게는 당연한 사실마저 끊임없이 의심하고 그 의심을 확인하고자 부단히 실천(실험)하는 노력이 중요하다. 아마 나도 분명히 뭔가 잘못 알고 있으면서 스스로 깨닫지 못하고 있는 것이 있을 것이다. 그래서 다른 사람과 마음을 열고 토론하고 협력하는 것은 실천 활동의 소중한 일부가 된다.

이러한 실천과 실험 속에는 새로운 기술적인 내용이나 변화를 학습하는 일도 포함되지만, 지나치게 새로운 것만 쫓는 것은 가볍고 무망하다. 진정한 힘은 인기를 끄는 프로그래밍 언어의 문법적인 측면이나 단편적인 기교를 습득하는 데서 나오는 것이 아니라 근본적이고 고전적인 내용을 학습하는 데서 더 많이 쌓이기 때문이다. 따라서 요즈음 프로그래밍과 관련한 출판 업계에서 단편적인 기술적 내용을 뛰어넘어 더 깊이 있는 문제와 근본적인 원리를 생각해보는 책이 전보다 많이 나오고 있는 것은 반가운 흐름이 아닐 수 없다.

프로그래머에게는 잘 알려져 있는 '세일즈맨의 여행 문제(Traveling Salesman Problem, TSP)'는 컴퓨터 알고리즘을 진지하게 고민해보는 사람이라면 한 번쯤 짚고 넘어갈 만한 고전적인 문제의 예다. 보통 영어의 앞글자를 따서 TSP라고 하는 이 문제에서는 기하학과 컴퓨터 알고리즘이 만나서 현대의 전자식 컴퓨터가 수행할 수 있는 계산 능력의 한계를 드러낸다. 1장에서 용이 냈던 문제 세 개 중에서 서울, 평양, 북경, 동경을 여행하는 경로를 찾으라던 세 번째 문제가 사실은 TSP 문제였다. 알고리즘이나 복잡성 이론(complexity theory)을 공부할 때 단골 메뉴로 등장하는 세일즈맨의 여행 문제는 다음과 같이 정의된다.

"N개의 도시가 있고, 이들은 모두 도로로 연결되어 있다. 모든 도시는 N-1개의 도로를 통해서 다른 모든 도시와 연결되어 있는 것이다. 이들 도로의 길이는 각기 다르다. 세일즈맨은 한 도시에서 출발해 모든 도시를 한 번씩 방문한 다음 처음 출발했던 지점으로 되돌아와야 한다. 이 세일즈맨이 취할 수 있는 여러 여행 경로 중에서 가장 짧은 경로는 무엇인가?"

점 여러 개가 선으로 연결된 도형을 기하학에서는 그래프(graph)라고 한다. 만약, 각 꼭짓점이 다른 모든 꼭짓점과 선으로 연결되어 있으면 '완전 그래프(complete graph)'라고 한다. 예를 들어서 삼각형은 완전 그래프지만, 사각형은 대각선이 빠져 있으므로 완전 그래프가 아니다. 세일즈맨 문제에는 여러 변형이 있는데, 앞의 세일즈맨 문제는 모든 도시가 서로 연결된 완전 그래프를 대상으로 한다.

어떤 그래프 위에서 모든 점을 한 번씩 전부 방문할 수 있는 경로(path)가 존재하면 그것을 아일랜드 태생의 수학자 해밀턴(William Rowan Hamilton)의 이름을 따서 '해밀토니언 경로(Hamiltonian path)'라고한다. 여행은 화살표가 가리키는 방향으로만 가능하다고 할 때, 다음 그래프에서 해밀토니언 경로를 찾아보자.

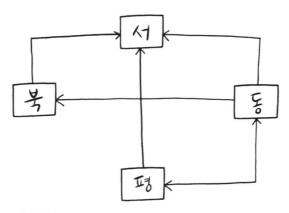

: 해밀토니언 경로 찾기

답은 평양, 동경, 북경, 서울을 차례로 방문하는 경로다. 그 외에는 다른 방법이 없음을 확인해보기 바란다. 그러나 도시를 잇는 선이 모두 양방향 도로거나 그래프가 더 복잡해지면 그래프에는 해밀토니언 경로가 둘 이상 존재하게 된다. 물론 해밀토니언 경로를 하나도 갖지 않는 그래프도 존재한다.

그래프에 존재하는 선에 값이 매겨져 있으면 그것을 무게(weight)라고 하고, 이러한 그래프를 무게를 갖는 그래프(weighted graph)라 한다. 예를 들어서 도로의 길이가 저마다 다르다면 도로의 길이가 선의 무게가 될 수 있을 것이다. 이제 이러한 여러 개념을 이용해서 세일즈맨의 여행 문제를 다시 정의해보자.

> "꼭짓점이 N개이고 무게를 갖는 완전 그래프에서 무게가 최소인 해밀토니언 경로를 찾아라."

아주 간단해졌다. 하지만 '무게', '그래프', '꼭짓점', '해밀토니언 경로'와 같은 개념을 모두 정확하게 이해하지 못하면 "뭘 찾으라시는 건지?"하고 되묻기 바쁠 것이다. 언뜻 보면 추상적인 개념의 유희처럼 보이는 세일즈맨의 여행 문제는 컴퓨터 세계에서 복잡성 이론, 프랙털(fractal), 유전자 알고리즘 등을 연구하는 데 훌륭한 도구가 될 뿐 아니라 비행기의 여행 경로나 화물 운송 경로를 결정하는 일과 같은 실질적인 문제를 해결하는 데도 도움을 준다.

따라서 수학자와 컴퓨터학자들은 첨단 이론을 총동원해서 이 문제를 해결하는 여러 절묘한 알고리즘을 발표하고 있다. 비교적 간단하면서도 널리 알려진 알고리즘으로는 최소 신장 트리(Minimum Spanning Tree, MST) 알고리즘과 언제나 가장 가까운 도시로 이동하는 경로를 선택하는 탐욕(Greedy) 알고리즘 등이 있다.

그러나 세일즈맨 문제에 대한 가장 확실한 답(즉, 어떤 경로가 가장 짧은 경로인가에 대한 답)을 내놓는 방법으로는 모든 경로의 길이를 전부 계산한 다음 서로 비교하여 그중에서 가장 짧은 경로를 선택하는 '무식한 힘(brute force)' 방법이 최고다. MST나 탐욕 알고리즘 등은 물론, 첨단 이론으로 무장한 알고리즘들은 어디까지나 가장 짧은 경로에 근접한 답을 구해줄 뿐, 진짜로 가장 짧은 경로를 구하는 경우는 거의 없다. 하지만 앞서 본 것처럼 모든 경로의 무게를 일일이 구한 다음에 서로 비교해보는 무식한 힘 방법은 정확한 답을 확실하게 구할 수 있도록 보장해준다. 그렇지만 무식한 힘 방법은 엄청난 양의 계산을 동반하기 때문에 N의 값이 4처럼 작다면 모를까, 값이 커지면 사용할 수 없다.

그런데 잠깐만, '엄청난 양의 계산'이라고?

복잡성 이론

도시 A에서 도시 B에 이르는 도로의 길이를 확인하는 데 필요한 계산을 1이라고 정의하자. 즉 각 도로의 길이를 측정하는 계산의 양이 1이다. 그러면 도시 A에서 출발해서 B, C, D를 거쳐서 다시 A에 돌아오는 시간을 측정하기 위해서는 그림에서 보는 것처럼 4만큼의 계산이 필요하다. 즉, 해밀토니언 경로 하나의 전체 길이를 측정하는 계산의 양은 도시의 개수와 같다. 문제는 이러한 해밀토니언 경로가 모두 몇 개인가 하는 것이다.

도시의 개수가 N이라면 출발점에서 선택할 수 있는 길은 모두 N-1개다. 그림에서 A가 출발점이라고 했을 때, A에서 선택할 수 있는 길은 3개다. 두 번째 도시에서 선택할 수 있는 길은 자기 자신과 출발점을 제외한 N-2가 된다. 이런 식으로 한 걸음씩 전진해나가면 선택할 수 있는 길의 개수가 하나씩 줄어들게 되므로 N-1번째 도시에 도착했을 때 선택할 수 있는 길은 출발점으로 향하는 길 하나만 남게 된다. 결국 가능한 경로의 총 개수는 (N-1)*(N-2)*(N-3)*....*1, 즉 (N-1)의 팩토리얼인 (N-1)!이다.

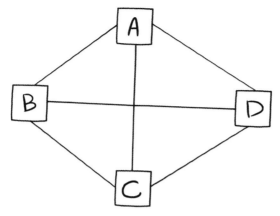

: N=4일 때의 세일즈맨 여행 문제

그런데 이 안에는 ABCDA라는 경로와 ADCBA라는 경로가 모두 포함되어 있다. 이러한 경로는 방향만 서로 반대일 뿐 경로의 전체 길이는 항상 동일하다. 따라서 최단 경로를 찾기 위한 계산에서는 두 경로를 모두 계산할 필요가 없다. 그렇다면 이제 세일즈맨의 여행 문제를 해결하기 위한 계산의 총량은 다음과 같이 정해진다는 사실을 알 수 있다.

$$\frac{(N-1)!}{2}$$

앞의 그림처럼 N이 4인 경우에 가장 짧은 경로를 찾기 위한 계산을 직접 해보자. (4-1)!의 값은 3*2*1 = 6이고, 이를 2로 나누면 3이 된다. 우리가 1장에서 문제를 풀 때는 중복되는 경로까지 포함해서 모두 경로 6개에 대한 길이를 계산했다. 편의상 CPU가 한 번 깜빡거릴 동안 경로 하나를 계산할 수 있다고 한다면, 1초에 20억 번을 깜빡거리는 CPU(즉, 속도가 2GHz인 CPU)에게 이 문제는 시작과 동시에 끝나버리는 싱거운 계산에 불과할 것이다.

그렇다면 도시가 5개로 늘어나면 어떻게 될까? 그 경우에는 계산의 총량이 4!, 즉 4*3*2*1 = 24를 2로 나눈 12가 된다. 이것도 여전히 싱겁다. 그렇다면 도대체 뭐가 '엄청난 계산'이라는 것일까? 도시의 수를 1씩 늘려보자. 믿기 어려운 일이 벌어진다.

```
N=6, 5!/2 = 5*4*3*2*1/2 = 60
N=7, 6!/2 = 6*5*4*3*2*1/2 = 360
N=8, 7!/2 = 7*6*5*4*3*2*1/2 = 2,520
N=9, 8!/2 = 8*7*6*5*4*3*2*1/2 = 20,160
N=10, 9!/2 = 9*8*7*6*5*4*3*2*1/2 = 181,440
N=11, 10!/2 = 10*9*8*7*6*5*4*3*2*1/2 = 1,814,400
N=12, 11!/2 = 11*10*9*8*7*6*5*4*3*2*1/2 = 19,958,400
N=13, 12!/2 = 12*11*10*9*8*7*6*5*4*3*2*1/2 = 239,500,800
N=14, 13!/2 = 13*12*11*10*9*8*7*6*5*4*3*2*1/2 = 3,113,510,400
N=15, 14!/2 = 14*13*12*11*10*9*8*7*6*5*4*3*2*1/2 = 43,589,145,600
N=16, 15!/2 = 15*14*13*12*11*10*9*8*7*6*5*4*3*2*1/2 = 653,837,184,000
     .
     .
     .
N=24, 23!/2 = 12,926,008,369,442,488,320,000
```

도시의 수가 16개에 이르면 이제 최단 경로를 찾기 위한 계산 횟수는 무려 6천억을 넘어서게 되고, 24개에 이르면 그야말로 상상을 초월하는 계산량이 된다. 2GHz 속도의 CPU가 한 번 깜빡거릴 때마다 해밀토니언 경로 하나를 계산할 수 있다고 해도 도시 24개에 대해서 계산하려면 상상을 초월하는 시간이 걸리게 되는 것이다. 하물며 도시의 수가 1,000이나 10,000을 넘어선다면 필요한 계산량을 하나의 숫자로 적기조차 어려울 지경이 된다. 결국 무식한 힘 방법은 너무나 엄청난 계산이 필요하므로 세일즈맨 문제를 풀기에 적합한 실용적인 방법이 될 수 없다.

그렇지만 2001년에 프린스턴 대학교와 라이스 대학교의 학자들은 110대의 컴퓨터와 평면 절단법(Cutting-Plane Method)이라는 알고리즘을 동원해서 독일을 뒤덮고 있는 무려 15,112개에 달하는 도시들을 연결하는 그래프를 대상으로 최적의 경로를 찾아내는 데 성공했다. 그렇게 많은 도시를 연결하는 최단 경로를 다른 알고리즘이 아니라 무식한 힘 방법으로 찾아야 했다고 생각해보자. N이 15,112이므로 전체 경로의 수는 15,111!/2가 될 텐데 그 수가 얼마나 끔찍하게 큰 수가 될지는 말하지 않아도 쉽게 상상할 수 있으리라 생각한다.

　　'복잡성 이론(Complexity Theory)'이라는 컴퓨터 공학의 한 분야는 이렇게 엄청난 계산을 요구하는 복잡한 문제들을 다룬다. 이것은 말 그대로 컴퓨터가 계산하는 여러 문제에 대한 '복잡성' 자체를 연구하는 분야다. 이 분야의 연구는 구체적인 알고리즘 개발과 직접적인 상관은 없지만, 어떤 문제가 쉽게 풀 수 있는 문제고 어떤 문제가 쉽게 풀 수 없는 문제인지를 구별해준다. 그 덕분에 프로그래머가 자신이 해결할 가능성이 없는 문제를 붙들고 시간을 허비하는 우를 범하지 않도록 해준다. 예를 들어서 1장에서 용이 세 번째 문제를 냈을 때 기사는 그 전의 당구공 문제나 다리를 건너는 문제에서처럼 절묘한 알고리즘을 찾으려고 노력하지 않고, 그냥 "세일즈맨의 여행 문제로군"이라고 말하면서 모든 경로의 길이를 일일이 구해서 답을 찾았다. 길이 없다면 빨리 돌아갈 줄도 아는 것이 현명한 것이다.

　　앞서 프로그램의 속도를 분석하는 방법을 공부하면서 알고리즘의 속도가 n으로 표현되는가 아니면 n^2으로 표현되는가 등을 살펴본 바 있다. 이렇게 속도를 분석할 때 n이라는 변수에 붙은 지수가 1이나 2처럼 미리 정해진 값, 즉 상수로 표현된다면 그 알고리즘을 '쉬운' 문제라고 간주한다. 지수의 값이 아무리 크다고 해도 그것이 미리 정해진 상숫값이라면 그 알고리즘은 컴퓨터가 적당한 시간 안에 계산해낼 수 있는 쉬운 알고리즘에 해당하는 것이다. 이렇게 변수 위에 붙은 지수가 미리 정해진 상수인 수학 공식을 우리는 (중, 고등학교 수학에서 이미 배운 바와 같이) 다항식이라고 부른다. 다음은 다항식의 예다.

$2n^3 \times n^2 - 3$

복잡성 이론에서 다항식의 반대말은 '지수 함수'다(고등학교 수학에서는 지수 함수의 반대말은 로그 함수였다). 지수 함수란 변수 위에 붙은 지수가 미리 정해져 있는 상숫값이 아니라 그 자신도 변수로 표현되는 함수를 의미한다. 다음은 지수 함수의 예다.

2^n

혹은 다음과 같다.

$2n^{n-1} + 2^n$

앞서 보았던 세일즈맨의 여행 문제를 풀기 위해서 사용한 팩토리얼은 다음과 같은 수식으로 표현되므로, 다항식이라기보다는 지수 함수에 속한다.

$n*(n-1)*(n-2)*\ldots*2*1$

이 식을 모두 풀어쓰면 가장 차원이 높은 지수를 갖는 항은 맨 앞의 n으로 n-1이라는 지수를 갖는다는 것을 알 수 있다. 우리는 방금 n의 크기가 증가하면 팩토리얼 함수 전체의 값이 엄청난 속도로 커짐을 확인했다. 지수 함수의 특징은 바로 n이 조금만 커지면 함수 전체의 값이 기하급수적으로 커진다는 사실이다. 현재의 전자식 컴퓨터도 처리 속도에는 엄연히 한계가 있으므로 계산량이 지나치게 많아지면 컴퓨터도 계산을 수행할 수 없게 된다. 지수 함수들은 n 값이 커짐에 따라서 함수의 결과가 엄청나게 빠르게 증가하여 컴퓨터조차 쉽게 계산할 수 없다는 이유로, 이를 '어려운' 문제라고 한다. 즉, 알고리즘의 속도가 다항식이 아니라 지수 함수로 표현되면 그것은 어려운 알고리즘인 것이다.

복잡성 이론에서는 알고리즘의 속도가 다항식으로 표현되는 문제들을 묶어서 'P'라고 하고, 다항식으로 표현할 수 있는지가 알려지지 않은 문제들을 묶어서 'NP'라고 한다. 여기서 P는 polynomial(다항식)의 머리글자고, NP는 nondeterministic polynomial(비결정성 다항식)의 머리글자다. 이때 NP가 non-polynomial(비다항식)을 뜻하지 않는다는 점에 유의할 필요가 있다. 다항식이 아니라는 사실과 다항식으로 표현할 수 있는지 여부가 아직 알려지지 않았다는 사실 사이에는 엄청난 차이가 존재하기 때문이다. 다항식으로 표현되는 알고리즘은 오늘날의 컴퓨터가 적당한 시간 내에 해결할 수 있는 문제기 때문에 P에 속한 문제는 '쉬운' 문제이고, NP는 그와 반대로 '어려운' 문제를 의미한다.

복잡성 문제를 연구하는 학자에게 가장 어려운 질문 중 하나는 바로 "NP에 속하는 문제들이 궁극적으로는 모두 다항식, 즉 쉬운 알고리즘을 이용해서 해결될 수 있을까?"다. 만약 그렇다면 NP에 속한 문제나 P에 속한 문제가 모두 종국에는 다항식으로 표현되기 때문에 'P=NP'라는 등식이 성립하게 될 것이다. 하지만 NP에 속하는 문제가 모두 다항식으로 해결할 수 있을지를 파악하거나 증명하는 것이 너무나 어렵기 때문에 이 등식은 아직도 완전하게 입증되지 않은 어려운 명제 중 하나로 통하고 있다.

한편 'NP-hard'라고 불리는 문제들은 세일즈맨의 여행 문제처럼 모든 경우의 수를 전부 확인해보는 방법 이외에는 정확한 답을 구하는 뾰족한 수가 없는 문제를 뜻한다. 어떤 문제가 NP에 속하면서, 즉 다항식으로 표현할 수 있는지가 알려져 있지 않았으면서 동시에 NP-hard에 속한다면, 즉 '무식한 힘' 방법 말고는 절묘한 알고리즘이 알려져 있지 않다면 그 문제는 'NP 완전(NP complete) 문제'라고 한다. 휴, 정말 복잡하다.

컴퓨터학자와 프로그래머는 대개 NP 완전 문제를 실용적인 관점에서 해결하고자 진짜 정답을 찾기를 포기하는 대신 훨씬 적은 양의 계산으로 정답에 가까운 값을 찾는 데 만족한다. 이러한 알고리즘은 근사 알고리즘(approximation algorithm) 혹은 발견적 알고리즘(heuristic algorithm)이라고 한다. 앞서 말한 MST, 탐욕 알고리즘, 평면 절단 방법은 모두 이러한 알고리즘의 예인데, 실전 프로그래밍의 세계에서는 이러한 근사 알고리즘이 생각보다 자주 사용된다. 예를 들어서 1장에서 보았던 '이상한 공식'도 구태여 말하자면 근사 알고리즘에 해당하는 셈이다.

이러한 NP 완전 문제에 속하는 문제는 많다. 비밀번호를 깨뜨리기 위한 해킹 과정도 NP 완전 문제에 속한다고 볼 수 있다. 비밀번호를 찾아내기 위한 알고리즘으로는 세일즈맨의 여행 문제에서처럼 문자를 하나씩 대입해보는 것 말고는 다른 뾰족한 방법이 없기 때문이다. 그렇지만 이렇게 문자를 대입하는 경우에는 시도해봐야 하는 경우의 수가 너무나 많기 때문에 이러한 방식으로 비밀번호를 찾아내기는 현실적으로 어렵다. 그러나 이론과 현실 사이에는 항상 간극이 존재하기 마련이다. 이론적으로 보았을 때 비밀번호를 깨뜨리는 문제는 NP 완전 문제에 속하지만 현실은 그렇지 않아서 문제가 발생한다. 우리는 이러한 간극을 뒤에서 곧 확인하게 될 것이다.

블록버스터 해킹하기

블록버스터(Blockbuster)는 맥도날드나 월마트 같은 체인점과 함께 미국의 체인 문화를 대표하는 비디오, 게임 대여 체인점이다. 텍사스주의 댈러스에 본사를 두고 전 세계적으로 무려 8,000개 이상의 체인점을 가지고 있는데, 미국에서만 해도 하루 평균 3백만 명 이상이 블록버스터에 들락거린다고 한다. 또한 미국 인구의 64% 이상이 집에서 차로 10분 이내의 거리에 적어도 블록버스터 체인점 하나가 존재한다고 하니 실로 미국 전역이 블록버스터로 '도배'되어 있다고 해도 과언이 아니다. 당장 내가 사는 집만 해도 10분 거리 안팎으로 블록버스터 체인점이 두 개나 된다.

(이 책을 처음 썼을 때가 2003년이었는데 그땐 정말로 그랬다. 하지만 2016년이 된 지금은 미국 전역에서 블록버스터는 흔적도 찾을 수 없게 되었다. 우편을 통한 DVD 배달 그리고 인터넷을 통한 비디오 스트리밍 서비스로 업계를 장악한 넷플릭스에 밀려서 망한 탓이다. 시장을 장악한 기업이 현실에 안주하여 변화를 거부했을 때 어떤 일이 일어날 수 있는지에

에 대한 훌륭한 반면교사다.)

: 미국 어디에서나 쉽게 볼 수 있었던 블록버스터 체인점 (ⓒIldar Sagdejev)

블록버스터에서 비디오를 빌리려면 우선 '고객 카드'를 하나 만들어야 한다. 가게에 들어가서 비디오를 빌린 후 비디오와 함께 고객 카드를 카운터에 밀어 넣으면 점원이 고객의 카드를 읽어서 컴퓨터 화면에 고객 정보를 나타낸다. 화면에 정보가 나타나면 점원은 필요한 사항을 입력하고 돈을 받은 다음 비디오를 내준다. 비디오를 다 보고 나면 정해진 기간 안에 가게에 들러서 점원에게 반납해도 되고 아니면 길가에 설치해둔 비디오 반납함 구멍으로 비디오테이프를 밀어 넣어도 된다.

그런데 이 반납 과정에서 비디오를 제시간에 맞춰서 반납했다는 사실을 증명할 만한 '영수증'이 발행되지 않는다는 사실에 문제의 소지가 있다. 오랜만에 연휴를 맞이하여 가까운 블록버스터 체인에서 비디오를 고른 다음 고객 카드와 함께 카운터에 밀어 넣으면 컴퓨터 화면을 바라보던 점원이 이렇게 얘기하는 경우가 가끔 있는 것이다. "지난번에 빌려 간 비디오를 늦게 반납하셔서 벌금이 3달러가 있습니다. 지금 함께 지불하시겠어요?"

전혀 예상을 못 하고 있다가 이런 말을 듣게 되면 갑자기 머릿속이 복잡해지고 희미한 기억을 떠올리기 위해서 애를 쓰게 된다. 하지만 뚜렷하지 않은 기억만으로 냉정한 '사실'을 기록하고 있는 컴퓨터에 대항한다는 것은 애초부터 무리다. 더구나 뒤에서 줄을 서서 기다리는 다른 손님들의 시선도 고려하지 않을 수 없다. 억울한 마음은 비할 길 없지만 어쩔 수 없이 얘기한다. "뭐... 그럴 리가.. 좋아요. 지금 내죠."

이러한 일을 당하고 나면 빌린 비디오를 평소보다 일찍 반납하게 된다. 반납 기간을 거듭 확인한 다음 이번에는 늦지 않았다는 사실을 기억의 한 구석에 확실하게 기록해둔다. 그리고 블록버스터에 다시 갈 때는 벌금

에 대한 불안감 따위는 까맣게 잊어버린다. 정해진 날짜보다 일찍 반납한 것이 분명하기 때문에 그것은 당연하다. 이번에는 빌리려는 비디오를 고객 카드와 함께 카운터에 밀어 넣고 마음 놓고 뒤에 서 있는 사람들을 바라보며 미소를 짓는 여유까지 부린다. 그러나 귀에는 다시 이러한 말이 들려온다. "지난번에 빌려 간 비디오가 늦게 반납되어서 벌금이 3달러가 있습니다. 지금 함께 지불하시겠어요?"

별것 아닌 것 같지만 당하는 입장에서는 이런 사소한 일이 사람을 돌게 만든다. 우리 돈으로 3,500원에 해당하는 3달러 정도의 벌금이 문제가 아니라 자신의 기억력과 신용, 더 나아가서는 인격 전체가 마치 중대한 도전에 직면한 것처럼 느껴지기 때문이다. 이것은 내게 실제로 일어났던 일이다. 그리고 이와 비슷한 일을 겪은 사람을 주변에서 더러 보았다. 많은 사람이 비슷한 경험을 한다는 얘기는 사람들이 비디오를 늦게 반납하는 것만으로는 설명되지 않는다. 영수증을 발급해주지 않는 반납 과정의 허점과 컴퓨터 시스템을 이용하는 블록버스터의 악의적인 '실수'가 작용하지 않는다면 잘 설명이 되지 않는 것이다.[1]

그렇지 않아도 몸이 근질근질한 해커들이 이와 같이 컴퓨터 시스템이 오용(誤用)되는 상황을 가만히 보고 있을 리 없다. 아니나다를까 그들은 우선 블록버스터 벌금 시스템 중에서 해킹할 만한 약한 고리를 파악하기 위해서 해커 대원 한 명을 점원으로 가장해서 '위장 침투'시켰다. 일종의 '트로이의 목마' 작전을 펼친 것이다. 적진에 침투한 대원은 여름 한 철을 착실한 아르바이트생으로 근무하면서 필요한 정보를 성실하게 수집했다. 그리하여 임무를 마치고 돌아오면서 다음과 같은 귀중한 정보를 해커

---

1 블록버스터가 그런 실수를 '일부러' 저지른다고 말할 근거는 없다. 하지만 적어도 반납 과정에 존재하는 허점을 바로잡지 않고 내버려두는 정도의 '고의성'에 대한 혐의는 분명히 엿보인다.

동지들에게 전할 수 있었다.

❶ 블록버스터 체인점들은 중앙 컴퓨터의 데이터를 공유한다. 따라서 모든 체인점에서 벌금 내역을 조회할 수 있다.

❷ 벌금은 아무 체인점에서나 낼 수 있다.

❸ 그렇지만 벌금 잔액을 0으로 만들 수 있는 것은 해당 벌금을 부과한 체인점뿐이다.

❹ 고객이 체인점 A에서 부과한 벌금을 체인점 B에서 내는 경우에는, B의 점원이 A의 점원에게 전화해서 돈을 받았음을 확인해주면 A의 점원이 자기 체인점의 컴퓨터를 통해서 벌금 잔액을 0으로 설정한다.

❺ 각 체인점은 고유한 체인 번호를 가지고 있다. B의 점원이 A의 점원에게 전화할 때 필요한 정보는 회원 카드에 적힌 고객 번호와 체인 번호다.

두뇌 회전이 빠른 독자나 프로그래머라면 이 정도의 정보만 들어도 이미 하나의 알고리즘이 머리에 떠올랐을 것이다. 블록버스터에서 부과한 벌금을 0으로 만드는 데 필요한 정보라고는 고작해야 고객 번호와 체인 번호가 전부다. 고객 번호는 당연히 본인의 고객 카드에 적혀 있고, 체인 번호는 놀랍게도 (혹은 고맙게도) 그 체인에서 아무 물건이나 사면 받게 되는 영수증 뒤에 또박또박 적혀 있다. 깊게 생각할 것도 없다. 벌금을 부과한 체인 A에 전화를 걸면 된다. 물론 전화를 걸기 전에 A에서 좀 멀리 떨어진 다른 체인인 B의 체인 번호를 (영수증을 통해서) 미리 확인해둬야 한다. 전화를 거는 '해커'의 이름을 왈터 존스라고 가정하자.

왈터 존스: (체인 A에 전화한다.)

체인 A 점원: 네, 블록버스터 체인 A의 조지 부시입니다.

왈터 존스: 수고하십니다. 저는 블록버스터 체인 B의 (가명을 하나 얼른 지어내서) 찰리 브라운인데요, (체인 B에서 받아온 영수증의 뒷면을 보면서) 저희 체인 번호는 67321이구요.

체인 A 점원: 네, 말씀하세요.

왈터 존스: 그쪽에서 부과한 벌금을 여기서 내겠다는 손님이 있는데요.

체인 A 점원: 그 손님 고객 번호를 불러 주시겠어요?

왈터 존스: (자기 고객 카드를 보면서) 26732116547입니다.

체인 A 점원: 손님 이름은... 왈터 존스고요, 벌금은 3달러네요.

왈터 존스: (수화기를 손으로 막고, 벽이나 TV를 바라보면서 말한다.) 여기에서 3달러를 모두 지불하시겠어요? (잠깐 뜸을 들였다가 다시 수화기에 대고) 여기에서 3달러를 전부 지불하신답니다.

체인 A 점원: 체인 번호가 뭐라고 하셨죠?

왈터 존스: (약간 귀찮다는 듯이 한숨을 쉬면서) 67321입니다.

체인 A 점원: 네, 벌금 잔액 삭제되었습니다.

왈터 존스: 네, 고맙습니다(고맙고말고). 그럼 좋은 하루 되시기 바랍니다.

해커 계간지 「2600」에 실린 얘기를 약간 각색하였다.

통화료가 조금 아깝긴 하지만 이렇게 하면 억울한 벌금을 낼 필요가 없다. 친절한(?) 체인 A의 점원이 벌금 잔액을 스스로 삭제해주기 때문이다. 사실 이러한 방법은 컴퓨터가 아니라 전화를 이용한다는 점에서 차이가 날 뿐 우리가 일반적으로 얘기하는 해킹과 다를 바 없다. 해커들은 이렇게 전화를 이용하는 해킹을 '사회 공학(social engineering)'이라는 의젓한 이름으로 부르는데, 어렸을 때 누구나 한두 번씩 해봤을 장난 전화가 말하자면 이러한 사회 공학에 뿌리가 닿아 있는 셈이다.

그렇지만 돈을 내지 않고 벌금을 삭제하는 데에는 사회 공학보다 훨씬 빠른 방법이 있다. 나로 말하자면 이러한 사회 공학 기법을 사용하지 않고도 벌금을 삭제할 수 있었다. 지난번에 이미 지불한 벌금이 아직도 남아 있다는 얘기를 들었을 때 나는 (나도 모르게) 눈을 동그랗게 부릅뜨면서 "What!"이라고 절규에 가까운 고함을 질렀던 것이다. 뒤에 줄 서 있던 사람들은 아연 긴장한 표정으로 내 뒤통수를 쳐다보았고 기껏해야 고등학생 정도로 보이던 블록버스터의 점원은 얼굴이 벌게진 채로 자기 매니저와 몇 마디 상의하더니 그 자리에서 벌금을 삭제해주었다. "목소리 큰 사람이 이긴다"라는 말이 농담이 아니라는 사실을 나는 그때 처음 알았다. 그리고 그 이후로 나는 블록버스터에서 발걸음을 끊고 대신 동네 도서관에서 비디오를 빌려 보게 됐다.

그렇지만 어쨌든 일종의 '사기'인 이런 해킹(사회 공학)을 권장하려는 목적은 아니다. 얘기의 초점은 어디까지나 블록버스터와 같은 거대 기업이 컴퓨터 시스템을 오용하는 데 대한 프로그래머로서, 혹은 일반 시민으로서의 분노에 있을 뿐이다. 하지만 컴퓨터를 오용하는 것이 비단 블록버스터만의 문제는 아니다. 조금만 생각해보면 그러한 문제는 현대 사회 시스템 전체의 문제라는 사실을 어렵지 않게 알게 된다.

테리 길리엄(Terry Gilliam)의 영화 〈브라질〉은 컴퓨터에 대한 맹목적인 믿음이 낳을 수 있는 황당한 결과를 환상적이고 우스꽝스러운 방식으로 풍자했다. 그레이스 호퍼의 컴퓨터에 나방이 끼어 있던 것처럼 어느 사무실의 직원이 터틀(Tuttle)이라는 죄수의 서류를 작성하고 있었는데, 그만 타자기 속으로 파리가 들어갔다. 그로 인하여 서류에는 T가 B로 잘못 찍히게 되어 죄수의 이름이 터틀에서 버틀(Buttle)로 달라졌다. 화면이 바뀌어 평화롭고 아늑한 진짜 버틀씨의 거실이 나오는데, 잠시 후 완전무장한 군부대가 혼을 빼놓을 듯이 요란스럽게 들이닥친다. 그리고 버틀씨는 얼굴과 온몸에 끔찍한 가죽 부대가 씌워진 채로 체포되어 순식간에 끌려나간다.[2]

---

2 테리 길리엄은 〈브라질〉을 통해서 인간의 생명보다 형식적인 정보가 더 소중하게 취급되는 사회를 조롱하고 풍자했다.

: 영화 〈브라질〉의 한 장면

　해커들이 블록버스터의 벌금 시스템을 해킹하는 것이 단순한 장난에 그치지 않을 수도 있는 이유가 여기에 있다. 희미한 기억밖에 의지할 곳이 없는 사람에게 컴퓨터 화면을 들이밀면서 "자, 어서 벌금을 내시죠" 하고 채근하는 것은 버틀씨의 얼굴에 가죽 부대를 씌워서 끌고 가는 것과 근본적으로 다를 바가 없기 때문이다. 모든 인류에게 축복이 되기에 마땅한 컴퓨터라는 문명의 이기가 약자를 억압하기 위한 강자의 도구로 전락하는 지점도 바로 이런 곳에 놓여 있다.

　컴퓨터에 입력되어 있는 정보가 항상 정확하다고 믿을 수 있는 근거는 어디에도 없다. 우리가 실제로 믿거나 믿을 수 있는 것은 어디까지나 사람이지 컴퓨터가 아니기 때문이다. 사실 컴퓨터가 실수하지 않는다면 그것은 사람이 실수하지 않는 딱 그만큼일 뿐이다. 내가 만약 집에 있는 개인 컴퓨터에 비디오테이프를 약속 시간 전에 반납했다고 기록해두었다고 하자. 블록버스터는 어떤 경우라도 그 기록을 믿을 것인가? 믿는다면 나에게 벌금을 내지 않아도 좋다고 말할 것인가? 믿지 않는다면 그들은 무엇을 믿지 않는 것인가? 컴퓨터인가, 아니면 사람인가? 역으로 우리는 블록버스터 컴퓨터에 저장되어 있는 정보를 어떤 근거로 믿을 수 있는 것인가? 우리가 블록버스터라는 회사와 그 직원을 신뢰할 수 없다면 컴퓨터에 기록된 정보는 아무런 의미도 없게 된다. 사람과 사람 사이의 신뢰가 갖는 중요성은 컴퓨터 시스템이 발전하는 정보사회일수록 약화되는 것이 아니라 정반대로 강화되어 나가는 것이다.

─────── 네 번째. ───────

비밀번호 해킹

'해킹'이라고 하면 사람들의 머릿속에는 '비밀번호'가 우선 떠오를 것이다. 요즈음에는 비밀번호를 최소한 서너 개는 가지고 있지 않은 사람이 드물다. 우선 PC를 시작하기 위해서 입력하는 비밀번호가 하나, 이메일을 확인하기 위한 비밀번호가 둘, 즐겨 찾는 인터넷 사이트에 접속하기 위한 비밀번호가 셋, 인터넷 뱅킹을 위한 비밀번호가 넷, 그밖에 다른 웹사이트나 컴퓨터에 로그인하기 위해서 사용하는 비밀번호도 여럿 있을 것이다.

과학적인 연구에 의한 것은 아니겠지만, 아무리 엄청난 바람둥이라고 해도 여자 일곱 명을 동시에 사귈 수는 없다는 얘기가 있다(왜 꼭 일곱 명인지는 알 수 없다. 여섯 명까지는 가능하다는 얘기일까?). 사람의 뇌는 여자1, 여자2, ..., 여자7을 만나면서 발생하는 기억을 모두 정확하게 분류해서 관리할 수 있는 능력이 없기 때문이라고 한다.

데이트가 아무리 즐겁다고 해도 똑같은 영화를 일곱 번 볼 사람은 없을 것이다. 그렇다면 여자1과 A라는 영화를 보고, 여자2와 B라는 영화를

보고, 뭐 이런 식이 될 텐데 누구랑 언제 무슨 영화를 보았는지 정확하게 기억할 수 없는 것이다. 여자2에게 "우리 지난번에 A라는 영화 볼 때 말이야"라고 말했는데, 여자2가 "난 그 영화 본 적 없는데"라고 대답한다면, 기억은 헝클어지고 이마에서는 진땀이 나게 될 것이다.

현대인에게는 비밀번호가 바로 이렇다. 한두 개라면 모를까 적어도 3~4개에서 많으면 7~8개까지의 비밀번호를 늘 기억하고 있어야 하는데, 그 많은 것을 항상 정확하게 기억하기란 쉬운 일이 아니다. 그래서 사람들은 비밀번호를 수첩의 한구석에 적어놓고자 하는 유혹에 빠진다. 그렇지만 이것은 비밀번호를 분실하는 가장 확실한 길 중 하나다. 비밀번호 사냥꾼들이 가장 우선적으로 노리는 대상은 바로 수첩이기 때문이다. '비밀번호를 수첩에 적어놓지 말 것'은 사이버 세상의 보안 수칙에서 1조 1항에 해당하는 기본 중의 기본이다. 만약 비밀번호를 꼭 수첩에 적어야 할 이유가 있다면 (예를 들어서 한 페이지에 한 글자씩 적어놓는 것처럼) 최대한 자신만 알아볼 수 있는 방식으로 적어서 만일의 경우라도 비밀번호가 해독될 가능성을 줄여야 한다.

어떤 사람은 단 하나의 비밀번호로 모든 웹사이트와 컴퓨터를 이용한다. 기억하기 쉽고 관리하기도 편하기 때문이다. 안됐지만 이것은 사이버 세상에서 자살과 다름없는 행위다. 특히 신뢰하기 어려운 웹사이트에 가입하면서 다른 중요한 곳에서 사용하는 것과 똑같은 비밀번호를 사용하는 것은 대단히 위험하다. 만약 허술한 시스템에서 비밀번호가 유출되면 사이버 세상이라는 벌판에 팬티까지 다 벗고 서 있는 꼴이 되기 때문이다. 비밀번호가 유출되는 사고는 생각보다 빈번히 발생한다. 그리고 한 번 유출된 비밀번호는 사냥꾼들의 데이터베이스에 저장되어 다른 시스템이나 사이트를 공격할 때 우선적으로 이용된다는 사실을 기억해야 한다.

2001년에는 다음커뮤니케이션(현 카카오)과 같이 크고 신뢰할 만한 웹사이트에서조차 '메테오르'라는 트로이 목마 프로그램에 의해서 회원들의 비밀번호가 유출되는 사건이 일어나서 충격을 준 적이 있었다. 이때 비밀번호를 숫자와 문자가 조합된 복잡한 형태로 구성한 사람들은 괜찮았지만 숫자만으로 단순하게 구성한 사람들은 비밀번호가 노출되는 피해를 보았다고 한다. 비밀번호를 '1234' 혹은 자신의 아이디가 abc라고 한다면 'abc123'과 같이 작성하는 사람이 의외로 많다. 비밀번호를 이렇게 무성의하게 작성하는 사람들은 비밀번호 사냥꾼들의 공격에 무방비로 서 있는 것과 다름없다. 사전에 수록된 단어, 생일, 주민등록번호, 주소, 전화번호와 같은 유추하기 쉬운 내용을 포함하거나 숫자만으로 구성한 비밀번호는 그렇지 않은 비밀번호보다 훨씬 쉽게 깨진다는 점을 분명히 기억해둘 필요가 있다.

요즘에는 비밀번호까지 갈 것도 없이 주민등록번호처럼 평범한 정보마저 각별한 주의를 기울여서 보호해야 하는 민감한 정보로 바뀌었다. 2001년 여름, 경찰이 작성한 민주노총 수배자 전단에는 수배자들의 이름과 함께 주민등록번호와 같은 개인 정보가 포함되어 있어서 프라이버시 논쟁을 유발했다. 수배자 전단에 그대로 노출된 개인 정보들이 다른 사람에 의해서 사이버 세상에서 도용되어 성인 사이트 등록, 사기, 사이버 성폭력, 음란물 유포와 같은 일에 사용되었음이 밝혀져 심각한 논란을 불러일으킨 것이다. 민주노총 측에서는 "경찰이 일부러 수배자들의 인권을 침해한 것이 아닌가?"하고 의심하여 경찰을 법적으로 고발하기도 했다. 이 와중에 옥중에 있는 민주노총 위원장의 이름으로 등록된 성인 사이트가 한둘이 아니었다고 하니 단순히 웃어 넘기기에는 문제가 심각하다.

한편 인터넷에서 '주민등록번호'를 검색해보면 주민등록번호가 실명과 함께 버젓이 노출되어 있는 사이트가 생각보다 많다는 사실에 놀라게 된다. 이렇게 노출된 정보는 성인 인증용으로 주민등록번호와 실명을 요구하는 성인 사이트에 접속하려는 청소년 사이에서 하나의 '공공재'처럼 활용된다. 주민등록번호의 주인은 자신이 성인 사이트에 수시로 드나들고 있다는 사실을 까맣게 모르고 있을 것이다. 이 정도로 그치면 사실 문제랄 것도 없다. 주민등록번호와 실명이 사이버 범죄를 꾀하는 사람에게 도용되어 ID를 감추는 데 사용되는 경우는 훨씬 치명적이다. 타인이 저지르는 범죄에 자신도 모르는 사이에 자기 신분이 이용되는 것이다. 이렇게 주민등록번호 하나만 노출되어도 문제가 심각한데 비밀번호가 노출되었을 때는 말할 나위도 없다.

앞서 비밀번호를 해킹하는 것은 'NP 완전 문제'라고 말했다. 남의 비밀번호를 알아내려면 가능한 조합을 하나씩 전부 대입해보는 것 이외에 다른 방법이 없기 때문이다. 그런데 이것은 어디까지나 이론적으로 봤을 때 그렇다는 얘기지 현실이 그런 것은 아니다. 사람들이 실제로 사용하는 비밀번호는 (생각보다 훨씬 큰 비율로) NP 완전 문제 근처에도 가지 못하고 쉽게 깨진다. 이유를 살펴보도록 하자.

비밀번호를 깨는 과정을 이해하려면 우선 ASCII(아스키) 문자 집합이라는 것을 알아야 한다. 프로그래머라면 잘 알고 있겠지만 ASCII(American Standard Code for Information Interchange)란 키보드로 입력하는 문자나 숫자, 혹은 특수 문자 128개를 일정한 숫자 값에 대응시킨 표준 테이블을 의미한다.

테이블을 보면 대문자 'A'는 십진수 65에 대응하고, 소문자 'a'는 십진수 97에 대응하고 있다. 이 테이블은 화면에 나타나는 문자나 숫자 이외에도 화면에 직접 나타나지는 않지만 어떤 특별한 기능을 담당하는 백스페이스나 리턴키 같은 특수 문자도 정의하고 있다. 이러한 십진수 값이 컴퓨터 내부로 전달될 때는 이진수로 표현된다는 사실은 이미 앞에서 여러 차례 보았던 바와 같다.

10진수	16진수	모양	10진수	16진수	모양	10진수	16진수	모양
32	20	(공백)	64	40	@	96	60	`
33	21	!	65	41	A	97	61	a
34	22	"	66	42	B	98	62	b
35	23	#	67	43	C	99	63	c
36	24	$	68	44	D	100	64	d
37	25	%	69	45	E	101	65	e
38	26	&	70	46	F	102	66	f
39	27	'	71	47	G	103	67	g
40	28	(	72	48	H	104	68	h

41	29	)	73	49	I	105	69	i
42	2A	*	74	4A	J	106	7A	j
43	2B	+	75	4B	K	107	8B	k
44	2C	.	76	4C	L	108	8C	l
45	2D	–	77	4D	M	109	6D	m
46	2E	.	78	4E	N	110	6E	n
47	2F	/	79	4F	O	111	6F	o
48	30	0	80	50	P	112	70	p
49	31	1	81	51	Q	113	71	q
50	32	2	82	52	R	114	72	r
51	33	3	83	53	S	115	73	s
52	34	4	84	54	T	116	74	t
...	...	...	...	...	...	...	...	...

: 아스키 코드 테이블

비밀번호는 결국 키보드로 입력할 수 있는 이 문자 128개 중에서 선택된 문자 몇 개로 이뤄진다. 편의상 비밀번호가 정확히 문자 열 개로 이뤄진다고 한다면, 비밀번호를 알아내기 위해서 일일이 시도해봐야 하는 경우의 수는 모두 몇 개일까?

우선 비밀번호의 첫 번째 문자는 아스키 문자 집합에 있는 128개 문자 중에서 하나일 것이므로 경우의 수는 123개다. 두 번째 문자도 마찬가지로 128개 중 하나를, 세 번째, 네 번째, 그리고 마지막 열 번째까지 모두 128개 중에서 하나를 선택할 수 있다. 그러므로 문자 열 개로 이뤄진 비밀번호가 만들 수 있는 전체 경우의 수는 128을 열 번 곱한 값, 즉 128^{10} = 1,180,591,620,717,411,303,424가 될 것이다. 1초에 무려 비밀번호 10억 개를 검사할 수 있는 초고속 하드웨어와 프로그램이 있더라도 이 많은 경우의 수를 전부 시도하려면 38,382년이라는 세월이 흐르게 된다.

거의 4만 년에 가까운 세월이 걸린다면 문자 열 개로 이뤄진 비밀번호를 깨뜨리는 것은 불가능한 일이 아닌가? 글쎄, 아직은 그렇게 말하기 이르다. 아스키 테이블을 다시 한 번 자세히 들여다보기 바란다. 사람들이 비밀번호를 만들기 위해서 실제로 사용하는 문자는 32번에서 126번 사이에 존재하는 문자 95개에 국한된다는 사실을 발견할 수 있을 것이다. 이 단순한 사실 하나만으로도 전체 경우의 수는 $95^{10} = 59,873,693,923,837,890,625$로 줄어든다. 따라서 비밀번호를 일일이 확인하는 데 걸리는 기간도 앞의 38,382년에서 1,646년으로 대폭 줄어들게 된다.

하지만 1,646년이라는 시간도 결코 현실적인 시간은 아니다. 물론 38,382년에 비하면 훨씬 낫긴 하지만 1,646년 동안 비밀번호를 확인해야 한다면 차라리 바닷가에 앉아서 모래알의 개수를 세는 편이 더 나을 것이다. 그렇다면 경우의 수를 더 줄일 방법은 없을까? 여기서부터는 힘으로 몰아부치는 것이 아니라 가볍게 발상을 전환하는 것이 필요하다. 비밀번호를 맞추기 위해서 모든 가능한 경우를 일일이 대입해보는 것만이 유일한 방법일까? 혹시 그럴듯한 비밀번호의 형태를 미리 넘겨짚어 보는 방법을 사용하면 비밀번호를 깨뜨리는 데 걸리는 시간을 단축할 수 있지는 않을까? (앞에서 보았던 세일즈맨의 여행 문제를 해결하기 위한 여러 첨단 알고리즘들도 근본적으로는 이와 같은 원리를 사용하고 있다.)

이러한 발상에 기초해서 개발된 방법이 바로 '사전식 공격(dictionary attack)'이라는 기법이다. 존더리퍼(John the Ripper)나 아울(Owl)과 같은 유명한 비밀번호 해킹 프로그램은 바로 사전식 공격에 기초를 두고 있다. 사전식 공격이란 사전에 수록된 단어, 약자, 시사 용어, 유행어, 혹은 사람들이 비밀번호를 만들 때 흔히 사용하는 전형적인 패턴('hello123'이나 '1234' 같은)을 분석해서 커다란 데이터베이스를 구축한 다음 비밀번호를 깨뜨리는 데 활용하는 것이다. 깨뜨리고자 하는 비밀번호가 그 일부라도 데이터베이스에 저장된 이러한 문자열과 일치하게 된다면 비밀번호를 깨뜨리는 시간은 상상을 초월할 정도로 단축된다. 때에 따라서 하루 이내가 될 수도 있고, 심지어 불과 한두 시간이 될 수도 있다.

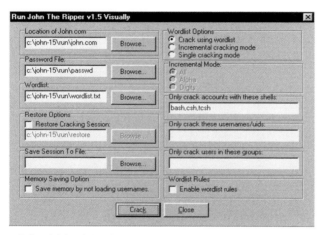

: 유닉스 비밀번호 파일을 깨뜨리고 있는 존더리퍼

이제 비밀번호를 왜 단순하고 기억하기 쉬운 문자열이 아니라 복잡하고 기억하기 어려운 문자열로 만들어야 하는지 분명해진다. 창피한 얘기긴 하지만 나는 루슨트의 보안팀으로부터 다음과 같은 이메일을 받은 적이 있었다.

"The password of the login blim on the system mltsa has been cracked using a security package. Please change your password IMMEDIATELY making it more complex.

(mltsa 시스템의 blim 로그인 아이디의 비밀번호가 보안 소프트웨어 패키지에

의해서 깨졌습니다. 비밀번호를 '당장' 더 복잡한 것으로 바꾸기 바랍니다.)"

'mltsa 시스템'이란 영국의 유닉스 시스템으로 아주 가끔 들어가서 필요한 것만 확인하는 정도이므로 복잡한 비밀번호를 사용하고 싶지 않았다. 아무튼 고백하자면 내가 사용한 비밀번호는 'blim123'이었다. 지금까지 이런 비밀번호를 사용하면 안 된다고 열심히 강조했지만 사실은 나부터 그런 식이었던 것이다. 이를테면 말과 행동이 달랐던 셈인데 (흠흠) 아무튼 비밀번호를 이런 식으로 만들면 정말이지 안 되는 것이다.

비밀번호를 복잡하게 바꾸라는 얘기는 'blim123'과 같이 추측하기 쉬운 패턴을 이용하지 말고 예를 들어서 "$2!@jx9^&,"와 같이 아무런 뜻도 없고 패턴도 없는 문자열을 사용하라는 말이다. 하지만 그렇게 복잡한 문자열을 한두 개도 아니고 몇 개씩 외우고 다닐 수 있는 사람이 있을까? 외울 수 없을 정도로 복잡한 비밀번호는 아무래도 수첩에 적어두고 싶은 유혹이 생기고 그렇다고 해서 스스로 외우기 편한 비밀번호는 비밀번호 사냥꾼들도 쉽게 추측할 수 있는 법이니, 생각해보면 세상의 일이 대개 그렇듯이 비밀번호를 관리하는 일도 결코 쉬운 일은 아니다.

참고로, 한글 키보드를 영문 입력 모드로 해놓은 상태에서 'tkfkdgo(사랑해)', 'eogksalsrnr(대한민국)', 'skrmsp(나그네)'와 같이 약간의 '잔머리'를 굴려서 일정한 패턴이 없는 것처럼 보이는 영어 비밀번호를 만드는 사람도 있는데, 이와 같은 비밀번호는 한글로 되었다는 패턴 때문에 도리어 더 쉽게 깨질 수도 있다는 사실을 명심할 필요가 있다. 이런 경우를 보통 제 꾀에 제가 넘어간다고 말하기도 하는데, 대개 잔머리는 도움이 되지 않는다.

많은 사람이 비슷한 고민을 하고 있다면, 그곳에 비즈니스 기회가 놓여 있다는 뜻이다. 요즘에는 1Password나 Lastpass 같은 비밀번호 관리 서비스가 이런 상황을 돕는 서비스를 제공하고 있다. 스스로 기억하기 위해서 엉성한 비밀번호를 사용하는 대신 매우 강력한 비밀번호를 사용할 수 있고, 필요할 때 언제든지 비밀번호를 사용할 수 있도록 해준다는 점에서 좋은 서비스다. 하지만 자칫 이런 서비스 자체의 비밀번호를 분실하거나 해킹당하는 경우에는 엄청난 재앙이 될 수 있다는 점에서 양날의 검이다.

이런 불편함을 해결하기 위해서 지문인식이나 홍채인식 같은 바이오메트릭스(biometrics) 방법이 연구되고 있지만 아직 완전하지 않다. 2016년 현재 구글은 연말까지 안드로이드 폰에서 비밀번호가 필요 없도록 만들겠다고 공언했다. 스마트폰 주인이 글자를 입력하는 패턴, 걷는 패턴, 주로 있는 장소 등의 특징을 분석해서 그것으로 비밀번호를 대신하겠다는 이야기다. 이 책을 처음 썼던 2003년에서 13년이 지난 2016년 지금 비밀번호와 관련된 기술은 크게 달라지지 않았는데, 과연 프로젝트 아바쿠스(Project Abacus)로 불리는 구글의 도전이 성공을 거두게 될지 궁금하다.

인터넷 뱅킹은 안전한가

다시 성에 갇힌 공주 얘기다. 당구공 문제에 이어 사내 네 명이 다리를 건너는 문제와 도시를 여행하는 최단 경로까지 단번에 맞춘 기사는 말에서 내려서 용 옆에 있는 바위에 걸터앉았다. 용은 문제를 척척 맞히는 기사에게 호감을 느끼게 되었고 기사 역시 생긴 모습과 달리 마음이 따뜻해 보이는 용에게 친근감을 느꼈다. 그래서 그들은 서로 궁금한 것을 물으면서 대화를 나누게 됐다. 용은 기사에게 성안의 분위기를 전해줬고, 기사는 용에게 요즘 시내에서 최고 잘 나가는 기사가 누구인지, 그들의 출신은 어디인지, 어떤 세력가와 연줄이 닿는지 등을 말해주면서 물을 한 모금 들이켰다.

기사의 말을 듣던 용은 한숨을 길게 내쉬면서 "도대체 언제까지 성문이나 지키면서 지내야 하는지 모르겠다. 누가 와서 빨리 저 공주나 좀 꺼내 갔으면 좋겠다"며 신세를 한탄했다. 기사는 그런 용을 올려 보다가 자세를 고쳐 앉고 한마디 했다.

"용형, 그런 얘기는 이제 그만 하고 문제나 하나 더 내보시우."

땅을 내려다보고 있던 용은 고개를 천천히 들었다. 그리고 "그럼 아주 간단한 산수 문제나 하나 내볼까?" 하고 용이 말했다. "다음 세 부등식 중에서 참인 것은 무엇일까? 답을 골랐으면 이유도 설명해야 한다."

[A] 0.99999999...... < 1
[B] 0.99999999...... $= 1$
[C] 0.99999999...... > 1

기사는 잠시 생각에 잠겼다. 한눈에 보기에는 [A]가 답인 것 같은데, 그렇다면 용이 낸 문제치고는 너무 간단한 것 같아서 망설였다. 여러분도 한번 생각해보기 바란다. [C]가 답이 아니라는 사실은 명백하다. 그렇다면 [A]와 [B] 둘 중에서 하나가 정답일 텐데, 어느 쪽이 답일까?

한참을 망설이던 기사는 결국 [B]를 답이라고 말하고는 다음과 같은 증명을 제시했다.

1/3 = 0.33333333.......
2/3 = 0.66666666.......
3/3 = 0.99999999.......

그런데 3/3은 1이므로 결국 1 = 0.99999999....라는 등식이 성립한 다는 것이다.

"역시 제법이군"하고 용이 감탄했다. "그렇다면" 하고 말하면서 용은 다음과 같은 문제를 냈다. "성에 갇혀 있는 공주가 멀리 왕궁에 있는 아버지의 소식을 듣기 위해서 자신의 몸종에게 작은 상자를 하나 딸려서 보내려고 했다. 몸종은 공주의 상자를 들고 왕궁으로 가서 왕의 소식을 담은 편지를 상자에 담은 다음, 그것을 다시 공주에게 가져와야 한다. 그런데 문제

는 왕의 소식을 공주를 제외한 어느 누구도 봐서는 안 된다는 사실이다.

만약, 공주가 몸종에게 상자와 열쇠를 같이 보낸다면, 왕은 상자에 편지를 넣은 다음, 열쇠로 상자를 잠글 수 있다. 하지만 이렇게 하면 몸종이 열쇠를 가지고 있으니 도중에 그 열쇠로 상자를 열고 편지를 꺼내 읽어볼 수 있을 것이다. 왕이 상자를 잠그면 공주는 나중에 상자를 열어볼 수 있지만 몸종은 상자를 열 수 없도록 하는 방법은 무엇일까?"

문제를 주의 깊게 듣던 기사가 이마에 주름을 잡으면서 조용히 말했다. "용형, 사실은 나 고백할 게 하나 있수." 용이 물었다. "뭔데?" 그러자 다시 기사가 대답했다. "내가 기사는 기사인데 말 타고 싸우러 다니는 기사가 아니라 사실은 '정보처리 기사'라우. 그래서 지금 낸 문제는 너무 쉽소."

사실 프로그래밍을 하는 사람에게 이 문제는 어렵지 않다. 문제의 핵심은 상자를 잠그는 열쇠와 상자를 여는 열쇠를 따로 만들어야 한다는 사실을 깨닫는 데 있다. 프로그래머라면 벌써 눈치챘겠지만 이것은 바로 '공개 키(public key)'와 '개인 키(private key)' 개념을 생각해내라는 문제다.

열쇠 두 개를 만들어서 하나는 상자를 잠글 수만 있고 다른 하나는 상자를 열 수만 있도록 하면 공주의 문제는 해결된다. 상자를 잠글 수만 있는 열쇠를 아버지에게 보내면 아버지가 상자를 잠그되 몸종은 도중에 상자를 열어볼 수 없다. 몸종이 상자를 다시 가져오면 공주는 상자를 열 수 있는 열쇠로 상자를 열고 안의 소식을 읽는다. 이때 상자를 잠그는 데 사용하는 열쇠는 '공개 키'라 하고 상자를 여는 데 사용하는 열쇠는 '개인 키'라 한다. 공개 키와 개인 키는 인터넷 뱅킹이 고객의 정보를 보호하기 위해서 사용하는 암호화 방식의 근간을 이루는 원리다.

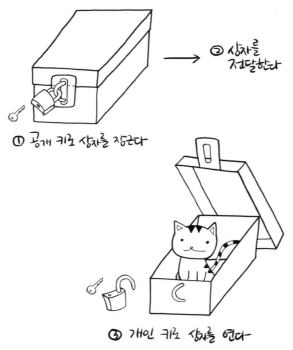

① 공개 키로 상자를 잠근다

② 상자를 전달한다

③ 개인 키로 상자를 연다

: 공개 키와 개인 키

인터넷 뱅킹을 이용하려면 은행의 웹사이트에 접속해서 계좌번호와 비밀번호를 입력해야 한다. 이러한 정보는 다른 사람에게 노출되지 않도록 주의해야 하는 매우 민감한 정보다. 하지만 인터넷은 누구에게나 열려 있는 공공 네트워크다. 따라서 내가 입력한 정보가 인터넷을 타고 은행 웹 서버에 전달되는 동안 다른 사람이 그 정보를 읽을 가능성은 얼마든지 있다. 인터넷은 직행버스가 아니라 완행버스다. 즉, 내가 www.은행.com 에 보낸 정보는 PC에서 은행 웹서버로 곧바로 전달되지 않고 중간에 많은 다른 서버를 거쳐서 전달된다. 버스가 정거장에 서 있는 동안 버스의 짐칸을 열어보는 일이 어렵지 않으리라는 점은 분명하다.

그렇기 때문에 인터넷을 통해서 민감한 정보를 보낼 때는 반드시 암호화한 다음에 보내야 한다. 그리고 암호화하려면 반드시 키(key)가 있어야 한다. 만약 암호화(encryption)를 위한 키와 해독(decryption, 복호화)을 위한 키가 같다면 공주가 처음에 부딪혔던 것과 같은 고민에 빠지게 된다. 내가 정보를 암호화하기 위한 키를 은행 웹사이트로부터 내려받을 수 있다면 다른 사람도 당연히 내려받을 수 있기 때문이다. 그렇다면 내가 암호화한 내용을 다른 사람도 쉽게 열어볼 수 있을 것이다.

이런 딜레마를 해결하기 위해서 등장한 개념이 바로 공개 키와 개인 키다. 공개 키는 누구나 내려받을 수 있는 키지만 정보를 암호화하는 데만 쓸 수 있고 암호화된 문서를 열어보는 데는 사용할 수 없다. 암호화된 문서를 열 수 있는 키는 오직 개인 키뿐이다. 공개 키는 은행 웹사이트(혹은 암호화만 전문으로 다루는 다른 기관의 웹사이트)에서 누구나 내려받을 수 있지만 개인 키는 은행이 주머니 속에 꼭 감춰두고 있기 때문에 아무도 손에 넣을 수 없다.

암호화와 해독을 동일한 키로 수행하는 기법을 '대칭형 암호화(symmetric encryption)'라고 하고 공개 키와 개인 키를 이용해서 수행하는 기법은 '비대칭형 암호화(asymmetric encryption)'라고 한다. 비대칭형 암호화를 수학적으로 정의해보면 다음과 같다.

키 생성 함수(key generation function)에 의해서 공개 키인 K와 개인 키인 K^{-1}이 생성되었다고 하자. 암호화 알고리즘은 E라고 부르고 해독 알고리즘은 D라고 부르자. 보내려는 정보, 즉 암호화되기 전의 평범한 텍스트(plain text, 평문)는 P라고 부른다. 암호화 알고리즘 E와 공개 키 K를 이용해서 P를 암호화한 문서는 $E_K(P)$라고 표기한다. 이것은 암호화된 문서를 의미한다. 만약 해독 알고리즘 D와 개인 키 K^{-1}를 이용해서 암호화한 문서 $E_K(P)$를 해독하면 그 결과가 원래 문서인 P가 되어야 한다. 이 것을 수식으로 표현하면 다음과 같다.

$$D_{K^{-1}}(E_K(P)) = P$$

이런 조건을 '가역성(invertability)'이라고 한다. 비대칭형 암호화 기법은 가역성 이외에도 다음과 같은 '비밀성(secrecy)'이라는 조건도 만족해야 한다.

"K^{-1}을 모르면 $E_K(P)$로부터 P를 알아내는 것이 실질적으로 불가능해야 한다."

암호화 알고리즘이 엉성했던 과거에는 두 번째 '비밀성'의 조건이 철저하게 지켜지지 않을 때도 많았다. 다시 말해서 이쪽에서는 암호화한다고 나름대로 어렵게 만들어놓았는데, $E_K(P)$를 가로챈 상대방이 키도 없이 P를 해독해내는 일이 종종 있었던 것이다. 만약 문서의 내용이 중요했다면 이것은 매우 치명적이다. 그렇지만 이런 공격은 일회적인 사건에 불과하므로 최악은 아니다. 근래에는 암호화 알고리즘이 매우 정교해졌기 때문에 키를 모르면 암호화된 문서를 해독하는 일이 실질적으로 불가능하다. 따라서 인터넷 뱅킹은 (다행히도) 안전하다고 말할 수 있다. 이렇게 키를 모르는 상태에서 암호화된 문서를 해독하는 형태의 공격은 '암호화된 문서에 공격(ciphertext−only attack)'이라고 한다.

한편 암호화에 대한 또 다른 형태의 공격은 $E_K(P)$와 P를 한꺼번에 획득한 다음 두 문서 사이의 연관성을 연구하여 키 값을 알아내는 것이다. 이 공격은 '원래 문서에서 알려진 부분에 대한 공격(known−plaintext attack)'이라고 한다. 이 공격의 파급 효과는 훨씬 치명적이다. 앞의 공격은 한 번으로 그치는 반면 여기에서는 키가 노출되기 때문에 앞으로 전송되는 모든 문서의 내용이 계속해서 그대로 드러날 수밖에 없기 때문이다.

그렇지만 공공 네트워크에서 가로챌 수 있는 정보는 대개 철저하게 암호화되어 있는 문서인 $E_K(P)$이므로 암호화하는 쪽에서 실수를 저지르거나 내부자가 P에 관한 정보를 흘리지 않는 한 P를 알아내는 것이 쉬운 일은 아니다. 일례로 2차 세계대전 때 독일군은 유명한 암호 생성기인 〈에니그마(Enigma)〉의 키 값을 매일 바꿔서 사용했다.[1] 연합군 쪽에서 독일군 암호 문서를 해독하기 위해서는 키 값을 알아야 했는데, 그러기 위해서는 원래 문서의 일부, 즉 P가 필요했다. 하지만 P의 내용은 매일 새로운 키를 이용해서 암호화되었기 때문에 P를 알기 위해서는 키 값이 필요했다. "닭이 먼저냐, 달걀이 먼저냐?" 하는 상황에 빠진 것이다.

: 연합군을 궁지로 몰았던 암호 생성기 에니그마 (©Alessandro Nassiri / CC BY-SA 4.0)

---

1 인터넷 초창기인 1988년에 악명을 떨친 웜(worm)으로 해커들의 '명예의 전당'에 오른 코넬 대학교 출신의 로버트 모리스(Robert Morris)가 처음 만났던 '컴퓨터'가 바로 에니그마였다고 한다.

하지만 연합군에는 뜻하지 않은 행운이 따라왔다. 노르웨이 전선에 있던 독일군 부대가 본부대에 매일 똑같은 내용을 전달하고 있다는 사실이 알려졌기 때문이다. 고지식한 독일군 부대가 자신들이 사용하는 암호화 알고리즘의 정체가 드러날 위험이 있다는 사실을 상상조차 하지 못하고 매일같이 전송했던 정보의 내용은 어이없게도 "보고할 것 없음"이었다. 연합군은 그 부대로부터 전송되는 $E_K(P)$를 가로챈 다음 P의 내용이 "보고할 것 없음"이라고 가정하고 분석하여 키 값을 찾아냈다. 그렇게 발견된 키 값이 그 날 가로챈 독일군의 정보를 해독하는 데 사용되었음은 물론이다('보고할 게 없다'는 사실마저 '보고'해야 하는 형식주의와 관료주의의 해악을 보는 듯하다).

인터넷의 초기라고 볼 수 있는 1990년대 중반까지만 해도 사람들은 인터넷에서 신용카드 정보를 사용하는 것을 매우 꺼림칙하게 생각했다. 무엇보다도 그러한 정보가 과연 다른 사람에게 노출되지 않고 필요한 목적에만 사용될 것인지 확신할 수 없었기 때문이다. 그렇지만 공개 키와 개인 키의 개념에 기초한 암호화 알고리즘이 정교해지고 인터넷 익스플로러나 넷스케이프와 같은 대중적인 웹 브라우저가 암호화 알고리즘을 이용한 '안전한 소켓 계층(Secure Socket Layer, SSL 혹은 HTTPS)'을 철저하게 제공하면서 많은 것이 달라졌다. 사람들은 점점 인터넷에서 신용카드와 같은 민감한 정보를 사용하는 데 자신감을 얻어가기 시작했다.

인터넷에 암호화를 적용하는 기술이 발전하는 것에 발맞추어 아마존(Amazon)이나 이베이(eBay)와 같은 인터넷 사이트가 등장하면서 사이버스페이스의 시민들에게 지갑을 활짝 열 것을 요구했다. 그리고 사람들은 차츰 초기의 머뭇거림에서 벗어나서 사이버스페이스에서의 소비 활동에 적극적으로 참여하기 시작했다. 사이트 자체만 믿을 만하다면 사람들은 더 이상 자신의 신용카드 정보를 이용해서 물건을 사는 데 불안을 느끼지 않았다. 인터넷으로 책이나 물건을 사는 것은 새로운 시대를 선도하는 사람들의 패션이 되었고 한 세대를 특징짓는 삶의 코드가 되기 시작했다.

사이버스페이스에서의 소비는 분명히 새로운 형태의 문화다. 그리고 이러한 문화의 한복판에는 신용카드라는 지불 수단이 당당하게 자리를 잡고 서 있었다. 우리나라에서는 당시 신용카드를 과하게 써서 감당하기 어려운 부채를 짊어지게 된 사람들이 심각한 사회 문제로 등장하기도 했다. 눈앞의 돈벌이에 급급한 신용카드 회사들이 일차적인 원인을 제공한 만큼 개인 파산의 허용과 같은 여러 제도를 통해서 부채의 많은 부분을 신용 회사들 스스로 책임져야 할 것으로 생각하는데, 아무튼 현실 세계에서 일어나는 일과 별도로 사이버스페이스에서는 신용카드가 가장 보편적인 지불 수단으로 통용되고 있다. 하지만 사이버스페이스의 선각자들이 염두에 뒀던 가상 세계의 화폐는 신용카드가 아니었다. 놀랍게도 그것은 현실 세계에서의 현금과 다름없는 속성을 가지고 있는 가상 화폐였다.

오래전 이야기지만 비디오테이프가 처음 등장하던 무렵에 VHS 방식과 Beta 방식이 시장에서의 패권을 놓고 다퉜던 얘기는 잘 알려져 있다. 기술적인 측면에서는 Beta 방식이 우월하다는 것이 당시 전문가들의 견해였지만 엄청난 규모로 시장을 장악하고 있던 VHS 방식의 지배 앞에서 오히려 Beta 방식이 차츰 자취를 감추어 이제는 추억의 기술로 전락하고 말았다는 것이 얘기의 골자다. (2016년 현재는 비디오테이프라는 것 자체가 추억의 기술이다. 요즘 사용되는 DVD나 블루레이도 곧 추억의 기술이 될 것이다.)

이를테면 가상 화폐는 Beta 방식이었고 신용카드는 VHS 방식이었다. 신용카드보다 안전하고 편리하며 심지어 사이버스페이스에서 더 많은 시장을 창출할 가능성마저 안고 있던 가상 화폐는 시장을 지배하고 있는 금융 회사들과 정부 기관의 무관심과 의도적인(?) 견제에 밀려서 이제는 거의 사라질 운명에 처한 낡은 기술이 된 것처럼 보인다. 그렇지만 가상 화폐 기술의 생명이 완전히 끊어졌다고 보기에는 아직 이르다.

더구나 요즘에는 페이팔 같은 결제 수단도 많이 사용되고 비트코인과 같은 새로운 화폐 기술이 주목을 받으면서 선택이 폭이 넓어지고 있다. 가까운 미래에 어느 것이 가장 보편적인 결제 수단으로 자리를 잡게 될지 예측하기 어렵지만 이런 기술을 살펴보는 것은 그 자체로 흥미로운 일이다.

가상 화폐 알고리즘

여섯 번째.

데이비드 차움(David Chaum) 교수는 컴퓨터 네트워크를 통해서 돈을 지불하는 방법, 즉 사이버 머니(cyber money) 연구의 진정한 선구자였다. 1988년, 캘리포니아 산타바바라에서 열린 제8회 국제 암호학(Cryptology) 연구 회의에서 차움 교수는 피아트(Fiat), 나오르(Naor)와 함께 「추적할 수 없는 전자 돈(Untraceable Electronic Cash)」이라는 논문을 제출했다. 이 논문은 당시에 매우 뜨거운 주제였던 가상 화폐를 구현하기 위한 프로토콜을 거의 완벽하게 제시하여 많은 사람의 시선을 끌게됐다.

네트워크를 통해서 돈을 결제하는 수단인 가상 화폐는 현실 세계에서의 화폐나 신용카드와 구별되는 새로운 속성을 가지고 있다. 사이버 세상에 존재하는 모든 것은 비트로 이뤄져 있기 때문에 무한히 복제할 수 있다는 점에서 원자로 이뤄진 '돈'과 달랐다. 따라서 가상 화폐가 갖춰야 하는 여러 속성 중에서 첫 번째는 바로 그와 같은 복제를 방지할 수 있어야 한다는 점이었다. 그리고 복제를 통해서 가상 화폐를 위조하는 것 말고 한 번 사용한 돈을 다시 사용하는 것을 방지하는 방법도 고려해야만 했다. 실제 세계의 돈을 누군가에게 일단 지불하고 나면 다시 사용할 수 없듯이 사이버스페이스에서도 일단 지불한 돈은 다시 이용할 수 없도록 만들어야 했던 것이다.

또한 가상 화폐는 신용카드와 달리 돈을 사용한 사람의 신원이 드러나지 않도록 익명성을 보장해야 했다. 현실 세계에서의 돈은 일단 내 수중에 들어오면 그 전에 누가 사용했었는지 알 수도 없고 알 필요도 없다. 사람들은 가상 화폐가 진정한 의미에서의 현금처럼 통용되기 위해서는 그러한 속성을 반드시 가져야 한다고 생각했다. 이 속성은 신용카드와 가상 화폐가 구분되는 가장 결정적인 지점이기도 했다. 신용카드를 통해서 이뤄지는 소비 행위는 사람의 소비 패턴을 연구하는 목적은 물론 '빅 브라더(Big Brother)'[1]가 시민들을 감시하는 목적으로도 쉽게 이용될 수 있다. 신용카드 번호만 조회해보면 누가 어디에서 무엇에 얼마나 돈을 소비했는지 너무나 쉽게 파악되기 때문이다. 하지만 가상 화폐는 이러한 형태의 감시와 추적이 불가능하도록 만들 필요가 있었다.

돈을 이용해서 사람의 신원을 쉽게 파악할 수 없어야 하는 것도 물론이지만, 여러 차례에 걸쳐서 다른 목적으로 지불된 가상 화폐의 정보를 분석함으로써 그들이 전부 한 사람이 지불한 돈이라는 사실을 파악하는 것도 가능하지 않아야 했다. 이것도 역시 현실 세계의 돈이 가지고 있는 속성과 동일하다. 또한 한 사람이 같은 돈을 두 번 사용하는 것은 안 되지만 다른 사람에게서 받은 돈을 또 다른 사람에게 지불하는 것은 가능해야 했

---

[1] 조지 오웰의 풍자 소설 『1984년』(청목사, 2000)에 등장하는 '빅 브라더'다. 전체주의 사회에서 시민의 일상을 감사하는 권력을 지칭하는 표현이다.

다. 마지막으로 가상 화폐는 더 작은 단위의 돈, 즉 거스름돈으로 자유롭게 나뉠 수 있는 속성도 가지고 있어야 했다. 이러한 여러 조건을 정리해 보면 다음과 같다.

❶ 위조(혹은 복제)할 수 없어야 한다.
❷ 한 번 사용한 돈을 같은 사람이 다시 사용하는 것을 방지할 수 있어야 한다.
❸ 돈을 사용한 사람의 신원을 (특별한 경우가 아니라면) 추적할 수 없어야 한다.
❹ 여러 차례에 걸쳐서 지불된 돈이 같은 사람에게서 나왔는지 여부를 알 수 없어야 한다.
❺ 다른 사람에게서 받은 돈을 또 다른 사람에게 지불할 때 사용할 수 있어야 한다.
❻ 돈의 크기를 작은 단위로 나눌 수 있어야 한다.

이러한 속성 여섯 가지를 모두 만족하는 알고리즘을 작성하는 것은 간단한 일이 아니었다. 하지만 차움, 피아트, 나오르 교수는 절묘한 알고리즘을 통해서 이런 여섯 가지 조건을 모두 만족하는 가상 화폐 프로토콜을 작성했다. 여기에서는 자세한 설명을 생략하겠지만 관심 있는 사람은 차움 교수의 논문을 읽어보기 바란다. 논문에 소개된 알고리즘의 내용을 천천히 따라가면서 깊이 있게 살펴보는 것은 매우 재미있는 공부가 될 것이다. 앞서 봤던 암호화와 관련한 수식을 이해할 수 있고 '비트 확인(bit commitment)'이라는 프로토콜을 알고 있는 사람이라면 차움 교수의 알고리즘을 따라가는 것이 어렵지는 않을 것이다.

여기서 '비트 확인 프로토콜'이란 (예를 들어) 사이버 세상에서 서로의 진실성을 확인하기 위한 보증수표에 해당한다. 프로토콜의 내용 자체는 지극히 간단하다. 봉투에 나의 의중을 증명하기 위한 비트 값을 넣어두면 나중에 내 의중을 확인하고 싶은 사람이 봉투를 열고 비트 값을 검사한다. 삼국지에서 제갈공명과 주유가 손바닥에 불 화(火)자를 써서 서로 보여주었다는 얘기가 이런 비트 확인 프로토콜에 해당한다.

당시 주유는 조조의 백만대군에 맞서는 오나라 군대를 지휘하는 총사령관이었다. 하루는 유비 측에서 파견한 제갈공명을 비롯한 여러 장수와 함께 조조의 군대에 맞서기 위한 묘안을 논의했다. 이때 제갈공명은 주유에게 각자 생각하고 있는 계책을 손바닥에 적은 다음 동시에 펴 보이기로 제안했다. 이렇게 하면 아무도 다른 사람의 말을 듣고 나서 생각을 고칠 수 없기 때문에 상대방이 마음에 두고 있는 생각을 서로 동시에 확인할 수 있기 때문이었다. 손바닥을 펼쳤을 때 두 사람의 손에는 모두 불 화자가 적혀 있었다. 조조군에게 '화공(火攻)'을 펼쳐야 한다고 의견일치를 본 것이다.

이러한 비트 확인 프로토콜은 가상 화폐 알고리즘에서 가상 화폐가 같은 사람에 의해서 여러 번 사용되었는지 여부를 검사하기 위해서 사용하는 방법이다. 만약, 같은 돈이 여러 번 사용되었음이 발각되면 돈을 이용

한 사용자의 신원을 추적할 수 있어야 한다. 비트 확인 프로토콜은 이러한 때에도 사용된다. 차움 교수의 알고리즘에서 비트 확인 프로토콜이 이용되는 방식을, 복잡한 수식을 피하고 개념적으로만 설명해보자면 다음과 같다.

모든 가상 화폐는 고유한 번호(unique identification)를 가지고 있다. 그리고 가상 화폐의 한구석에는 일정한 개수의 비트로 이뤄진 숫자, 즉 비트 확인이 적혀 있다. 말하자면 이 비트 확인은 제갈공명의 손바닥에 적힌 불 화(火)자에 해당하는 셈이다. 이러한 비트 확인 정보는 그냥 봤을 때는 특정한 사람의 신원과 연결되지 않지만 일정한 작업을 거치면 은행에서 가상 화폐를 맨 처음에 인출한 사람의 신원을 드러내도록 하는 방식으로 작성된다. 결국 가상 화폐는 '고유 번호', '금액', '비트 확인'이라는 세 가지 중요한 부분으로 이뤄져 있다. 이러한 정보는 은행이 제공하는 암호화 알고리즘에 의해서 철저하게 암호화되기 때문에 금액을 제외한 정보는 아무도 들여다볼 수 없도록 고안되어 있다.

소비자가 상인에게 가상 화폐를 지불하려 하면 상인은 소비자에게 임의로 선택된 비트 확인의 일부를 자기에게 보여달라고 요구한다. 불 화(火)자에서 최소한 사람 인(人)자 정도는 확인하는 것이다. 이렇게 노출하는 부분은 거래가 일어날 때마다 다르다. 즉, 매번 사람 인자를 보여주는 것이 아니라 어떤 때는 왼쪽의 점을, 또 어떤 때는 오른쪽의 점이 보여줄 수 있는 것이다. 가상 화폐에 담겨 있는 비트 확인의 값이 1010101010101010000111010이었다면 상인이 맨 끝자리에 있는 비트 일곱 개를 보여달라고 요구할 수도 있고 홀수 자리의 비트 값을 보여달라고 요구할 수도 있다(물론 이것은 예일 뿐이다. 실제로는 정해진 알고리즘에 따라서 일정한 수의 비트 확인 값을 요구한다). 비트 확인의 어느 부분을 드러낼 것인가는 거래가 일어날 때마다 임의의 난수를 발생시켜 결정하기 때문에 미리 알 수 없다. 나중에 상인이 이 돈을 은행에 입금할 때는 노출된 비트 확인 부분을 입금 내역에 반드시 포함시켜야 한다.

은행은 상인이 입금하는 가상 화폐로부터 우선 고유 번호와 금액만 읽어 들인다. 특별한 경우가 아니라면 비트 확인 부분은 읽지 않는다. 이것은 앞서 말한 속성 중에서 두 번째와 세 번째 속성을 만족하게 하기 위한 약속이다. 돈을 최초로 인출한 사람의 신원은 비트 확인 부분에 담겨 있으므로 은행이 고유 번호와 금액만 읽어 들이면 익명성이 최대한 보장되는 것이다.

고유 번호를 읽었으면 은행이 이제 은행의 데이터베이스에 같은 고유 번호가 이미 저장되어 있는지를 확인한다. 고유 번호는 각 가상 화폐마다 다르므로 데이터베이스에 고유 번호가 없어야 정상이다. 고유 번호가 없다면 돈의 금액을 상인의 계좌에 정상적으로 입금하고 데이터베이스에 고유 번호와 노출된 비트 확인 부분을 기록해둔다.

만약 데이터베이스에서 같은 고유 번호가 발견되면 문제가 발생한 것이다. 소비자나 상인 중 누군가 같은 돈을 두 번 이용한 것이기 때문이다. 이 경우에는 은행이 우선 상인이 입금할 때 제출한, 노출된 비트 확인 값을 검사한다. 데이터베이스에 저장되어 있는 가상 화폐에서 노출된 비트 확인 부분과 지금 입금되는 가상 화폐에서 노출된 비트 확인 부분이 같다면 상인이 같은 돈을 두 번 입금하려고 시도한다는 뜻이다. 따라서 상인을 조사하고 필요하다면 제재를 가해야 한다. 앞에서 얘기했다시피 노출된 비트 확인 부분은 거래가 이뤄질 때마다 임의의 수로 결정되기 때문에 똑같은 값을 가지고 있을 확률이 매우 낮기 때문이다.

또한, 노출된 비트 확인 부분이 서로 다르다면 그것은 최초에 돈을 인출한 사람이 동일한 가상 화폐를 다른 상인에게 여러 번 지불했다는 사실을 뜻한다. 이 경우에는 은행이 가상 화폐 안에 담겨 있는 비트 확인 값 전체를 읽어서 소비자의 신원을 파악한다. 소비자는 조사를 받고 의도적인 잘못이 확인되면 처벌될 것이다.

가상 화폐를 구현하기 위한 알고리즘은 차움 교수의 알고리즘 이외에도 많이 존재했다. IBM과 같은 큰 회사는 물론 사이버캐시(CyberCash)나 퍼스트버추얼(First Virtual)과 같은 작은 회사에 이르기까지 수많은 회사가 사이버 세상의 미래를 확보하려고 치열한 각축을 벌였다. 차움 교수는 1990년에 디지캐시(Digicash)라는 회사를 설립했다. 다른 회사들이 대개 1990년대 중반에 와서야 설립되었다는 사실을 고려해보면 차움 교수의 디지캐시는 그 분야의 개척자다.

하지만 디지캐시는 때를 만나지 못했다. 사람들은 신분이 노출되는 신용카드보다는 가상 화폐를 훨씬 선호했을 테지만 미국 국세청과 정부는 자기들이 속내를 들여다볼 수 없는 가상 화폐가 인터넷에서 돌아다니는 것을 원하지 않았다. 그들은 모든 것이 자신들의 손안에서만 돌아다니길 원했고 자신들이 필요하면 언제든지 옷을 벗기고 속살을 들여다볼 수 있기를 원했다. 차움 교수의 가상 화폐 프로토콜은 아주 특수한 경우가 아니라면 돈이 어디에서 흘러들어왔는지 알아낼 수 없도록 설계되어 있었다. 말하자면 익명성이 보장되는 알고리즘이기 때문에 정부를 불편하게 만든 셈이었다.

앞서 말한 바와 같이 1990년대 후반에 접어들면서 사이버스페이스는 신용카드를 중심으로 빠르게 상업화되기 시작했고, 상업 목적의 웹사이트들이 대거 출현하면서 그것은 돌이킬 수 없는 대세가 됐다. 사람들은 이제 인터넷 광장에서 거리낌 없이 지갑을 열고 신용카드로 원하는 것을 사기 시작했다. 그렇지만 정부의 눈치를 보지 않을 수 없던 은행들은 신용카드보다 잠재력이 큰 가상 화폐를 외면했다. 사람들은 은행 웹사이트에 접속하여 통장의 잔금을 확인하거나 온라인 서점에서 책과 물건을 살 수 있지만 가상 화폐의 선구자들이 꿈꾸었던 것처럼 비트로만 이뤄진 돈을 인출할 수는 없었다.

미국 땅에서는 유일하게 끝까지 관심을 보였던 마크 트웨인 은행(Mark Twain Bank)이 손을 털고 등을 돌리자 디지캐시는 더 이상 버틸 힘을 잃어버렸다. 1998년 11월 4일, 인터넷 산업이 한창 전성기를 달리던 무렵에 디지캐시는 역설적이게도 파산을 선언했다. 한때 모든 사람이 이용하게 될 가상 화폐를 가장 선도적으로 개발하고 상품화했던 차움 교수의 회사는 아무리 뛰어난 기술이라도 시대를 만나지 못하면 성공할 수 없다는 교훈만 확인해주면서 무대의 뒤편으로 쓸쓸하게 사라졌다.

가상 화폐가 대중화에 성공했더라면 인터넷 세상은 지금과 달랐을 것이다. 많은 웹사이트가 (지금도 그렇긴 하지만) 유료화를 서둘렀을 것이고, 사람들은 인터넷에서 보고 만지는 정보가 항상 공짜가 아니라는 사실에 익숙해졌을 것이다. 이러한 유료화의 물결은 정보의 공유와 카피레프트(copyleft)를 외치는 해커와 자유주의자들에게는 악몽과도 같은 재앙이 되었을 테지만 '공공재'와 '공짜'를 구분하고 지적(知的) 노동에 대한 최소한의 보상을 해줌으로써 정보의 질을 높인다는 긍정적인 측면도 있다.

지금은 비록 무대의 뒤편으로 사라졌지만 때가 되면 가상 화폐는 다시 등장할 것이다. 화폐의 발전 단계에서 가상 화폐가 현재의 화폐를 대신할 다음 단계의 화폐라는 사실은 누가 보더라도 분명하다. 다만 가상 화폐가 널리 사용되기에는 현실 세계의 정부와 은행이 아직 준비되어 있지 않았던 것일 뿐이다.

신용카드 대신 가상 화폐가 사용되면 좋은 점도 많겠지만 그와 동시에 소프트웨어 공포 얘기의 한 장이 새롭게 쓰일지도 모른다. 무릇 버그로부터 완전히 자유로운 소프트웨어란 세상에 없기 때문에 차움 교수의 프로토콜에도 분명 허점은 존재할 것이기 때문이다. 그 허점과 한계를 한번 생각해보는 것도 좋은 연습 문제가 될 수 있을 것이다.

비트코인

"지금은 비록 무대의 뒤편으로 사라졌지만 때가 되면 가상 화폐는 다시 등장할 것이다"라고 말했던 것이 2003년이었다. 2016년인 지금 돌이켜보았을 때 그 말은 생각보다 일찍 현실이 되었다. 가상 화폐는 2008년에 새로 등장했다. 차움 교수의 알고리즘에 기초한 것이 아니라 사토시 나카모토라는 사람이 쓴 논문을 기초로 한 가상 화폐였다. 논문의 제목은 "비트코인: 피어 투 피어 전자 화폐 시스템(bitcoin: Peer-to-Peer Electronic Cash System)"이었다. 차움 교수의 디지캐시는 주목을 받지 못했지만 비트코인은 달랐다. 아직 주류 결제 수단으로 자리 잡은 것은 아니지만 이미 누구도 무시할 수 없는 화폐로서의 기능을 수행하고 있다.

비트코인은 기술보다 이데올로기라는 측면에서 더 많은 화제를 낳았다. P2P 방식을 채택한 것이 사람들을 놀라게 만든 것이다. 전통적으로 화폐는 중앙은행과 정부가 관리하는 대상이라고 인식되어 왔다. 인플레이션을 조절하거나, 공적기금을 조성하는 것처럼 '국가'의 업무를 수행하기 위해 화폐를 발행하는 권리가 중앙 조직에 귀속되는 것을 당연하게 여긴 것이다. 하지만 P2P라는 프로토콜은 기본적으로 '중앙'의 개입을 상정하지 않는다.

정부의 개입을 배제한 비트코인은 가상 세계의 자유주의자들, 사이버 펑크들, 해커들의 열렬한 환영을 받았다. 각국의 정부나 은행은 비트코인을 외면했지만 비트코인에 매료된 B급 경제시장에서는 비트코인을 중심으로 하는 생태계가 형성되기 시작했다. 2011년에 위키리크스가 기부를 비트코인으로 받겠다고 발표하면서 비트코인이 세상 사람들의 시선을 끌기 시작했고, 미국이나 유럽의 주류 언론에서 비트코인의 존재를 언급하기 시작했다.

: 캘리포니아에 설치된 비트코인 자동 입출금기 (ⓒKennethHan / CC BY-SA 4.0)

비슷한 시기에 비트코인에 대한 최초의 논문을 발표한 나카모토에 대한 관심도 높아졌다. 하지만 사토시 나카모토라는 사람은 인터넷 세상에 존재하는 이름일 뿐, 실제 그 사람이 누구인지 밝혀지지 않았다. 개인 신상이 비밀로 남기 어려운 인터넷 세상에서 나카모토를 둘러싼 신화는 사람들을 매료시켰다. 세상이 비트코인을 주목하고, 비즈니스 모델로서의 가능성을 뚜렷이 드러낼 때조차 나카모토는 세상에 나오지 않고 모습을 숨겼다.

각국의 언론은 엉뚱한 사람을 나카모토의 실체로 지목해서 소동을 일으켰다. 수년 동안 이어져 내려온 미스터리는 2016년 5월 호주에 있는 크레이그 라이트(Craig Wright)라는 사람이 자기가 나카모토라고 주장했을 때 마침표를 찍는 것처럼 보였다. 훤칠한 미남자인 그는 나카모토를 둘러싼 신화에 잘 어울리는 사람처럼 보였고, 순식간에 트위터와 같은 소셜네트워크 공간을 뜨겁게 달구었다.

하지만 비트코인 커뮤니티는 해커와 사이버펑크로 구성된 B급 문화의 전사들로 구성되어 있었다. 그들은 라이트가 제시한 자신이 나카모토라는 증거를 반박하기 시작했다. 이런 비판에 대응하기 위해 자기가 나카모토라는 사실을 입증할 결정적인 증거를 제시하겠다고 장담하던 라이트는 "I'm sorry"라는 말을 남긴 채 종적을 감추었고, 모든 것은 하나의 해프닝으로 끝나고 말았다. 그리하여 나카모토의 정체를 둘러싼 추측과 소문은 지금도 이어지고 있다. 언젠가 진짜 나카모토가 세상에 모습을 드러낼지 모르지만 내가 보기에 그는 영원히 나타나지 않을 가능성이 높다. 그는 화폐를 둘러싼 권력의 이동이 단순히 기술적인 차원의 문제가 아니라 고도의 정치적인 투쟁과 관련되어 있음을 알고 있을 것이기 때문이다.

쑹훙빙이 쓴 〈화폐권력〉을 보면 화폐를 발행하는 권리를 둘러싼 세간의 투쟁이 잘 묘사되어 있다. 화폐를 발행하는 권력을 손에 쥐고 있는 주체는 결코 비트코인을 환영할 수 없다. 비트코인의 소스코드를 일부 수정하거나, 특별한 정책을 도입해서 화폐 권력을 전과 다름없이 유지할 수 있음을 확인해주지 않는 한 비트코인은 각국 정부의 인정을 받기 어려울 것이다. 나카모토의 실체가 드러나면 그는 현재의 권력으로부터 이와 같은 수정과 관련해서 엄청난 압박을 받을 수밖에 없다. 그래서 그는 비트코인의 정체성을 유지하기 위해서 영원히, 혹은 비트코인이 자생적인 힘으로 주류 화폐로 인정받을 때까지 세상에 나오지 않을 것이다.

비트코인의 거래는 철저하게 암호화 기법에 의존한다. A라는 사람이 B라는 사람에게 일정한 금액의 비트코인을 지불한다고 하자. A가 사용하는 비트코인 지갑(여기에서 지갑은 컴퓨터나 스마트폰에 설치된 소프트웨어를 의미한다)을 이용해서 비트코인의 거래 내역을 담은 블록체인(blockchain)이라는 것을 만들고, 자신의 개인 키를 이용해서 암호화한다. A의 공개 키는 누구나 손에 넣을 수 있으므로 공개 키를 이용하면 A가 암호화한 블록체인의 내용을 들여다볼 수 있다. 즉, A가 명시한 거래 내역을 다른 사람이 임의로 수정하거나 마치 자기가 A인 것처럼 흉내 낼 수 없다. 블록체인 안에 B가 소유자로 명시되어 있기 때문에 B도 누군가 자기 비트코인을 훔쳐갈 일을 걱정할 필요는 없다. 나중에 B가 자기가 보유한 비트코인을 C에게 지불해야 한다면, A가 했던 것과 동일한 일을 반복하면 된다. 따라서 블록체인이라는 사슬의 길이는 거래가 일어날수록 점점 길어진다.

비트코인은 중앙은행이나 정부가 발행하는 것이 아니기 때문에 자발적인 사용자 네트워크에서 정성껏 '채굴'되어야 한다. 비트코인이 화폐로서의 가치를 인정받는 (혹은 인정받고 싶어 하는) 근거는 그것이 금처럼 귀하기 때문이다. 누구나 채굴을 할 수 있지만, 채굴에 성공하는 사람은 소수다. 금과 마찬가지로 희소가치를 통해서 교환가치를 창출한다.

비트코인을 채굴하는 방법은 암호학과 통계를 기반으로 한다. 예를 들어서 설명하면 이렇다. 주머니 안에 1부터 1,000까지 숫자가 적힌 공이 있다고 하자. 눈을 감고 공을 하나 꺼내서 번호를 확인한다. 만약 꺼낸 공에 적힌 수가 50 이상이면 다시 주머니에 넣고 흔든다. 50보다 작으면 비트코인 하나를 획득하게 된다. 이게 전부다. 실제 원리가 이런 식이라면 공을 꺼내고, 확인하고, 넣는 작업을 매우 빠르게 반복하면 50보다 작은 수가 적힌 공을 꺼낼 확률이, 즉 비트코인을 획득하게 될 가능성이 높아진다. 그렇기 때문에 사람들은 더 많은 비트코인을 채굴하기 위해서 이런 작업에 최적화된 하드웨어와 소프트웨어를 제작한다.

실제 채굴 과정에서 SHA-256이라는 해시 함수가 사용된다. 어떤 수나 텍스트를 입력하면 256비트로 이루어진 2진수 값을 출력하는 함수다. 비밀번호나 중요한 내용을 암호화하는 데 사용하는 함수로 현존하는 해시 함수 중에서 가장 강력한 것의 하나로 인정받고 있다. 이런 해시 함수의 특징은 입력에서 출력으로, 즉 수나 텍스트로부터 2진수 값으로 가는 과정은 순식간이지만, 그 반대는 아니라는 점이다. 출력된 2진수 값에서 시작해서 반대로 입력된 수나 텍스트를 유추하는 것은 거의 불가능하다. 그리고 동일한 값이 입력되면 언제나 동일한 값이 출력된다.

누군가 컴퓨터를 이용해서 비트코인 채굴 작업을 시작하면 비트코인 공식 사이트(bitcoin.org)는 해당 컴퓨터에 어떤 텍스트, 즉 SHA-256 해시 함수로 입력될 텍스트를 전달해준다. 그러면 채굴 작업을 수행하는 컴퓨터는 전달된 내용을 해시 함수에 넣고 실행한다. 이때 출력된 값이 공식적으로 정해져 있는 값보다 작으면 비트코인을 획득한 것이다.

그렇지만 비트코인 공식 사이트에서 텍스트를 보내줄 때 해시 함수에 넣으면 곧바로 비트코인이 채굴되는 텍스트를 보내줄 리가 없다. 즉, 공식 사이트에서 날아온 텍스트를 해시 함수에 그대로 넣어서는 비트코인을 채굴할 가능성이 없는 것이다. 그렇기 때문에 채굴 작업을 수행하는 컴퓨터에서는 해시 함수에 텍스트를 입력하기 전에 공식 사이트에서 보내준 텍스트에 어떤 임의의 텍스트를 추가한다. 출력되는 값이 다르게 만들기 위해서 해시 함수에 입력되는 값을 바꿔보는 것이다. 이렇게 공식 사이트에서 준 텍스트에 덧붙이는 임의의 텍스트를 영어로 난스(nonce)라고 한다. 결국 비트코인 채굴 작업은 난스의 값을 이리저리 바꾸어보면서 정해진 값보다 작은 해시값을 얻을 때까지 함수를 실행하는 과정을 의미한다. 그 작은 해시값을 얻었을 때 사용한 난스가 비트코인을 얻기 위해서 필요한 일종의 '정답'에 해당한다.

이 글을 쓰고 있는 2016년 8월 현재, 비트코인 1개의 시장 가치는 미화 574달러다. 우리 돈으로 거의 65만 원에 해당한다. 비트코인의 가치가 최고에 달했던 2013년 11월에 비트코인 1개의 가치는 979달러였다. 우리 돈으로 100만 원이 넘었다. 현재 전 세계적으로 통용되고 있는 비트코인의 가치를 더하면 대략 90억 달러, 우리 돈으로 9조에 달하는 금액이다. 크다면 큰 돈이지만, 전 세계 화폐의 가치를 고려하면 비트코인은 여전히 뒷골목 경제에서 통용되는 B급 화폐의 수준을 벗어나지 못하고 있다. 하지만 멀지 않은 장래에 비트코인이 주류 화폐로 인정받을 거라고 예언하는 사람도 적지 않다. 월스트리트의 일부 도박사들조차 그렇게 말한다. 지금으로부터 10년 뒤, 행복한 프로그래밍의 두 번째 개정판을 쓸 때가 되면 답이 알려져 있을까? 궁금한 일이다.

콘웨이의 인생 게임

여덟 번째.

1970년 무렵 이래로 세상의 모든 컴퓨터를 통틀어 가장 많이 실행한 게임은 무엇일까? 지뢰 찾기, 테트리스, 벽돌 깨기? 그 답을 정확하게 알 방법은 없겠지만, 프린스턴 대학교의 수학과 교수인 존 콘웨이(John Conway)가 만든 '인생 게임(Game of Life)'이 그 주인공이라는 주장이 종종 제기된다. 프로그래머가 아니라도 썬 마이크로시스템즈의 워크스테이션을 본 적이 있는 사람이라면 적어도 한 번쯤은 인생 게임을 본 적이 있을 것이므로 그러한 주장이 틀렸다고 반박하기는 쉽지 않다.

수학과 컴퓨터의 역사에서 최고의 천재 중 한 명으로 일컬어지는 노이만은 한때 자기 자신을 복제할 수 있는 가상의 기계를 만들려고 시도했으나 현실로 연결하지는 못했다. 수학계에서 괴짜로 통하는 콘웨이 교수는 훗날 폰 노이만의 그러한 구상을 단순화시켜서 '인생 게임'이라는 작은 프로그램을 만들었다. 콘웨이는 자신이 만든 게임을 친구인 마틴 가드너(Martin Gardner)에게 보여주었는데, 가드너는 그 게임을 1970년에

「사이언티픽 아메리칸(Scientific American)」에 소개했다. 그리고 인생 게임은 뜻밖에도 전 사회적으로 폭발적인 관심을 불러일으켰다. 그 관심이 얼마나 대단했던지 콘웨이라는 무명 수학자의 이름은 순식간에 과학에 특별한 관심이 없던 일반 대중에게까지 알려질 정도가 됐다. 컴퓨터를 모르는 사람들도 이 단순한 게임이 실행되는 모습을 바라보면서 신비로운 감정에 빠져들게 된 것이다.

콘웨이 교수는 당시에 바둑에 관한 연구에도 심취하여, 바둑의 규칙으로부터 영감을 얻어 '초현실 수(surreal number)'라는 새로운 수의 영역을 개척하여 사람들을 놀라게 하기도 했다. 프로그래머에게는 너무나 잘 알려진 도널드 커누스(Donald Knuth) 교수는 콘웨이의 초현실 수에 감명받은 나머지 『Surreal Numbers』(Addison-Wesley, 1974)라는 짧은 소설을 쓰기조차 했을 정도다. 콘웨이 교수가 1976년에 출판한 『On Numbers and Games』(Academic Press, 1976)라는 책에는 인생 게임 외에도 단순하면서도 깊은 맛을 담고 있는 여러 게임이 소개되어 있다. 바라보는 사람의 영혼마저 빨아들일 것처럼 호기심으로 번뜩이는 눈을 가진 콘웨이 교수는 게임과 퍼즐에 관한 한 당대에 따라올 자가 없는 일종의 '지존(至尊)'이었던 셈이다.

오늘날에도 많은 컴퓨터에서 화면 보호기로 애용되는 콘웨이 교수의 인생 게임은 다음과 같은 매우 간단한 규칙으로 이뤄져 있다.

우선, 커다란 도화지에 바둑판과 같은 줄이 그어져 있다고 하자. 네모에 색이 칠해져 있으면 그 칸은 살아 있는 세포고, 그렇지 않으면 죽은 세포다(따라서 처음에는 대부분 죽어 있는 세포들로 시작한다).

임의의 칸 몇 개를 까맣게 칠해서 살아 있는 세포로 만든 다음, 그들을 '1세대'라고 부른다. 시간이 지나면서 도형의 모습은 변하게 되는데, 한 번 변화할 때마다 세대의 수가 증가한다. 세대와 세대 사이에서 도형의 모습이 변할 때는 다음과 같은 규칙을 따른다.

규칙 1.

살아 있는 세포의 주위를 둘러싸고 있는(동서남북, 그리고 대각선 방향으로) 이웃 세포 여덟 개 중에서 살아 있는 것이 0개나 1개면 그 세포는 다음 세대로 넘어가지 못하고 죽는다. 이웃 세포 여덟 개 중에서 살아 있는 세포가 4개 이상인 경우에도 그 세포는 다음 세대로 넘어가지 못하고 죽는다.

규칙 2.

죽어 있는 세포의 주위에 살아 있는 이웃이 세 개 이상이면 그 세포는 다음 세대에서 살아 있는 세포로 태어난다.

몇 가지 예를 들어보겠다.

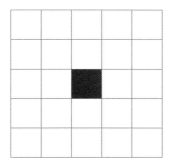

: 세포의 구성 1

첫 번째 그림에서 가운데 세포 주위에는 살아 있는 세포가 하나도 없으므로 (외로워서) 다음 세대로 넘어가지 못하고 죽는다.

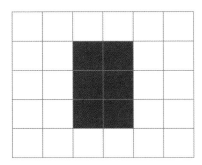

: 세포의 구성 2

한편 두 번째 그림에서 두 번째 줄의 세포들은 주위에 살아 있는 세포가 다섯 개씩 존재하므로 (숨이 막혀서) 다음 세대로 넘어가지 못하고 죽는다.

그렇지만 첫 번째 줄과 세 번째 줄에 있는 세포들의 주위에는 살아 있는 세포가 세 개씩 존재하므로 다음 세대에서도 살아남는다. 한편, 두 번째 줄의 세포 중에서 왼쪽 세포의 왼쪽 빈칸과 오른쪽 세포의 오른쪽 빈칸은 이웃에 살아 있는 세포가 세 개씩 존재한다. 따라서 두 번째 그림이 다음 세대로 넘어가면 다음과 같은 도형이 된다.

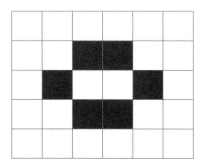

: 세포의 구성 3

가운데 비어 있는 두 칸이 이전 세대에서는 살아 있는 세포였음을 확인해보기 바란다.

이렇게 간단한 규칙으로 구성된 이 게임은 각각의 도형이 마치 스스로 진화하는 생명체의 모습을 보여주는 것 같은 느낌을 주었기 때문에 큰 반향을 불러일으켰다. 일정한 패턴이 주기적으로 반복되기도 하고, 진화하는 패턴이 서로 부딪히게 되면 예상하지 못한 결과를 낳기도 하여 어떤 사람은 이러한 도형을 바이러스에 비유하기도 했다. 이러한 패턴이 바이러스에 해당한다면 콘웨이 교수는 컴퓨터 바이러스를 최초로 만들어낸 영광을 안게 되는 셈이다.

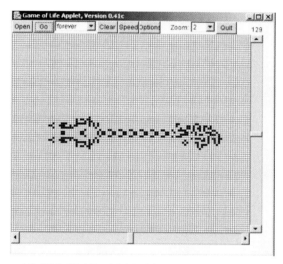

: 인생 게임이 만들어내는 아름다운 패턴

사람들은 콘웨이 교수의 게임을 다양한 방식으로 응용하여 재미있는 도형과 패턴을 만들어내면서 뛰어난 '창조자'로서의 능력을 서로 자랑했다. 그중에서도 재미있는 패턴을 볼 수 있는 곳은 수학 관련 웹사이트인 http://www.math.com에 폴 칼라한(Paul Callahan)이 작성해놓은 "인생 게임이란 무엇인가?(What is the Game of Life?)"라는 웹 페이지(http://www.math.com/students/wonders/life/life.html)다. 페이지 오른편의 "Play Life Now(인생 게임 시작하기)"라는 버튼을 누르면 이렇게 단순한 규칙이 발전하여 얼마나 복잡하고 오묘한 패턴을 만들어내는지를 직접 감상할 수 있을 것이다. 앞의 그림은 그중 위크스트레처(Wickstretcher)라는 게임이 만들어낸 작품이다.[1]

요즘에는 자바 애플릿을 지원하는 브라우저가 많지 않아서 화면에 No Button이라고 나오는 사람이 많을 것이다. 그런 사람은 비슷한 게임을 자바스크립트로 구현해놓은 http://pmav.eu/stuff/javascript-game-of-life-v3.1.1/를 방문하기 바란다.

다윈의 진화론을 컴퓨터 프로그래밍에 접목한 '유전자 알고리즘(genetic algorithm)'은 콘웨이의 인생 게임이 담고 있는 '철학'을 실제적인 문제를 해결하는 데 활용하는 예다. 지금까지의 인공 지능(Artificial Intelligence)을 'AI'라고 하는데, 유전자 알고리즘을 이용하는 프로그램은 기존의 인공 지능 기법과 구분하기 위해서 인공 생명(Artificial Life), 즉 'ALife'라 한다.

인공 지능에서는 컴퓨터가 수행하는 일이 사람이 미리 작성해둔 알고리즘을 크게 벗어나지 않았다. 그렇기 때문에 어떻게 보면 말만 인공 지능이지 인공 지능이 아닌 일반 프로그램과 원리적으로 다를 것이 거의 없었다. 하지만 선택(selection), 교배(crossover), 돌연변이(mutation)와 같은 생물학적 진화 과정을 흉내 내면서 스스로 진화하는 다양한 개체들이

---

[1] 애플릿을 실행하면 세대가 바뀔 때마다 전갈의 머리같이 생긴 왼쪽 덩어리가 앞으로 나가고 꼬리같이 생긴 부분은 제자리에 놓여 있다.

주체가 되는 유전자 알고리즘은 기존의 방식과 다르다. 사람이 작성한 알고리즘이 컴퓨터에 의해서 수정되는 과정을 거치면서 컴퓨터 스스로 주어진 문제에 대한 최적의 해결책을 찾아 나아가기 때문이다.

회사를 그만두고 유학을 떠났을 때, 나는 유전자 알고리즘을 (지금도 깊이 아는 것은 아니지만) 전혀 알지 못했다. 학기가 시작되기 직전에 외국에서 온 학생을 대상으로 작은 파티가 열렸는데, 낯이 익은 미국 친구 하나가 다가오는 바람에 설익은 영어로 이런 저런 얘기를 나눴다. 내가 컴퓨터를 공부하러 왔다고 말하자 자기는 언어학을 공부하고 있지만, 컴퓨터에도 관심이 많다고 하더니 갑자기 유전자 알고리즘과 관련된 최신 정보를 열심히 설명하는 것이었다. 당연히 나는 그 친구가 무슨 말을 하는지 알 수 없었다. 그래서 "유전자 알고리즘이 뭔데?"하고 물었다. 그러자 그 친구는 당황한 표정을 짓더니("너 컴퓨터 공부하러 온 거 맞아?" 딱 그 표정이었다) 금방 다른 자리로 떠나버렸다.

루슨트의 네트워크 관리 프로그램에서 통신 장비를 서로 연결해주는 최적의 라우팅(routing) 경로를 찾아내는 계산을 수행할 때 유전자 알고리즘과 비슷한 첨단 기법이 사용된다. 하지만 이러한 알고리즘은 소프트웨어를 개발하는 팀에서 직접 구현하지 않고 주로 벨 연구소의 과학자들이 연구와 실험을 통해서 개발하기 때문에 유전자 알고리즘에 깊은 관심을 가질 만한 기회는 사실 그 후로도 없었다.

그로부터 오랜 시간이 흐른 뒤인 2015년, 뉴욕에서 열린 큐콘(QCon) 콘퍼런스에 참가해서 유전자 알고리즘을 소개하는 강연을 들은 기억이 난다. 돈이 필요한 개인과 투자를 원하는 개인을 연결해주는 핀테크 회사인 랜딩클럽(LendingClub)에서 프롤로그 언어로 작성한 유전자 알고리즘을 이용해서 상당한 돈을 번 마이클 헨드릭스(Michael Hendricks)의 강연이었다. 2016년 뉴욕에서 열린 스칼라 데이즈 행사에서도 유전자 알고리즘에 대한 강연이 있어서 들었다. 그때 강사가 보여준 데모 프로그램과 거의 비슷한 웹사이트를 찾았다. 이 사이트(http://rednuht.org/genetic_cars_2/)에 들어가서 게임을 해보면 유전자 알고리즘의 맛을 느낄 수 있을 것이다.

유전자 알고리즘의 원리는 매우 흥미로울 뿐만 아니라 유용하기도 하다. 위키백과(https://en.wikipedia.org/wiki/List_of_genetic_algorithm_applications)를 보면 유전자 알고리즘을 사용하는 분야의 목록이 자세하게 나열되어 있다. 항공사 매출관리, 분자구조 연구, 열역학, 컴퓨터 디자인, 수자원 시스템, 분산 컴퓨터 토폴로지, 전자회로 설계, 금융, 하드웨어 버그 검출, 로보틱스, 소프트웨어 엔지니어링 등 거의 모든 산업 분야에서 유전자 알고리즘이 적극 활용되고 있다.

비트로 이뤄진 생명체(유전자 알고리즘)가 DNA로 이뤄진 진짜 생명체를 흉내 내는 과정을 보고 있으면 어쩌면 사람의 생명, 혹은 이 우주도 누군가 다른 무엇을 흉내 내기 위해서 지혜를 짜내어 일부러 만든 것은 아닐까 하는 생각이 든다. 우리의 생명 정보를 담은 DNA란 어쩌면 생명과 우주를 창조한 신이 사용한 자료구조나 알고리즘이 아닌가 하는 생각이 드는 것이다. 그렇다면 혹시 신은 수학자가 아니라 프로그래머가 아니었을까?

자신을 복제하고 자신만의 고유한 법칙으로 살아가는 '생명체'를 만들고자 하는 인간의 노력은 다른 무엇보다도 자신의 생명에 담긴 비밀을 풀고 싶은 욕망 때문에 비롯되는 것처럼 보인다. 어쩌면 인간은 자신이 만들어낸 '생명체'의 성장을 지켜보면서 자신을 지켜보고 있을 신의 시선을 확인하고 싶어 하는 것일지도 모른다. 사람이 (정상적인 생식이 아니라 인공적인 복제를 통해서) 사람을 만들어내는 세상은 더 이상 상상이 아니라 현실이 됐다. 인생 게임의 작은 패턴들이 마침내 자기를 닮은 패턴을 만들어내기 시작한 것이다.

인공적인 복제를 통해서 탄생한 '생명 덩어리'는 건강한 세포와 장기(臟器)를 제공해주는 물질로서의 기능은 가질지 몰라도 생명 고유의 아름다운 영혼과 가치가 온전하게 보전되지 못한다는 점에서 심각한 한계를 안고 있다. 사실 인간은 생명의 비밀이라는 판도라의 상자를 이미 반쯤은 열고 안에 있는 내용을 보고 말았다. 이제 우리는 어떻게 해야 할까?

소중한 생명을 서로 아끼고 사랑하기만 해도 모자랄 판에 인간을 무참하게 죽여 없애는 과정을 의미할 뿐인 전쟁을 하지 못해서 안달인 사람들이 큰 목소리를 내고, 다른 한쪽에서는 물질로 빚어낸 '생명 덩어리'와 사랑의 결실로 아름다운 영혼을 안고 태어나는 '생명'을 구별하지 못하는 일이 벌어지고 있는 우리의 모습을 바라보면서 신은 무엇을 생각하고 있을까? 혹시 잔인하고 사랑이 메마른 인간의 영혼에 숨어 있는 버그를 잡으려고 소스 코드를 들여다보고 있는 것은 아닐까?

알고리즘 3-1. 숫자 바꾸기 알고리즘

정수형 변수인 a와 b의 값이 각각 1과 2라고 해보자. 두 변수의 값을 서로 바꾸는 알고리즘을 통해서 a가 2가 되고 b가 1이 되도록 하는 일은 프로그래머라면 누구든지 한 번쯤은 짜보는 프로그램이다. 이때 대부분은 temp라는 임시 변수를 써서 다음과 같은 알고리즘을 이용하곤 한다.

```
temp = a;
a = b;
b = temp;
```

이것은 걸음마에 해당하는 기초적인 알고리즘이지만 그 안에 생각보다 많은 내용을 함축하고 있다. 다음 코드는 이러한 알고리즘을 자바 언어로 작성해본 것이다.

```java
// Swap.java
public class Swap
{
    // "temp" 변수를 이용해서 두 수를 서로 바꾸는 알고리즘이다.
    public static int[] swapWithTemp (int[] numbers)
    {
        // 첫 번째 수를 temp 변수에 저장한다.
        int temp = numbers[0];

        // 두 번째 수를 첫 번째 변수에 저장한다.
        numbers[0] = numbers[1];

        // temp 변수의 값을 두 번째 변수에 저장한다.
        numbers[1] = temp;

        // 값이 서로 바뀐 배열을 반환한다.
        return numbers;
    }
```

```java
public static void main (String[] args)
{
    // 정수 두 개를 저장할 배열이다.
    int[] numbers = new int[2];

    // 입력을 읽어서 배열에 저장한다.
    numbers[0] = Integer.parseInt(args[0]);
    numbers[1] = Integer.parseInt(args[1]);

    // 두 수를 바꾸기 전에 값을 확인하기 위해서 출력한다.
    System.out.println ("numbers[0] = " + numbers[0]);
    System.out.println ("numbers[1] = " + numbers[1]);

    // 두 수를 서로 바꾼다.
    numbers = Swap.swapWithTemp (numbers);

    // 바뀐 두 변수의 값을 값을 출력한다.
    System.out.println ("numbers[0] = " + numbers[0]);
    System.out.println ("numbers[1] = " + numbers[1]);
}
}
```

이 프로그램을 실행하면 다음과 같은 출력을 얻는다.

```
C:\WORK>java Swap 23 54
numbers[0] = 23
numbers[1] = 54
numbers[0] = 54
numbers[1] = 23
```

23과 54가 수를 바꾸는 swapWithTemp 메서드에 의해서 서로 교환되었다는 사실에 주목하기 바란다. 여기까지는 별로 어려운 것이 없었을 것이다. 그렇다면 swapWithTemp와 같은 기능을 수행하지만, 임시 변수인 temp를 만들지 않는 swapWithoutTemp라는 메서드를 만들어보라. 즉, swapWithoutTemp 메서드는 인수로 전달된 numbers 배열의 두 항목인 numbers[0]과 numbers[1] 외에는 다른 어떤 변수도 사용하지 않아야 한다.

어려운 문제가 아니므로 힌트는 없다. 5분 안에 맞히면 프로그래밍 '3급', 1분 안에 맞히면 프로그래밍 '3단'이 인정된다. 맞히지 못하는 사람은 프로그래밍 실력이 '18급'이다.

알고리즘 3-2. 단어 뒤집기 알고리즘

내가 대학원을 졸업할 무렵, 마이크로소프트에서 직원을 채용하기 위해서 캠퍼스를 방문했다. 당시 나를 인터뷰한 사람은 지적으로 생긴 중년의 미국 여성이었는데, 내가 방에 들어서자마자 던진 질문이 바로 '단어 뒤집기 알고리즘'이었다. 예를 들어서 "hello"라는 문자열이 입력되면 "olleh"를 반환하는 함수를 구현하는 문제였다.

요즘은 모르겠지만, 당시에는 이 알고리즘을 구현하라는 문제가 취업 인터뷰에서 흔히 나오는 질문이었다. 한번은 규모가 작은 회사와 전화로 인터뷰한 적이 있는데, 전화 저쪽에 있는 프로그래머가 요구하기를 이 알고리즘의 개요만 설명하지 말고 C 언어로 토씨 하나 빠뜨리지 말고 전부 말해보라는 것이었다. 말하자면 전화에 대고 정확한 코딩을 하라고 시킨 셈인데, 여러분도 시험 삼아서 한번 해보기 바란다. 아마 우리말로 하기도 결코 쉽지 않을 것이다.

```java
// Reverse.java
public class Reverse
{
    public static void main (String[] args)
    {
        String inputString = args[0];
        System.out.println (reverseString(inputString));
    }

    private static String reverseString (String inputString)
    {
        // 입력된 문자열의 길이를 나타내는 변수
        int length = inputString.length();

        // 뒤집어진 문자열을 저장할 문자 배열
        char[] resultCharacters = new char[length];

        for (int i = 0; i < length; i++)
        {
            try
```

```
            {
                // 맨 끝에 있는 "-1"에 주의하기 바란다.
                resultCharacters[i]
                    = inputString.charAt(length - i - 1);
            }

            catch (IndexOutOfBoundsException indexException)
            {
                // 스택 추적 내용을 출력한다.
            }
        }

        return new String (resultCharacters);
    }
}
```

이 프로그램을 실행시킨 결과는 다음과 같다.

```
C:\WORK>java Reverse "hi there?"
?ereht ih
```

나는 자바 언어로 프로그래밍했지만 여러분은 C 언어로 직접 작성해보기 바란다. 마이크로소프트의 인터뷰에서 사용한 언어는 물론 C 언어였다. 위의 reverseString 메서드는 메모리를 절약할 것인가 아니면 속도를 희생할 것인가에 따라서 구현할 수 있는 방법이 여러 가지가 존재한다. 나중에 내가 신입 사원을 뽑는 입장이 되어서는 일단 '단어 뒤집기 알고리즘'을 작성하라고 시킨 다음, 속도를 높이기 위해서는 프로그램을 어떻게 수정해야 하는지 질문하고, 그다음에는 메모리 공간을 절약하려면 어떻게 수정하는지 질문하기도 했다. 물론, 정답이 하나만 있는 것은 아니다. 하지만 질문에 대답하는 방법이나 내용을 가만히 들어보면 그 사람의 프로그래밍 실력이 그대로 드러나는 것을 느낄 수 있었다.

알고리즘 해답 3-1. 숫자 바꾸기 알고리즘 해답

다음 메서드의 내용과 같이 더하기와 빼기를 이용하면 된다(물론 곱하기와 나누기를 이용해도 된다).

```
public static int[] swapWithoutTemp (int[] numbers)
{
    numbers[0] = numbers[0] + numbers[1];
    numbers[1] = numbers[0] - numbers[1];
    numbers[0] = numbers[0] - numbers[1];
    return numbers;
}
```

원리는 다음과 같다. 다음 공식에서 등호는 같다는 뜻이 아니라 오른쪽의 값을 왼쪽 변수에 할당한다는 뜻이다.

```
a = a + b
b = a - b
a = a - b
```

간단한 수학 원리를 이용한 절묘한 알고리즘이다. temp 변수를 이용하는 것보다 반드시 더 효율적이라고 볼 수는 없지만 재미있다. 이 알고리즘이 어째서 의도한 기능을 수행하는지 직접 확인해보기 바란다. 메서드에 입력되는 정숫값이 매우 크면 어떤 일이 일어나는지도 생각해보기 바란다. 이 책에서는 그런 종류의 에러를 일일이 처리하지 않았지만 실전에서는 반드시 요구되는 고민이다.

4.
장.

소프트웨어 바깥 이야기

녹차 가루의 은은한 향기와 커피의 향이 어우러져 깊은 맛을 내는 커피다. 노곤해지기 쉬운 늦은 오후, 담백한 카페 그린 한잔을 마시면서 프로그램 코드를 작성하는 방법, 객체의 등장 배경, 웹 브라우저와 자바 언어의 탄생 배경, 인터넷 대란, 전설의 해커 케빈 미트닉 이야기 등을 통하여 소프트웨어를 둘러싼 흥미로운 담소를 나눠보자.

프로그래머의 손끝

조금 늦은 유학을 떠난 나는 대학원에서 내 프로그래밍 스타일에 깊은 영향을 준 스승 두 명을 만났다. 그중 한 명은 매주 금요일 저녁에 만나 바둑을 두던 폴 퍼듐(Paul Purdom)이라는 교수였다. 한국에 있을 때 동네 기원에서 3급(요즘 인터넷 바둑 기준 3~4단) 정도의 바둑을 두던 내게 다섯 점을 놓고 버티던 퍼듐 교수는 미국 중서부 지역에서 바둑으로 자기를 이기는 사람은 거의 없었다는 믿기 어려운 이야기를 하면서 나를 붙들고 놔주지 않았다. 매주 금요일 저녁이 되면 학교 안의 카페테리아 구석에서 퍼듐 교수에게 바둑을 배운 동네 아저씨들이 모여서 서로 시합을 하기도 하고 나와 순서대로 접바둑을 두기도 했다.

퍼듐 교수가 가르치던 알고리즘 분석 과목은 학생들 사이에서 어렵고 지루한 과목으로 소문나 있었다. 하지만 내가 봤을 때는 아주 재미없을 것 같지도 않고 또 무엇보다도 평소에 친분이 있던 터라 피해 가기도 곤란하고 해서 그 과목을 수강했다. 그가 수업 시간에 사용한 교과서는 자신의 스승인 도널드 커누스 교수의 『The Art of Computer Programming』을 기초로 해서 스스로 저술한 책이었다. 그는 교단 앞에 의자를 놓고 앉아서 자기 책을 읽어나갔는데, 맨 앞에 앉은 학생들은 퍼듐 교수의 입에서 심하게 튀어나오는 '파편' 때문에 책과 노트가 (운 나쁘면 얼굴까지) 젖는 것을 감수해야만 했다.

소문대로 수업은 지루했다. 칠판을 이용하지 않고 책만 읽어나가는 수업 방식은 여간 노력하지 않으면 정신을 집중하기가 어려웠다. 하지만 시간이 흐르자 수업 내용이 점점 어려워지고 호흡이 가빠지면서 좀처럼 지루함을 느낄 틈이 없게 됐다. 수업이 진행되는 학기 중에도 나는 금요일 저녁마다 카페테리아에서 바둑을 두었고, 내가 다른 사람과 바둑을 두고 있으면 그는 옆에 앉아서 『사이언스(Science)』를 읽으면서 가끔 바둑판을 넘겨보았다. 퍼듐 교수와 바둑을 두고 나면 두었던 바둑을 다시 놓아보면서 수를 분석하는 '복기'를 할 때도 가끔 있었는데, 그럴 때면 나는 그의 스승이 되었고 그는 내 학생처럼 행동했다. 지금은 익숙해졌지만 처음에는 낯설었던 문화적 충격, 아니 그냥 문화적 차이 중 하나는 바로 이 사람들에게서 나이나 신분에 따른 형식적인 권위 의식을 찾기 어려웠다는 점이었다.

우리는 가끔 바둑을 컴퓨터 프로그램으로 만드는 알고리즘에 대해서도 토론했다. 나보다 선배가 되는 그의 한국인 제자 중에는 실제로 바둑 프로그램을 연구한 논문을 쓰고 한국의 어느 대학에 교수로 들어간 사람도 있다고 했다. 나이가 60줄에 접어든 퍼듐 교수는 더 이상 프로그램을 직접 작성하는 일은 하지 않는 것처럼 보였다. 하지만 알고리즘의 효율성을 강조하는 그의 강의에서는 배울 점이 많았다. 학기말 시험에는 주어진 입력을 가장 빠르게 정렬하는 프로그램을 작성하는 프로젝트가 있었는데,

말하자면 일종의 경진대회였다.

프로그램을 실행할 컴퓨터는 미리 정해져 있었으므로 모두가 공정한 조건에서 평가를 받도록 되어 있었다. 프로그래밍 언어는 자유롭게 선택할 수 있었다. C 언어를 이용하든 C++ 언어를 이용하든 아니면 (그런 사람은 없었지만) 자바 언어를 이용하든, 그것은 자유였다. 나는 C 언어를 사용했지만 최고로 빠른 속도는 어셈블리어를 이용한 알고리즘이 차지했다. 이 콘테스트에서는 언어의 선택도 중요하지만 무엇보다도 정렬 알고리즘을 최적화하는 것이 가장 중요한 핵심이었다. 그뿐만 아니라 자신이 작성한 프로그램을 컴파일하는 컴파일러도 신중하게 선택해야 하고 컴파일러를 실행할 때 지정할 수 있는 여러 옵션에 대해서도 완전히 이해할 필요가 있었다. 실제로 정렬 알고리즘을 작성하는 것 자체는 큰 문제가 아니었지만 프로그램이 단 1밀리초라도 더 빠르게 동작하도록 만드는 작업은 생각보다 많은 내용을 함축하고 있었다.

자바 언어를 이용하는 프로그래머들은 하드웨어의 발전을 이유로 내세우면서 알고리즘의 속도에 크게 신경 쓰지 않는 경향이 있다. 이러한 자세가 꼭 잘못되었다고 볼 수는 없지만 1밀리초 혹은 1바이트라도 소중하게 다루는 프로그램이 훌륭한 프로그램이라는 사실은 분명하다. C나 C++를 이용하는 프로그래머들은 CPU나 메모리와 같은 하드웨어에 수시로 접근하기 때문에 프로그램의 속도와 메모리 사용량에 대해서 자바 프로그래머보다 민감하다. 예를 들어서 자바 프로그래머가 모든 정수형 변수에 'int'를 사용할 때에 C/C++ 프로그래머들은 'int'와 'byte'를 신중하게 구분해서 사용한다. 이러한 차이는 아무것도 아닌 것 같지만, 경우에 따라서는 프로그램 전체의 성능에서 차이를 가져온다.

하지만 소프트웨어의 구성이 복잡해지고 규모가 커지면서 쉽게 읽을 수 있는 코드를 작성하는 것이 1밀리초나 1바이트를 절약하는 것보다 훨씬 더 시급한 요청이 된 것도 사실이다. 프로그램의 '겉모습'이 적어도 프로그램의 '속도'보다는 더 중요한 세상이 된 것이다. 이러한 변화의 배경에는 컴퓨터 하드웨어 자원이 풍부해지고 소프트웨어의 구성이 복잡해지면서 컴퓨터가 소비하는 시간보다 프로그래머가 소비하는 시간이 더 값지고 소중해졌다는 현실이 놓여 있다. 이것은 앞서 봤던 Y2K 버그의 경우를 생각해보면 금방 이해할 수 있다. 지금 당장 1밀리초와 1바이트를 절약할 수 있는 기법이 있다고 해도 그것이 장차 프로그램을 관리하기 어렵게 만들 가능성이 있다면 다시 생각해봐야 하는 것이다.

이러한 기법의 문제는 반드시 알고리즘이나 논리의 구현을 의미하는 것이 아니라 프로그램 코드의 진짜 겉모습, 즉 프로그램이 적혀 있는 방식 자체를 의미하기도 한다. 이러한 겉모습을 일정한 방식으로 통일해서 프로그램의 관리를 조금이라도 쉽게 하기 위해서 프로그래머들은 '코딩 관습' 혹은 '코딩 규약'이라는 내부 규칙을 정해서 따르기도 한다. 변수의 이름을 정하는 방식에서부터 괄호를 열고 닫는 방식에 이르는 많은 부분을 통일해서 코드의 겉모습이 프로그래머마다 달라지지 않도록 규정하는 것이다. 예를 들어서 다음 코드를 읽어보자.

```
    public static int[] swapWithoutTemp(int[]
    numbers)
{numbers[0]=numbers[0]+numbers[1];numbers[1]=numbers
[0]-numbers[1];numbers[0]=numbers[0]-
numbers[1];return numbers;}
```

이 코드보다는 다음 코드가 훨씬 잘 읽힐 것이다.

```
public static int[] swapWithoutTemp (int[] numbers)
{
    numbers[0] = numbers[0] + numbers[1];
    numbers[1] = numbers[0] - numbers[1];
    numbers[0] = numbers[0] - numbers[1];
    return numbers;
}
```

하지만 프로그램의 겉모습을 코딩 관습으로 강제하는 데는 한계가 있다. 프로그램이 프로그래머의 손을 통해서 수동으로 작성된다는 엄연한 사실이 변하지 않는 한 프로그램의 내용은 어디까지나 프로그래머의 손끝에 달려 있기 때문이다. 그래서 중요한 것은 결국 프로그래머 각자가 가지고 있는 프로그래밍에 대한 철학이다. 프로그래머 스스로 남들이 읽기에 편하고 깔끔한 프로그램을 작성하려는 의지가 없으면 코딩 관습(혹은 일정한 코딩 스타일을 강제하는 소프트웨어 도구)은 별로 의미가 없다.

소설처럼 읽히는 프로그램

첫 학기를 시작하기 전에 약간 여유가 있던 나는 도서관에서 책을 읽거나 영화를 보면서 시간을 보냈다. 도서관의 한쪽에는 중국과 일본 잡지가 크게 한 섹션을 차지하고 있었고, 우리나라의 「창작과 비평」이니 「실천 문학」이니 하는 잡지와 함께 「천리마」나 「조선 문학」과 같은 북한 잡지도 몇 권 놓여 있었다. 놓여 있는 책의 수나 섹션의 면적이 국력을 그대로 반영하고 있는 것 같아서 새삼 안타까운 기분이 들기도 했지만 미국의 도서관에서 우리말로 된 책을 보는 것은 반갑고 즐거운 일이었다. 아직 학기를 시작하지 않았기 때문에 한가로운 기분도 들고 해서 책을 열심히 읽었는데, 당시에 읽던 책 중에서 인상적인 책은 더글러스 호프스태터(Douglas Hofstadter) 교수의 『괴델, 에셔, 바흐: 영원한 황금 노끈(Godel, Escher, Bach: Eternal Golden Braid)』(까치글방, 1999)이었다.

호프스태터는 이 책에서, 앞서 2장에서 보았던 에서의 작품 〈그리는 손〉을 다음과 같은 짧은 논리학으로 재창조하여 내 마음을 단숨에 사로잡았다.

"아래 문장은 참이다.
위 문장은 거짓이다."

아래 문장이 참이라면 위 문장은 거짓이 되어야 하므로 "아래 문장은 참이다"라는 말이 거짓이 된다. 그 말이 거짓이라면 "아래 문장은 거짓이다"가 되는데 그렇다면 "위 문장은 거짓이다"라는 말이 거짓이 되므로 위 문장은 참이 된다. 위 문장이 참이라면 "아래 문장은 참"이므로 다시 "위 문장은 거짓"이 된다. 이 간단한 명제 두 개는 에서의 작품에서 서로를 그리는 두 손이나 개미가 기어 다니는 뫼비우스의 띠가 보여주는 것처럼 서로를 놓지 않고 영원한 순환의 고리를 창조해내고 있다.

음악과 미술과 수학의 세계를 자유분방하게 넘나들면서 독자를 경이롭고 환상적인 세계로 끌고 들어가는 그의 힘은 나에게 매우 깊은 감명을 줬다. 그는 논리학과 패턴 안에 감추어져 있는 신비하고 오묘한 법칙을 끌어내어 컴퓨터 언어와 프로그램과 운영체제의 원리를 설명하였고 자신을 복제하는 생명과 음악과 우주의 원리를 설명했다. 그것은 잊을 수 없는 가상 세계의 체험이어서 마치 치밀하고 정교하게 작성된 소프트웨어를 보는 것과 같았다. 간단한 알고리즘이 수시로 등장하기는 하지만 그의 책은 기본적으로 컴퓨터를 직접적으로 논하는 책은 아니었다. 하지만 프로그래머라면 이 책에서 완전히 새로운 차원의 영감을 얻을 수 있으리라 생각한다. 그리고 나는 프로그래머들이 이러한 종류의 책을 통해서 상상력과 통찰의 지평을 넓혀나가야 한다고 믿는다.

: 1980년에 퓰리처상을 받은 호프스태터 교수의 책 (출처 : goodreads.com)

　그렇게 도서관에서 시간을 보내다가 그레고리 롤린스(Gregory Rawlins) 교수의『Moth to the Flame』(MIT Press, 1996)과『Slaves of the Machine』(MIT Press, 1997)이라는 책도 우연히 발견하게 됐다. 롤린스 교수의 책은 복잡한 수식이나 프로그램 코드를 사용하지 않고 컴퓨터 과학과 프로그래밍의 세계를 둘러싼 다양한 이야기를 논하기 때문에 쉽게 읽히는 편이었다. 그의 글은 분명하고 간결했으며 유익한 내용을 함축하고 있었다. 나는 책을 다 읽고 나서야 그가 같은 학교의 교수라는 사실을 깨닫고 흥미를 느끼게 됐다. "당신이 쓴 책을 재미있게 잘 읽었다"고 이메일을 보냈더니 몇 분 지나지 않아서 고맙다는 답장이 날아왔다. 대학원 시절의 또 다른 스승이었던 롤린스 교수와의 첫 만남은 그렇게 시작됐다.

롤린스 교수는 인터넷이라는 데이터의 논밭에서 정보를 경작하는 방법을 연구하는 분야인 '데이터 마이닝(data mining)'과 관련한 수업을 세미나 형식으로 이끌고 있었다. 나는 다음 학기에 그의 수업을 들어볼까 하는 마음이 생겨서 어느 날 그의 수업에 청강생으로 참여했다. 타원형의 커다란 책상에 10여 명의 다른 학생과 함께 둘러앉아 있던 그는 자다 일어난 듯한 운동복 차림으로 학생들에게 여러 가지 이야기를 하고 있었다. 그의 상의 주머니에는 담뱃갑이 삐죽 솟아올라 있었다.

"도대체가 말이지"하고 롤린스 교수는 말을 시작했다. "내가 (유닉스 운영체제에서) 명령어를 두세 번 정도 잘못 입력했으면, 그다음부터는 컴퓨터가 내가 무슨 명령을 내리려고 하는지 대충 알아들어야 하는 거 아닌가? 어째서 내가 매번 글자 하나 틀리지 않고 정확하게 명령을 내려야 하지?" 그는 계속 말했다. "내가 인터넷을 거의 매일 이용하는데도, 컴퓨터는 내가 인터넷을 어떻게 이용하는지 알고 있는 게 전혀 없어. 몇 년을 자기 주인 노릇을 한 나와 갑자기 내 자리에 앉아서 자기에게 명령을 내리는 사람을 조금도 구분하지 못하지. 이게 말이 되나? 예를 들어서 내가 아침에 커피를 들고 책상에 앉으면 늘 열어보던 웹사이트 정도는 자기가 알아서 열어줘야 하는 거 아닌가?"

나는 상당한 흥미를 느꼈다. 그리고 그가 계속해서 객체 지향 프로그래밍 언어와 프로그래밍의 방법론 등에 관해서 이야기를 하는 것을 주의 깊게 듣고 나서 교실을 빠져나올 때쯤에는 이미 그의 철학에 깊이 공감하고 있었다.

다음 학기에 나는 그의 세미나 수업에 참석했다. 세미나는 강의실이 아니라 그의 아파트에서 열릴 때가 더 많았다. 특이하게도 그는 운전하는 것을 싫어하는 사람이었는데, 강의실에 오려면 택시를 불러야 했기 때문에 자기 집에서 수업하는 것을 더 좋아했다. 그가 혼자 살고 있던 아파트는 하나의 작은 도서관과 마찬가지였다. 신발을 벗도록 되어 있는 (미국 사람들은 신발을 안 벗는 줄 알았는데) 현관 앞에서부터 책으로 가득 차 있는 머리 높이의 책꽂이가 거실과 두 방을 꽉 채우고 있었다. 책꽂이를 미로처럼 지나서 베란다 쪽으로 나가면 PC 한 대와 썬 마이크로시스템즈 워크스테이션 한 대가 놓여 있는 그의 책상이 있고 그 옆에 약간의 공간이 겨우 마련되어 있었다. 나머지 공간에는 책과 서류와 게임 상자가 아무렇게나 흩어져 있었다. 말하자면 그의 집은 대부분의 시간을 사이버 공간에서 지내는 그의 육체에 현실 세계에서 필요한 최소한의 기능만 제공하고 있던 셈이다.

컴퓨터와 문명을 주제로 하는 논픽션(non-fiction), 프로그래밍과 관련한 기술 서적, 그리고 SF 소설에 이르는 다양한 장르의 책을 쓰느라 결혼을 생각할 틈조차 없던 롤린스 교수는 자바 프로그래밍에도 능통한 사람이었다. 나는 그를 만나기 전부터 자바 언어에는 어느 정도 익숙했지만 내가 지금 알고 있는 자바 프로그래밍은 사실상 그에게 배웠다. 내게 큰 영향을 준 프로그래밍에 관한 그의 철학은 너무나 뚜렷했기에 한 마디로 압축될 수 있을 정도였다. '소설처럼 읽히는 프로그램', 그의 프로그래밍 철학은 이 한마디로 표현할 수 있다.

'소설처럼 읽히는 프로그램'이란 '보통 수준의 프로그래머'가 읽었을 때 의미가 한눈에 이해되는 프로그램을 뜻한다. 성능이 아무리 뛰어나고 기능이 좋아도 이 기준에 부합하지 않는 프로그램은 그에게 있어서 곧바로 휴지통 행이었다. 물론, 프로그래머에 따라서는 이러한 철학에 쉽게 동의할 수 없는 사람도 있을 것이다. 어떤 철학을 선택하는가는 물론 본인의 자유다. 그러나 나는 1밀리초가 실질적인 차이로 이어지는 소수의 특수한 프로그램을 제외한 모든 프로그램에서 '쉽게 읽히지만 조금 느린 프로그램'이 '복잡하지만 빠른 프로그램'보다 훌륭한 프로그램이라고 믿는다. 사실 읽기 쉽게 작성된 프로그램이 읽기 어렵게 작성된 코드보다 빠른 경우도 얼마든지 많다.

그렇다고 롤린스 교수의 철학이 프로그래밍 세계에서 새로운 것은 아니다. 그러한 사실은 이미 오래전부터 프로그래밍을 하는 사람이라면 어느 정도는 느끼고 있는 내용이다. 다만 그 철학을 실천으로 옮기는 데에서 차이가 있을 뿐이다. 이와 관련해서 우리나라 프로그래머들이 많이 읽던 잡지인 「마이크로소프트웨어」 2002년 12월 호에 하동욱이라는 프로그래머가 쓴 칼럼의 한 대목을 인용해보고자 한다. 프로그래밍을 사랑하는 모든 사람이 깊이 생각해보아야 할 만한 대목이다.

> "얼핏 보기에는 별거 아닌 것 같지만, 별거 아닌 것들이 쌓여서 코드를 읽기 힘들게 만들고 복잡도를 높여서 예상치 못한 버그를 양산할 가능성을 크게 한다. 코드를 짧게 응축시키고 더 적은 메모리를 차지하도록 짜는 것은 고도의 발전을 이루고 있는 컴퓨터 하드웨어와 이에 한참 뒤처지고 있는 소프트웨어 개발 분야의 현실에 비춰볼 때 더 이상 미덕이 아니다. 이제는 더 빨리 개발하고 누구나 이해할 수 있도록 쉽게 짜고 유지보수도 쉽게 할 수 있게 코딩하는 것이 미덕인 시대다."

철학은 시대를 해석하는 데 그치지 않고 세상을 변화시킬 때 진정한 철학이 된다. 이 인용글은 우리나라의 실전 프로그래머가 한 말이지만, 롤린스 교수의 철학과 토씨 하나 틀리지 않고 닮아 있다. 롤린스 교수의 철학은 수많은 실전 프로그래머들의 철학과 다르지 않은 것이다. 아마 프로그래머라면 누구나 한 번쯤은 다른 사람이 작성한 읽기 어려운 프로그램 때문에 심하게 고생한 경험이 있을 것이다. 사실 이해하기 어렵게 작성된 프로그램의 대다수는 구현하고 있는 논리가 실제로 복잡해서라기보다는 프로그래머 자신의 역량과 철학이 부재하기 때문에 그렇게 작성된다. 한 번 더 이야기하자. 쉬운 프로그램이 좋은 프로그램이다.

세 번째.

비야네 스트롭스트룹의 삼단 논법

> "사람들은 차츰 '소프트웨어의 위기'에 대해서 말하기 시작했다. 사람들은 기존의 C 언어가 제공하던 함수를 뛰어넘는 다른 무엇이 필요하다는 사실을 느끼고 있었다. 새롭고 차원을 달리하는 패러다임에 대한 요구가 프로그래밍의 세계를 무겁게 내리누르고 있던 것이다."

이 글은 이 책 2장의 마지막 문장이다. 이와 같이 하드웨어의 발전을 따라잡지 못하는 소프트웨어의 '위기'에 대한 우울한 담론이 비트의 세계를 유령처럼 떠돌아다니던 무렵에 등장한 것이 바로 '객체'라는 새로운 패러다임이다. 기존의 방식대로 프로그램을 함수만 이용해서 작성하던 사람에게는 객체라는 새로운 패러다임이 처음에는 낯설고 불편하기만 했다. 그러나 이 패러다임은 기존의 함수가 도저히 흉내 낼 수 없는 강력한 기능과 새로운 차원의 질서를 제공했기에 오래 지나지 않아서 프로그래밍 세계를 완전히 평정해버렸다.

프로그래밍 세계에서 1980년대는 실로 '객체'가 전면에 등장하기 시작하는 격동의 시절이었다. 최초의 객체 지향 프로그래밍 언어는 이미 1960

년대에 Simula I과 Simula 67을 통해서 세상에 선을 보인 적이 있었다. 하지만 1970년대의 프로그래머들은 아직 '객체'의 필요성보다는 유닉스 운영체제를 작성하는 데 사용한 C 언어가 가지고 있던 절제된 문법과 강력한 힘에 매료되어 있었기 때문에 Simula 언어의 역할은 제한적일 수밖에 없었다. 하지만 Simula 언어가 선보였던 객체 중심의 프로그래밍 기법은 재기 넘치는 젊은 프로그래머들의 상상력을 자극했고, AT&T 벨 연구소의 연구원이었던 비야네 스트롭스트룹(Bjarne Stroustrup)도 그들 중 한 명이었다.

스트롭스트룹은 여러 곳에 흩어져 있는 컴퓨터를 이용해서 일을 처리하는 고난도의 컴퓨팅 기법인 분산 시스템 기법에서 사용할 분산 운영체제를 연구하고 있었다. 그 과정에서 그는 당시에 널리 사용되던 C 언어보다 더 엄격하고, 데이터를 추상화할 수 있으며, 그리고 무엇보다도 객체 지향 프로그래밍이 가능한 언어를 개발할 필요성을 느끼게 됐다. 그는 Simula 67을 생각하고 있었지만 그렇다고 해서 C 언어가 가지고 있는 간결하고 파워 넘치는 문법 또한 포기하고 싶지 않았다.

그리하여 그는 Simula 67이 담고 있던 객체 지향 개념들을 C 언어에 이식하는 새로운 시도를 착수하게 됐다. 1979년부터 시작된 이 작업은 조금씩 결실을 맺어 1983년 8월에 이르러 마치 '양송이를 곁들인 고기 수프'처럼 들리는 '클래스를 곁들인 C(C with Classes)'라는 다소 어색한 이름의 언어가 모습을 드러내게 됐다. 이 언어는 AT&T의 내부 프로젝트에서 사용되었고, 같은 해 말이 되어서 언어의 이름을 C++로 고치게 됐다. 그리고 C++는 1985년 10월에 AT&T의 연구실을 뛰어나와서 마침내 세상에 모습을 완전히 드러내었다.

C++는 C 언어를 완전히 포함하고 있는 것은 아니더라도 C 언어의 거

의 대부분을 포함하고 있는 언어다. 아주 특별한 코드가 아니면 C 프로그램은 대개 C++ 컴파일러가 이해하고 컴파일할 수 있다. 그래서 정확히 말하면 C는 C++의 부분집합이 아니다(https://web.archive.org/web/20080617183013/http://www.research.att.com/~bs/bs_faq.html#C-is-subset를 보라).

그렇지만 C 언어로 구사할 수 있는 프로그래밍 기법은 C++로도 100% 구사할 수 있도록 고안되었다. 다시 말해서 C 언어를 사용하던 프로그래머가 C++로 옮겨가서 잃을 것은 하나도 없었다. 하지만 C++로 옮겨가면 객체를 얻을 수 있었다. C++는 요즘 말로 하자면 (돈이 아니라 패러다임의 차원에서) '대박'이었다. C를 사용하던 프로그래머들은 C++를 익히기 위해서 프로그래밍 언어를 다시 공부했고, 객체라는 말은 수준 높은 프로그래머와 수준 낮은 프로그래머를 가르는 (사실은 정확한 것이 아니었음에도) 잣대가 됐다. 1970년대 C가 누리던 영광을 1980년대에 와서는 C++가 누리게 된 것이다. C++가 뜨거운 관심을 끌기 시작하던 1987년에 열린 '객체 지향 프로그래밍에 관한 유럽 회의(European Conference on Object-Oriented Programming)'에서 스트롭스트룹은 「객체 지향 프로그래밍이란 무엇인가?」라는 짧은 논문을 통해서 "실로 요즘에는 어디에서나 '객체 지향'이라는 말과 '좋다'는 말이 동의어처럼 사용되고 있다"며 다음과 같은 삼단논법을 제출했다.

"에이다(Ada)는 좋다.
객체 지향도 좋다.
고로 에이다는 객체 지향이다."

이러한 삼단논법을 적용하자면 다음과 같은 것도 가능하다.

"삼겹살은 좋다.

객체 지향도 좋다.

고로 삼겹살은 객체 지향이다."

스트롭스트룹은 이러한 삼단논법을 통해서 당시에 불던 무조건적인 '객체 열풍'을 묘사하려고 했지만, 새로운 패러다임을 창시한 '영웅'의 입에서 나온 말을 무조건 숭배하는 사람들에 의해서 "지존께서 말씀하셨다! 이번에는 에이다다!"라는 코미디 같은 주장이 쏟아져 나오기도 했다(이런 사람들은 언제나 있기 마련이다). 스트롭스트룹이 C++보다 에이다를 더 훌륭한 언어라고 생각한다는 추측은 입소문을 통해 하나의 사실처럼 굳어갔고, 급기야 그는 자신의 홈페이지에 그것은 사실이 아니라는 해명성 글을 올리기까지 했다. 객체라는 새로운 패러다임이 소프트웨어 위기를 해결할 키워드로 주목받던 만큼이나 비야네 스트롭스트룹의 인기와 권위는 하늘을 찌르고 있었다.

객체는 데이터와 함수를 동시에 포함하고 있는 컴퓨터 프로그래밍의 한 단위다. 프로그래머는 객체를 이용해서 복잡한 소프트웨어의 구조와 골격을 훨씬 단순하게 만들 수 있다. 그뿐만 아니라, 소프트웨어의 구조를 사람의 직관에 좀 더 가깝게 만들 수도 있다. 객체가 있기 전에는 프로그램의 구조가 핵심적인 알고리즘 하나를 중심으로 작성됐다. 필요할 때마다 핵심 알고리즘이 다른 곳에 정의되어 있는 함수를 호출하는 방식으로 프로그램이 진행됐다. 호출된 함수는 자기가 담고 있는 알고리즘을 실행한 다음, 통제권을 다시 핵심 알고리즘에 돌려줬다. 이러한 방식은 핵심 알고리즘에 많은 절차와 기능이 집중된다는 점에서 일종의 '중앙집권제'적인 시스템이다. 프로그램 전체의 규모가 커지고 다뤄야 하는 논리가 복잡해지면 그에 따라서 중앙집권적인 핵심 알고리즘도 복잡해질 수밖에 없는 구조다.

그러나 객체의 등장은 모든 것을 바꿔놨다. 프로그래머는 함수보다 상위 개념인 객체를 만들어서 중앙 정부(핵심 알고리즘)의 업무를 지방(객체)으로 대폭 이양할 수 있게 됐다. 객체 전에는 예를 들어서 'eat()'라는 함수와 'fly()'라는 함수가 공공의 장소에서 정의된 다음 핵심 알고리즘이 호출할 때에 한해서 실행됐다. 하지만 이제 eat() 함수는 'Man'이라는 객체 내부에서 정의되고, fly() 함수는 'Airplane'이라는 객체 내부에서 정의되어 각자 고유한 소속을 갖게 됐다.

예전에는 핵심 알고리즘이 eat()와 fly() 함수를 언제든지 호출할 수 있었지만, 객체가 사용된 다음부터는 eat()를 호출하고 싶으면 Man 객체에 부탁하고, fly()를 호출하고 싶으면 Airplane 객체에 부탁해야 하는 상황이 됐다. 중앙 정부가 시시콜콜한 일까지 전부 알아서 수행하던 시절은 지난 것이었다. 이제 중앙 정부의 역할은 필요한 지방 정부(객체)를 세우고, 일이 필요할 때마다 지방 정부에 할 일을 알려주기만 하는 수준으로 대폭 축소됐다. 이와 같은 방식을 통해서 프로그램의 구조는 엄청나게 간결해질 수 있었다. 그뿐 아니다. A라는 소프트웨어에서 작성한 객체를 하나도 수정하지 않고 B라는 소프트웨어에서도 그대로 사용할 수 있게 되어서 소프트웨어의 '재사용성'도 극적으로 향상되었다.

이와 같이 1980년대 중반부터 1990년대 중반까지의 10년은 C++의 시대였다. 수많은 프로그래머가 앞다투며 C++ 컴파일러를 설치하고 '객체의 마술'을 체험했다. C 언어를 옹호하던 프로그래머들도 C++ 제국에 충성을 맹세하며 투항하는 일이 갈수록 늘어났다. 과거의 화려한 제국이었던 영국이 오늘의 패자(覇者)인 미국의 그늘에 초라하게 붙어 있는 것처럼 1970년대의 제왕이었던 C 언어는 새로운 시대가 도래했음을 인정하고

C++와의 동거를 감수할 수밖에 없었다.

새로운 C++ 컴파일러가 속속 등장했고 이제 C 프로그램도 C 컴파일러가 아닌 C++ 컴파일러로 컴파일하는 세상이 되었다. 그리하여 사람들은 C 언어를 C++를 익히기 위한 준비 단계로 (잘못) 인식하기 시작했다. 객체라는 패러다임이 프로그래밍이라는 세계에 새로운 질서를 가져왔다는 사실에 의문을 제기하는 사람은 아무도 없었다. 그와 마찬가지로 C++가 향후 십수 년은 장기 집권을 하리라는 전망을 의심하는 사람은 찾아보기 어려운 시절이 계속됐다.

네 번째.

웹 브라우저 혁명

한편 1969년 아르파넷(ARPANET) 주도로 조용하게 시작된 인터넷은 1980년대 말과 1990년대 초반에 이르기까지도 학술 연구와 군사 목적의 네트워크를 구축하고 있었을 뿐, 아직 대중의 관심을 끌지는 못하고 있었다. 인터넷을 이야기하는 사람이 과거보다는 많아졌지만 아직은 소수의 사람에게 해당하는 이야기였다. 일반인 중에서는 그나마 대학에서 컴퓨터 과목을 수강하는 학생들 정도가 초록색 글자만이 깜빡이는 단말기 앞에서 인터넷을 '검색'할 기회를 얻을 수 있었다.

더욱이 이 당시의 인터넷은 텔넷(telnet), 아키(archie), 고퍼(gopher), 웨이즈(wais)와 같은 비밀스러운 유닉스 도구를 통해서만 접근할 수 있었다. 모든 명령은 키보드를 통해서 이뤄졌기 때문에 기본적인 유닉스 명령어를 알지 못하는 사람은 인터넷에 '접근'조차 할 수 없었다. 대학원생들이 논문이나 학술 자료를 찾아보기 위해서 CARL이나 ERIC과 같은 유료 사이트에 접근할 때에는 'vt100' 같은 터미널 모드를 직접 설정해야만 하는 경우도 흔했다. 컴퓨터 혹은 유닉스를 알지 못하는 대중에게 인터넷은 소수의 광신도가 모여서 그들만의 예배를 올리는 성전에 불과했다. 신앙이 없는 사람들이 성전에서 할 수 있는 일은 아무것도 없었다.

팀 버너스리(Tim Berners-Lee)가 만든 '월드 와이드 웹(WWW)'이나 페이 웨이(Pei Wei)가 만든 '바이올라WWW(ViolaWWW)'와 같은 소프트웨어는 성전 안에 있는 사람들 사이에서 명성을 얻은 일종의 '웹 브라우저'였다. 기본적으로 이들은 텍스트 모드에 기초하고 있었고, 유닉스 이외의 운영체제에서는 동작하지 않았다. 그렇기 때문에 이들은 성전 밖의 대중에게는 알려지지 않았다. 그렇지만 이러한 선구적인 웹 브라우저는 인터넷의 엄청난 잠재력을 깨닫고 전율하던 젊은 프로그래머들에게는 혁명의 도래를 알리는 전조(前兆)처럼 의미심장하게 다가왔다. 비록 수가 많지는 않았지만 새로운 세상이 다가오고 있음을 남들보다 한발 앞서서 깨닫고 있던 사람은 드물지 않았다. 사이버 세상의 전사들은 전선(戰線)으로 집결하고 있었다. 텍스트만으로 이루어진 브라우저들도 하루가 다르게 새로워지고 있었다. 적어도 더글러스 엥겔바트(Douglas C. Engelbart)'가 오래 전에 꿈꾸었던 하이퍼텍스트(hypertext)는 더 이상 낯선 개념이 아니게 됐다.

---

1 컴퓨터 화면에 띄우는 창(윈도우)의 개념, 마우스, 하이퍼텍스트 등을 발명했다. 진정한 대가다운 그의 풍모와 처신은 많은 프로그래머에게 귀감이 됐다.

: 자신이 개발한 마우스를 들고 있는 더글러스 엥겔바트 (출처 : bloomberg.com)

버너스리는 자신의 컴퓨터와 동료의 컴퓨터에 자신이 개발한 웹 브라우저를 설치한 후 1990년 12월 25일, info.cern.ch라는 서버와 성공적으로 통신했다. 말하자면 이것은 인류 최초의 '웹 서핑'이었던 셈이다. 미국 국가슈퍼컴퓨팅응용센터(NCSA)에서 일하던 조세프 하르딘(Joseph Hardin)과 데이브 톰슨(Dave Tompson)은 오래지 않아서 버너스리가 NeXT 컴퓨터에서 동작하는 웹 브라우저를 만들었다는 소문을 듣게 됐다. 그들은 인터넷에서 웹 브라우저용 소프트웨어를 내려받았는데, 그것은 바로 페이 웨이의 바이올라WWW였다. 하르딘과 톰슨은 NCSA 내부의 소프트웨어 설계 그룹 앞에서 아르파넷을 이용하여 바이올라WWW를 시연했다. 성전의 벽을 허물어뜨리는 혁명의 소리가 들리는 듯했다. 그 자리의 구석에는 마크 앤드리슨(Marc Andreessen)이라는 젊은 청년도 함께 앉아 있었다.

당시 일리노이 대학교의 학생이던 마크 앤드리슨은 바이올라WWW
가 동작하는 모습을 보고 나서 NCSA의 뛰어난 프로그래머였던 에릭 바
이나(Eric Bina)에게 팀이 되어줄 것을 요청했다. 페이 웨이의 작품에서
영감을 얻은 그는 X 윈도우 시스템²을 기반으로 하는 웹 브라우저를 구상
했다. 1993년 2월이 되자 '모자이크'의 첫 번째 버전이 세상에 선을 보였
다. 그리고 몇 달 뒤에는 알레크스 토틱(Aleks Totic)이라는 프로그래머
가 매킨토시에서 동작하는 모자이크를 발표했다. 인터넷이 세상에 등장한
이후 처음으로 둘 이상의 플랫폼에서 동작하는 웹 브라우저가 탄생한 순
간이었다. 그러나 혁명의 진정한 의미는 거기에 있지 않았다.

: 모자이크가 실행되고 있는 모습 (출처 : www.rp-online.de)

모자이크는 사람들이 웹을 여행하기 위해서 올라타야 하는 열차의 이
름을 '키보드'에서 '마우스'로 바꾸어놓았다. 모든 명령을 키보드로 내려야
했던 현실을 마우스를 이용한 '포인트 앤 클릭(point and click)'으로 간

---

2 유닉스에서 MS 윈도우 같은 그래픽 인터페이스를 제공하는 시스템이다.

편하게 바꾸어놓은 것이었다. 모니터 위에서 단조롭게 깜빡거리던 깨알 같은 글자들도 깔끔하고 화려한 HTML 문서로 옷을 갈아입었다. 사람들은 마우스를 클릭해서 인터넷을 돌아다닐 수 있다는 사실 앞에서 놀라고 흥분했다. 그뿐만이 아니었다. 사람들은 인터넷을 통해서 '그림'을 볼 수 있다는 믿을 수 없는 사실 앞에서 전율마저 느끼고 있었다. 진짜 혁명은 여기에 있었다. 사람들은 더 이상 복잡하고 까다로운 유닉스 명령어를 공부하지 않고도 인터넷을 항해할 수 있게 됐다. 성전의 벽은 엄청난 속도로 무너져내렸다.

인터넷에서 '그림'을 볼 수 있게 되었다는 사실은 많은 사람에게 '포르노그래피'를 볼 수 있게 되었다는 말과 같은 의미로 받아들여졌다. 새로운 문명의 발전이 종종 인간의 성적 욕망 때문에 가속된다는 사실은 역설적으로 들리지만 사실이었다. '인터넷 주소'라는 새로운 개념은 'xxx'라는 단어를 통해서 순식간에 상식이 됐다. 사람들은 모자이크의 뒤를 이어 등장한 넷스케이프(Netscape) 브라우저를 PC에 설치하고 'xxx'를 포함하는 인터넷 주소를 열심히 찾아다녔다. 웹 브라우저 안에 화면이 나타나면 컴퓨터 앞에 모여 있던 사람들은 얼굴이 붉게 상기되면서 탄성을 질렀다. 방법이야 어쨌든 사람들은 혁명의 위력을 실감하고 있었다.

좀 더 건전하고 유익한 정보를 담고 있는 웹사이트의 주소도 하나둘씩 알려지기 시작했다. 성전에 갇혀 있던 인터넷은 어느덧 사람들 가까이 다가와 있었다. 그렇지만 인터넷의 장래는 불분명했다. 인터넷은 대중 앞에 모습을 드러냈지만 아직 얼굴은 감추고 있었다. 학자들은 인터넷이라는 가상 세계가 현실 세계에 미칠 영향에 관해서 연구하고 논쟁했다. 디지털 세상의 도래를 선포한 니콜라스 네크로폰테의 『디지털이다』가 사람들의 관심을 끄는 동안 모스크바 대학교 철학부의 아나톨리 일리치 라키토프와 같은 사람은 정보 혁명을 통한 전 세계의 이성화(理性化)를 꿈꾸고 있었다.

유행에 민감한 사회 과학자들은 사이버스페이스의 사회적, 철학적 의미에 대해서 천착했고, 글쓰기를 좋아하지만 문단에 등단할 수 없었던 사람들은 모여서 자기들끼리 '사이버 문학'을 논의하기 시작했다. 수많은 논의 속에서 근거 없는 낙관과 비관이 교차하고 있었다. 유토피아와 디스토피아가 힘을 겨루고, PC 통신과 같이 닫혀 있는 네트워크가 인터넷을 불안한 표정으로 주시하고 있었다. 인터넷이라는 세상은 엄숙한 성전이 아니라 떠들썩한 시장이 되어가고 있었다. 하지만 시장에서 무슨 일이 일어날지는 아무도 확신할 수 없었다. 한 가지 분명한 것은 웹 브라우저가 보여주는 화면이 그림도 포함하는 깔끔한 HTML 문서이긴 했지만 움직임이 없는 정적인 화면이었다는 사실이었다. 사람들은 그림을 보고 글을 읽는 것을 뛰어넘는 무엇을 원하고 있었다. 그렇지만 그 무엇의 정체를 확실하게 아는 사람은 아직 없었다.

다섯 번째.

듀크, 세상을 놀라게 하다

    1984년에 리처드 솔 워먼(Richard Saul Wurman)에 의해서 처음으로 시도된 '테크놀로지, 엔터테인먼트, 디자인(Technology, Entertainment, Design)' 회의는 사람들의 눈을 번쩍 뜨이게 하기에 충분했다. 여러 분야에서 최고의 스타들이 참석하는 초호화 울트라 버라이어티 쇼가 벌어진 것이다. 당시 매킨토시 컴퓨터와 소니의 콤팩트디스크(CD)는 이 회의를 통해서 세상 사람들 앞에 처음으로 모습을 공개했다. 수학계의 거장인 브누아 망델브로(Benoît Mandelbrot)는 자의 눈금에 따라서 해안선의 길이가 다르게 측정된다는 사실로부터 추론해낸 유명한 프랙털(fractal) 이론을 발표했고, 인공 지능 분야의 지존인 마빈 민스키(Marvin Minsky)도 참여해서 새로운 모델링 이론을 설명했다. 그밖에 『디지털이다』라는 책으로 잘 알려진 MIT 미디어랩의 니콜라스 네그로폰테를 비롯한 수많은 '스타'들이 대거 참여하여 축제를 빛냈다.

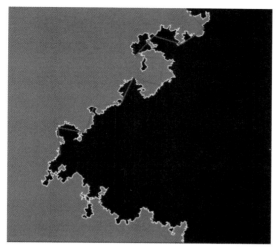

: 망델브로가 발견한 프랙털 구조의 해안선 (출처 : polymer.bu.edu)

    TED로 알려진 이 회의는 중간에 몇 년간 중단되기도 했지만 오늘날까지도 캘리포니아의 몬터레이(Monterey)에서 매년 계속되고 있는 '별들의 축제'다. 그동안 마이크로소프트의 빌 게이츠 회장, 현존하는 최고의 재즈 피아니스트로 꼽히는 허비 행콕(Herbie Hancock), 노벨 물리학상을 받고 컴퓨터 분야에도 지대한 영향을 주고 있는 머리 겔만(Murray Gell-mann), 오라클의 래리 엘리슨(Larry Ellison) 회장 등이 참여했으며, 1989년의 천안문 학생 운동을 조직했던 리 루(Li Lu)와 같은 의외의 인물도 참여했다.

    일명 '할리우드와 실리콘밸리의 만남(Hollywood meets Silicon Valley)'으로 불리기도 하는 이 모임은 1995년에 열린 축제에서 썬 마이크로시스템즈의 존 게이지(John Gage)를 초청했다. 인터넷과 엔터테인먼트 분야의 스타들을 모아놓고 당시 썬이 개발하고 있던 (영화 〈블레이드 러너〉의 이름을 흉내 낸) 웹러너(WebRunner) 웹 브라우저를 시연하기 위해서였다.

그 당시에 웹 브라우저라고 하면 모자이크를 개발한 마크 앤드리슨의 팀이 상용으로 제작해서 성공을 거둔 넷스케이프가 대명사로 통하고 있었다. 요즘 많이 사용하는 구글 크롬은 물론 한때 가장 많이 사용되었던 인터넷 익스플로러는 당시 아예 존재하지도 않았다. (인터넷 익스플로러는 1995년 8월에 첫 버전이 출시됐다). 시연에 참가한 '스타'들에게 웹러너 브라우저는 블레이드 러너의 이름을 흉내 내었다는 사실을 제외하면 관심을 끌 만한 특별한 내용이 없는 것처럼 보였다. 사람들은 존 게이지의 연설을 듣는 것보다 서로의 안부를 물으며 잡담하는 일에 더욱 몰두했다. 웹러너의 화면은 3차원 분자 구조 그림과 들쭉날쭉하게 옆으로 누워 있는 막대기 그림을 보여주고 있었다. 그 정도 그림이라면 대단할 것은 없었다. 사람들은 이미 인터넷에서 그림을 보는 일에는 충분히 익숙해져 있었던 것이다.

당시 존 게이지의 옆에서 마우스를 쥐고 웹러너를 실행하던 프로그래머의 이름은 제임스 고슬링(James Gosling)이었다. 그는 존 게이지의 연설에 맞춰서 웹러너의 기능을 사람들에게 보여주고 있었는데, 속으로는 자신이 개발한 웹러너 브라우저가 아직 베타 버전이었기 때문에 혹시 동작을 멈추기라도 할까 싶어서 노심초사하고 있었다. 평범한 웹러너 데모에 사람들이 지루해 하기 시작할 무렵, 고슬링의 손이 마우스 포인터를 움직여서 3차원 분자 구조 그림 위에서 멈췄다. 그리고 그림을 클릭한 다음 포인터를 쭉 잡아끌었다. 잡담에 열중하던 사람들이 어리둥절한 표정으로 고개를 들고 웹러너를 바라본 것은 그때였다. 화면을 바라보던 사람들의 입에서 탄성이 쏟아져 나왔기 때문이었다. 고슬링의 손은 마우스의 포인터를 계속해서 움직여 나아갔다. 잡담을 하는 사람은 더 이상 없었다. 인터넷 브라우저의 화면 안에서 그림이 '움직이고' 있던 것이다.

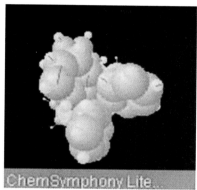

: 막대 그래프 애플릿과 분자 구조 애플릿의 모습 (출처 : javasoft.com)

고슬링이 막대기 그림을 클릭하자 이번에는 막대기가 움직이기 시작했다. 움직이면서 막대기들이 긴 순서대로 정렬되는 묘기를 보여줬다. 사람들은 이제 가만히 앉아서 숨을 죽이고 있기보다는 큰 소리로 떠들면서 흥분을 감추지 않았다. 그곳은 인터넷에서 움직이는 그림을 제공한 두 번째 혁명의 현장이었다. 혁명의 소식은 곧 TED 회의를 넘어서 바깥세상으로 퍼져나갔다. 그리고 두 그림은 단순한 그림이 아니라 애플릿(Applet)이라는 귀여운 이름의 컴퓨터 프로그램이라는 사실이 밝혀졌다.

애플릿을 작성하는 데 사용한 프로그래밍 언어는 자바라는 이름을 가지고 있었다. 제임스 고슬링을 중심으로 하는 썬 마이크로시스템즈의 자바팀은 얼마 뒤에 인터넷에 자바 코드를 공개했다. 듀크(Duke)라는 이름의 작은 마스코트를 전면에 내세운 자바 코드는 사이버 세상을 순식간에 뒤덮어버렸다. 자바를 만든 당사자들조차 예상하지 못한 폭발적인 반응이었다. 넷스케이프 브라우저는 자바 기술을 받아들이고 공식적으로 지원하기 시작했다. "한 번 작성하면 어디에서든 실행한다(write once, run everywhere)"라는 야심만만한 자바의 슬로건이 사방에서 울려 퍼지기 시작했다.

: 인터넷 세상을 깜짝 놀라게 한 듀크의 최근 모습 (©Oracle PR)

내가 듀크를 처음 보았던 것도 아마 1995년이었을 것이다. 당시에 나는 삼성 SDS에 입사해서 일을 시작한 지 2년밖에 되지 않은 햇병아리 프로그래머였다. PL/SQL과 C 언어로 오라클 데이터베이스에 데이터를 집어넣는 프로그램을 열심히 작성하던 시절이었다. 하루는 한 선배가 상기된 표정으로 사람들을 자기 자리로 불러모았다. 그의 책상에는 썬 워크스테이션과 큼직한 모니터가 놓여 있었는데, 화면에는 넷스케이프(핫자바였던가?) 브라우저가 손을 흔들면서 제비 넘기를 하는 듀크의 모습을 보여주고 있었다.

하지만 '할리우드와 실리콘밸리의 만남'에서 보다는 사람들의 반응이 뜨겁지 않았다. 중년 여성 프로그래머 한 명은 "난 또 뭐라고" 하면서 회의실에서 도시락 반찬 냄새를 빼려면 창문을 열어놔야지 어쩌고 하면서 자리로 돌아갔고, 어떤 사람은 "업무 시간에 인터넷 가지고 장난하면 안 되는데"라고 중얼거리며 자리로 돌아갔다. 나로 말하자면 '운명' 같은 것은 아니었지만 적어도 호기심 정도는 느꼈던 것 같다. 그 선배와 함께 자바 언어에 관해서 이야기를 나누고 나서, 저녁에 집으로 돌아가는 길에 서점에 들러서 (무슨 책인지 기억나지 않지만) 책을 한 권 샀다. C 언어에 어느 정도 자신이 있던 나는 그때까지 책으로만 공부한 C++ 프로그래밍을 해볼 수 있는 프로젝트를 원하고 있었다. 하지만 자바 언어의 출현이 그런 바람을 흔들어놓았다.

마이크로소프트의 윈도우 운영체제의 아성에 오픈 소스 운영체제인 리눅스가 도전하기 시작한 것도 1990년대의 일이다. 프로그래밍의 세계는 그 어느 분야보다도 빠르게 변화하고 있었다. C++의 10년 왕국은 이와 같은 변화의 물결 속에서 자바라는 새로운 언어의 도전에 직면했다. 객체라는 패러다임에 관한 한 자바는 C++보다 강력하고 명확한 지원을 약속했다. C나 C++ 언어를 이용하는 프로그래머가 컴퓨터의 메모리 시스템에 직접 접근하다가 치명적인 실수를 범하는 일을 막기 위해서 자바는 메모리에 대한 통제권을 프로그래머로부터 아예 거둬들였다. 비트의 법칙을 스스로 통제하기를 원하는 수준 높은 프로그래머 중에는 이러한 사실에 실망한 나머지 자바 언어를 외면한 사람도 많았다.

하지만 더 많은 프로그래머가 스스로 메모리를 관리하기로 한 자바 언어의 결정을 환영했다. 무엇보다도 자바 언어로 작성한 프로그램을 윈도우와 여러 유닉스 시스템에서 실행할 수 있게 되었다는 점은 파격적인 진보였다. C++ 언어가 템플릿(template)과 같은 새로운 기능을 추가하면서 점점 복잡한 언어로 변하고 있을 때 자바가 보여준 간결하고 명쾌한 문법 구조는 프로그래머들의 마음을 단숨에 사로잡았다. 프로그래밍 세계를 최소한 10년은 더 지배할 것처럼 보였던 C++의 아성은 이렇게 하여 뿌리채 흔들리게 되었다. 그렇지만 자바는 비트의 세계 깊숙한 곳까지 들어갈 필요가 있는 프로그래머에게는 분명히 불편한 면이 있었다. 그렇기에 C++와 자바의 관계는 어느 한 쪽을 완전히 굴복시키는 배타적인 싸움이 아니라 서로의 구역을 인정하면서 공존하는 분할 통치의 양상으로 발전했다. 컴퓨터 시스템을 직접 제어하는 영역에서는 C와 C++의 패권이 인정되고, 인터넷 영역에서는 자바의 권위가 인정을 받는 새로운 시대가 열린 것이다.

오랫동안 인터넷과 프로그래밍 세계에서 사랑받았던 듀크는 (즉 자바 애플릿은) 2016년이 되면서 사실상 수명을 다하게 되었다. 썬 마이크로시스템즈를 인수하면서 자바의 주인이 된 오라클은 공식적으로 브라우저에 들어가는 자바 플러그인에 대한 지원을 중단하기로 결정했다. 그런 결정과 무관하게 자바 애플릿을 사용하는 웹사이트는 이미 대부분 사라졌다. 요즘에는 HTML5와 같은 표준이 널리 사용되고 있어서 자바 애플릿이나 마이크로소프트의 실버라이트처럼 무겁고 개별적인 기술이 설 자리가 없게 되었다. 구글 크롬, 마이크로소프트 애저, 모질라의 파이어폭스 등은 속속 자바 플러그인에 대한 지원을 중단하겠다고 발표했다.

듀크만이 아니라 자바 언어의 위상도 이 책의 초판을 쓰던 2003년과 많이 달라졌다. 자바는 여전히 가장 널리 사용되는 언어의 하나지만, 막 피어난 꽃처럼 싱그럽고 아름답던 시절의 모습은 상실했다. 기업용 시스템, 특히 서버 쪽 시스템을 구축할 때와 안드로이드 프로그래밍을 수행할 때는 많이 사용되지만 그 밖의 영역에서는 입지를 상실했다.

JVM 자체는 성능과 안정성이라는 측면에서 계속 발전을 거듭해서 수많은 언어의 실행 환경으로 사랑받고 있다. 그런 언어들이 JVM의 터줏대감인 자바와의 호환성을 고려한다는 점을 빼면 자바라는 언어 자체에 대한 관심은 예전 같지 않다. 예를 들어서 많은 사람이 사용하는 주류 언어 중에서 람다(lambda)를 도입한 최후의 언어가 자바라는 사실은 의미하는 바가 크다. 안드로이드를 위해서 자바 API를 사용한 구글과 법적 분쟁을 벌이고, 언어의 투명한 발전과 개선보다 수익 모델을 먼저 고민하는 듯한 오라클의 태도 역시 개발자 커뮤니티의 냉소를 사고 있다.

프로그래머는 대부분 월급을 받는 샐러리맨이지만, 심장 한구석이 해커 정신에 맞닿아 있는 사람들이다. 해커 정신의 뿌리는 물론 자유와 저항이다. 그래서 프로그래밍 언어와 같은 새로운 기술은 프로그래머 스스로 창조하고, 변경하고, 전파하고, 논의하는 자유를 보장하지 못하면 생명력을 가질 수 없다. 그렇기 때문에 언어의 창시자인 제임스 고슬링을 무례한 방식으로 회사에서 몰아내고, 기술의 생명력보다 수익에 관심을 보이는 오라클의 모습은 오랫동안 프로그래머의 사랑을 받아온 자바의 유통기한을 앞당기는 것처럼 보인다.

화무십일홍(花無十日紅). 열흘 동안 아름다운 꽃은 없다는 뜻이다. 자바를 사랑하던 수많은 개발자가 이미 오래전에 루비로, 고 언어로, 스칼라로, 앨릭서로 망명을 떠나갔다. 자바의 시절은 지나갔다.

프로그래머의 논쟁

사회 과학이나 인문학을 공부하는 사람과 수학을 공부하는 사람 사이에는 큰 차이가 있다. 그것은 바로 '논쟁'의 유무다. 사회 과학이나 인문학은 학문의 속성상 어떤 주장이 학계에 받아들여지기 위해서는 논쟁의 과정이 필요하다. 하지만 수학에서는 주장의 옳고 그름이 너무나 뚜렷하기 때문에 '논쟁'의 여지가 별로 없다. 누가 보기에도 맞으면 맞고 틀리면 틀린 것이다.

사회 과학이나 인문학에서 '논쟁'이 불가피한 이유는 그러한 학문이 자로 잰듯한 차갑고 엄밀한 진리를 다루는 것이 아니라, 사람과 사람 사이에 존재하는 뜨겁고 구체적인 가치관의 문제를 다루기 때문이다. 사람의 가치관은 절대적이고 확실한 과학적 법칙이 아니라, 구체적인 현실 속에서 사람이 선택한 가치에 의해서 결정되기 때문에 이것만이 옳다고 주장할 수 있는 기준이 없다. 따라서 이런 가치의 문제에 대해서 논쟁할 때는 다른 사람의 선택을 무시하지 않고 서로를 깊이 존중할 줄 아는 '톨레랑스'

의 정신을 발휘하는 것이 중요하다. 사이버 세상의 건강한 힘을 드러내는 증거가 되어야 하는 인터넷 커뮤니티의 논쟁들이 이런 톨레랑스의 정신과 거리가 멀어지고 있는 현상은 그래서 매우 안타깝다.

요즘 인터넷에는 거의 정신 분열에 가까운 편 가르기와 집단적인 광기, 욕설, 근거 없는 추측 등으로 가득 차서 도저히 읽을 수조차 없는 글들이 많다. 이런 글들은 모두 막 시작된 가상 세계라는 꽃을 피우지도 못하고 시들게 만들 수도 있는 공공의 적이다. 사이버 세상의 시민들이 이러한 공공의 적을 물리치기 위한 각고의 노력을 기울이지 않으면 사이버 세상은 얼마 지나지 않아서 아무도 들어가려고 하지 않는 위험한 할렘(harlem)과 같은 뒷골목으로 전락할 가능성마저 있다. (이 글은 2003년에 썼다. 2016년인 미국에서는 휘청거리는 트위터의 몰락이 광기, 욕설, 추측으로 난무하는 트윗과 댓글에 질린 정상적인 사람들의 자발적 퇴출 때문이라는 분석이 나오고 있다. 사실 트위터만의 문제가 아니다.)

인터넷 게시판, 혹은 이메일로 이뤄지는 논쟁과 직접 만나서 펼치는 논쟁의 결정적인 차이는 서로의 얼굴을 볼 수 없으니 상대의 인격을 별로 고려할 필요가 없다고 느낀다는 점이다. 특히 익명의 아이디를 이용하면 자기가 누구인지 드러내지 않아도 되니 스스로 책임질 수 없는, 아니 처음부터 책임질 마음조차 없는 이야기를 함부로 하게 된다. 자신의 말 때문에 상처받는 상대방의 마음은 헤아리지 않고 하고 싶은 말만 무책임하게 '배설'하는 것이다.

수학의 세계는 이와 다르다. 1 + 1이 2가 되는 것은 말하는 사람의 가치관과 무관하게 항상 사실이다. 데카르트와 같은 사람은 1 + 1이 2가 된다는 사실조차 의심했지만 그것은 차원이 다른 이야기였다. 1993년 앤드루 와일스(Andrew John Wiles)가 350년에 걸쳐서 수많은 천재를 굴복시켜 왔던 난제 중의 난제인 페르마의 마지막 정리를 증명했을 때 다른 수학자들은 진한 감동과 함께 그의 증명을 검증했다. 그런데 그러한 검증을 통해서 복잡한 그의 증명 과정에 한 가지 오류가 포함되어 있었음이 발견됐다. BBC를 비롯한 여러 언론 매체는 이 오류 때문에 그를 취재하려던 계획을 보류하거나 취소했다.

와일스는 자신의 방으로 돌아가서 고통스러운 작업을 다시 수행할밖에 도리가 없었다. 시간이 흘러도 그가 답을 찾아내지 못하자 사람들은 그의 증명도 지난 350년간 보아온 '그럴듯하지만 결국은 아닌' 증명으로 생각하기 시작했다. 와일스는 그러한 차가운 시선이 주는 아픔을 견디면서 자신의 학문적 생명을 걸고 지난 10년간 매달려왔던 고독한 작업에 다시 치열하게 매달렸다. 그리고 그로부터 1년 뒤에 결점을 해결했다. 신문과 방송국의 취재는 재개되었으며, 인류는 마침내 수학사에 하나의 기념비를 세울 수 있게 됐다. 이 과정에 불필요한 '논쟁' 같은 것은 없었다. 증명이 맞으면 맞는 것이고, 틀리면 가서 맞게 만든 다음 다시 가지고 오면 되는 것이다.

그렇다면 사회 과학보다 수학에 훨씬 더 가까운 프로그래밍의 세계에서는 논쟁이 있을까? 수학자가 연필과 종이(영화 〈뷰티풀 마인드〉의 존 내시 같은 경우에는 분필과 창문)만 있으면 자신의 작업을 수행해나갈 수 있듯이, "프로그래머는 앞에 컴퓨터 한 대만 있으면 되는 것이 아닐까?"라고 생각한다면 그것은 엄청난 착각이다. 수학에서는 에르되시 팔(Erdős Pál) 같은 소수의 '괴짜'를 제외하면 대부분 혼자서 작업하는 것을 선호하고, 실제로도 혼자서 작업한다. 하지만 프로그래밍은 다르다. 대학 새내기들이 컴퓨터 과목을 수강하면서 숙제를 할 때는 혼자서 작업하기도 하겠지만, 진짜 프로그래밍은 혼자서 할 수 없다. 앞서도 말했지만 규모가 크고 복잡한 소프트웨어의 구석구석을 혼자서 완전하게 통제할 수 있는 프로그래머는 세상에 없다. 이러한 사실은 프로그래머가 갖추어야 하는 '내공과 외공'이라는 덕목에 항목 하나를 또 추가하도록 한다. 그것은 바로 '의사소통 기술'이다.

소프트웨어의 개발 과정이 요구하는 의사소통은 단선적이 아니라 다차원적인 매트릭스 형태로 구성된다. 자신이 속한 일터의 성격에 따라서 프로그래머는 최종 사용자를 직접 만나기도 하고, 사용자의 요구사항을 분석하는 시스템 엔지니어와 토의하고, 테스터와 만나기도 하며, 프로젝트를 관리하는 상사나 동료, 그밖에 뉴스그룹이나 동호회, SNS 같은 커뮤니티에서 만난 동지들과 허심탄회한 토론을 벌이기도 한다. 이 중에서 가장 중요한 것이 있다면 나는 동료 프로그래머들과의 의사소통이라고 말할 것이다. 그리고 동료 프로그래머들과의 의사소통은 종종 '논쟁'을 의미한다. 결국 프로그래밍의 세계에는 논쟁이 존재하는 것이다. 그것도 아주 많이 말이다.

내가 루슨트에 입사한 1999년에는 네트워크 관리 프로그램의 클라이언트 시스템이 앞서 말했던 바와 같이 자바 언어로 작성되어 있었다. 당시만 해도 루슨트는 세계적으로 10만여 명의 직원을 거느린 거대 기업이었다. 따라서 네트워크 관리 프로그램이 루슨트 내부에서만 해도 여러 종류가 존재했다. 이를테면 같은 광통신 네트워크를 관리하는 소프트웨어라고 해도 SONET 네트워크를 관리하는 소프트웨어, SDH(동기 디지털 계층) 네트워크를 관리하는 소프트웨어, IP 네트워크를 관리하는 소프트웨어가 전부 따로 존재하는 식이었다.

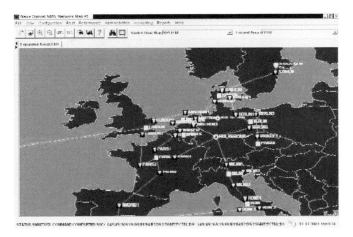

: 1999년 당시 루슨트의 네트워크 관리 (자바) 프로그램 (출처 : lucent.com)

소프트웨어가 따로 존재한다는 것 자체는 문제가 아니었다. 정작 문제가 되는 것은 이러한 소프트웨어 시스템이 (같은 회사의 제품임에도) 공통의 데이터를 서로 공유하는 것이 쉽지 않았다는 사이었다. 심지어 소프트웨어마다 사용자 인터페이스가 달라서 마치 전혀 다른 회사에서 만든 프로그램을 사용하는 것 같은 느낌을 받을 수밖에 없었다. 이것은 회사 입장에서 보면 큰 손실이었다. 무엇보다도 루슨트의 소프트웨어에 대한 단일한 '브랜드' 효과를 확보할 수가 없었던 것이다. C 언어와 유닉스, 그리고 C++에 이르는 주옥같은 소프트웨어 명품들을 개발한 벨 연구소를 끌어안고 있는 루슨트의 소프트웨어가 자기 정체성을 갖지 못한 채 소비자에게 전달되고 있었다.

루슨트의 구조 조정은 통신 시장을 포함한 IT 시장 전체의 '거품'이 꺼지기 전부터 시작됐다. 10만이 넘던 회사의 정원이 2003년 3월에는 35,000여 명으로 줄었으니 실로 엄청난 규모의 구조 조정이 아닐 수 없었다. 이렇게 뼈아픈 고통을 동반한 구조 조정의 과정은 비효율적인 전략을 깊이 반성하도록 강요했고, 그리하여 사람들은 다양한 네트워크 관리 프로그램을 통합할 필요성이 있다는 사실에 주목하기 시작했다. 그러나 그것은 결코 간단한 작업이 아니었다. 수많은 팀을 구성했고, 수많은 회의를 개최했다. 속된 말로 여러 사람의 '밥그릇'이 걸린 문제였기 때문에 사람들은 서로 자신의 소프트웨어가 가지고 있는 강점을 설명하기 위해서 열을 올릴 수밖에 없었다.

이러한 와중에 내가 속해 있던 부서에서는 홈델에서 두 명, 그리고 영국 맘스베리에서 세 명을 차세대 네트워크 관리 시스템의 설계자로 선정하여 총 다섯 명으로 이루어진 설계팀을 구성했다. 알카텔(Alcatel)이라는 프랑스 회사가 루슨트를 사들인다는 소문이며, 다음 달이면 어느 부서가 없어질 것이라는 소문이며, 어쩌면 아예 회사가 문을 닫을지도 모른다는 흉흉한 소문이 꼬리에 꼬리를 물고 복도를 떠돌아다니고 있었다. 그 와중에 우리는 차세대 소프트웨어의 모습이 어떠해야 하는지에 대해서 고민하기 시작했다.

논쟁의 핵심은 아키텍처였다. (나 자신을 포함한) 홈델의 두 명은 차세대 소프트웨어의 아키텍처를 웹에 기초한 웹 애플리케이션으로 가져가야 한다고 주장했다. 한편 영국에 있는 세 명은 원래 하던 대로 클라이언트-서버 아키텍처에 기초한 애플리케이션을 설계하자고 주장했다. 홈델에서 웹 애플리케이션이 필요하다고 본 이유는 만약 모든 네트워크 시스템이 웹에 기초한다면 공통의 데이터를 XML과 같은 표준 프로토콜을 통해서 쉽게 공유할 수 있을 것이고, 무엇보다도 시스템끼리 통합하는 과정이 URL만 교환하면 될 정도로 단순해진다는 장점 때문이었다. 또 전문적인 웹 디자인을 통해서 루슨트 고유의 소프트웨어에 대한 브랜드 효과를 창출하는 것도 가능하다는 점이 큰 매력이 될 수 있었다. 한편 영국 맘스베리의 동료들이 클라이언트-서버 아키텍처를 주장한 가장 큰 이유는 소프트웨어의 성능이었다. 중요한 지적이었다. 네트워크 관리 시스템에서 성능은 대단히 중요한데, 웹 애플리케이션이 클라이언트-서버 애플리케이션보다 빠를 수는 없기 때문이었다.

우리는 2~3개월에 한 번씩 서로를 방문했고, 적어도 2주에 한 번씩 전화 회의를 했으며, 거의 매일 이메일을 주고받았다. 그중에서도 가장 뜨거웠던 논쟁은 역시 이메일을 통한 논쟁이었다. 그러한 논쟁은 내게 아주 소중한 경험과 훈련의 기회를 제공해줬다. 때로는 입에 넣으려던 햄버거를 쓰레기통에 집어 던질 정도로 흥분하기도 하고 때로는 전화를 걸어서 언성을 높이기도 했지만, 지나고 나서 생각해보면 그것은 일에 대한 뜨거운 열정과 서로에 대한 건강한 경쟁심의 발로였을 뿐이었다.

영국 친구들은 때로 장문의 글을 논문 형식으로 보내오기도 했고 때로는 짧은 기술적인 보고서를 보내오기도 했다. 그들의 주장에는 빈틈이 거의 없었으며 매우 철저한 실험을 통해서 얻은 정확한 데이터를 근거로 제시했다. 그들은 대단히 부지런했고 프로그래밍 언어나 설계 기법 같은 기술적인 내용에 대한 이해 수준이 상당히 높았다. 마치 매우 잘 훈련되어 탄탄한 조직력을 갖추고 있는 유럽식 축구를 구사하는 팀 같은 느낌을 주었다. 한 사람을 제치고 전진하면 어느 틈에 다른 사람이 앞을 가로막는 식이었다. 그에 비해서 미국에서 함께 일하는 친구들은 굳이 예를 들자면 브라질 축구와 같은 스타일이다. 중국, 인도, 동유럽 등지에서 온 다양한 국적의 프로그래머로 구성되어 있어서인지 개인마다 수준 차이가 매우 컸다. 실력 있는 친구는 "도대체 모르는 것이 있을까?" 싶은 생각이 들 정도로 높은 경지에 도달해 있는 반면, 프로그래밍 실력이 별로 대단하지 않은 친구도 많다.

프로그래머 사이에서 벌어지는 논쟁의 하이라이트는 역시 서로가 작성한 객체에 대한 설계나 실제 프로그램 코드를 놓고 비판과 반론을 주고받을 때다. 상대방이 작성한 코드를 정밀하게 분석하다 보면 예를 들어서 멀티스레딩과 관련한 허점을 찾아낼 때가 있다. 대부분의 경우에는 정상적으로 동작하지만 가끔 프로그램이 응답하지 않고 중단된 것처럼 보일 때가 있는데, 이럴 때는 우선 스레드끼리 충돌하는 교착상태(deadlock)가 발생하는지 여부를 정밀한 코드 분석을 통해서 확인해봐야 하는 것이다. 또는 객체 설계가 비효율적이라든지 아니면 성능을 더 향상시킬 방법이랄지 하는 것과 관련한 비평을 주고받는다.

자신의 코드나 설계에 대한 비판이 이뤄지면 우선 그 비판이 타당한지 아닌지를 깊게 고찰해봐야 한다. 만약 타당한 비판이라면 (조금 쓰라리긴 해도) 당당하게 고마움을 표시하고 비판을 접수해야 한다. 만약 타당한 비판이 아니거나 오해에서 비롯된 것이라면 반론의 근거를 명확한 방식으로 조목조목 밝혀야 한다. 역으로 말하면 타인의 설계나 코드를 비판할 때에도 반드시 정확한 근거가 있을 때에 한해서 비판해야 한다는 뜻이기도 하다. 말하자면 이렇게 당당하고 솔직한 태도를 취하는 것이 프로그래머에게 있어서 '의사소통 기술'의 핵심이다.

그렇게 솔직한 자세로 이뤄지는 구체적이고 열정적인 그리고 서로 예의를 갖추는 논쟁이라면 옆에서 보는 사람도 즐겁다. 프로그래머의 논쟁은 기본적으로 구체적인 정보와 자신의 판단에 대한 확신이 없으면 진행하기 어렵다. 근거 없는 추측이나 거짓말은 반나절도 되지 않아서 모두 드러날 수밖에 없기 때문이다. 인터넷에서 이루어지는 사이버 시민의 토론도 이렇게 정확한 근거와 사실에 기초하고 서로의 인격에 대한 믿음과 존중을 토대로 하는 가운데 이뤄져야 한다. 마치 따뜻한 차를 한 잔씩 들면서 서로의 얼굴을 마주 보고 이야기하듯 그렇게 말해야 한다. 논쟁의 대상은 상대방의 '의견'이지 상대방의 '인격'이 아니라는 사실을 명심해야 하는 것이다.

소프트웨어 설계자

프로그래밍 경험이 쌓여서 올챙이 프로그래머 시절을 벗어나게 되면 차츰 복잡하고 규모가 커다란 소프트웨어를 설계하는 일을 맡게 된다. 소프트웨어를 설계하는 일은 여러 가지를 포함한다. 우선 소프트웨어의 기본적인 아키텍처를 결정하는 일이 있다. 아키텍처의 결정은 앞서 말했던 것처럼 웹에 기초한 애플리케이션을 만들 것인가 아니면 클라이언트-서버 시스템을 만들 것인가 같은 전체 소프트웨어의 골격을 결정하는 일을 뜻한다. 아키텍처를 결정하기 위해서는 소프트웨어의 목적과 수명주기(life cycle)에 대한 깊은 이해가 필수다. 사용자가 원하는 기능을 어떻게 구현할지를 신중하게 고려해야 하고 그 소프트웨어가 장차 어떻게 자라갈 것인지에 대해서도 충분히 생각해야 한다.

소프트웨어가 성장하여 다루는 데이터의 양이 많아지면 그에 반비례하여 성능이 저하된다. 만약 소프트웨어를 여러 곳으로 분산시켜서 동시에 실행할 수 있으면 이러한 성능의 저하를 막을 수 있을 것이다. 이런 방법을 보통 소프트웨어의 확장성(scalability)이라고 말한다. 소프트웨어의 성능(performance) 문제는 설계자가 소프트웨어를 설계할 때 가장 고민하는 부분 중 하나다. 설계자는 소프트웨어의 성능과 확장성을 고려하면서 수많은 기술 중에서 어떤 것을 선택하는 게 최선인가를 결정한다. 예를 들어서 똑같은 목적의 프로그램을 C++로 개발할 수도 있고 자바로 개발할 수도 있다. 설계자는 두 언어의 장단점을 신중하게 분석한 다음에 그중에서 어떤 기술을 선택해야 한다면 그 이유를 논리적으로 설득력 있게 설명할 수 있어야 한다.

덩치가 커다란 소프트웨어를 개발할 때에는 크고 작은 소프트웨어 제품을 다른 회사(third party)에서 구입해서 사용할 필요성도 있다. 설계자는 이러한 제품의 선택도 책임져야 한다. 예를 들어서 데이터베이스 시스템은 오라클로 할 것인가 아니면 마이크로소프트 제품으로 할 것인가, 서버는 유닉스 시스템으로 할 것인가 아니면 리눅스 시스템으로 할 것인가, 클라이언트의 하드웨어 구성은 어떻게 할 것인가, 서버에서 CPU는 몇 개까지 지원할 것인가, 컴파일러는 어떤 것을 쓸 것인가 등의 선택이다.

그뿐만 아니라 소프트웨어 내부의 기술적인 요소들에 대한 의사 결정도 당연히 설계자의 몫이다. 객체끼리의 통신은 RMI로 할 것인가 아니면 코바(CORBA)로 할 것인가, 데이터 포맷은 JSON을 쓸 것인가 아니면 다른 포맷을 만들어낼 것인가, 서버에서 필요한 데이터를 꺼내올 때 클라이언트가 폴링(polling)할 것인가, 아니면 푸시(push) 기술을 사용할 것인가 등의 의사 결정이다. 설계자는 이런 모든 의사 결정의 과정에 참여하고, 토론하고, 그래서 내려진 특정 결정에 대해서 다른 사람들에게 분명하게 설명할 수 있어야 한다.

또 선택한 기술과 소프트웨어 중에서 새로운 것이 있다면 우선 그들의 기능과 속성에 대해서 철저히 학습해야 한다(일단 외공을 갖춰야 게임이 되는 것이다). 앞서 예를 들었던 것처럼 새로운 프로그래밍 언어나 소프트웨어 제품을 충분히 이해하지 못한 상태에서는 좋은 설계나 코딩이 나올 도리가 없기 때문이다. 그다음에는 UML(Unified Modeling Language)과 같은 도구를 이용해서 구체적인 객체, 혹은 컴포넌트를 설계한다. 이러한 자세한 설계는 수많은 검토와 수정을 거쳐서 최종 확정한 다음 프로그래머들에게 전달한다.

소프트웨어를 코딩하는 단계에서는 설계자 자신도 핵심적인 부분을 개발하는 것이 보통이다. 그밖에 다른 프로그래머의 코드가 설계의 목적과 일치하는지 여부를 확인하고 필요하면 도움을 주는 역할도 수행해야 한다. 따라서 설계자는 기술적인 능력만이 아니라 다른 프로그래머들을 통솔할 수 있는 리더십과 정확한 의사소통 기술을 반드시 갖추고 있어야 한다. 설계자가 하는 일은 그 밖에도 더 있겠지만 대략 말하자면 이 정도다. 마이크로소프트의 빌 게이츠 회장'도 명함에 자신의 직함을 '수석 소프트웨어 아키텍트(Chief Software Architect)'로 찍어놓고 다녔다는 사실은 유명하다. 소프트웨어를 설계하는 사람의 임무는 그만큼 중요하기 때문이다.

소프트웨어를 설계하는 일은 그 자체로 복잡한 법칙을 가지고 있기 때문에 특정한 알고리즘을 구현할 줄 아는 프로그래밍 능력만으로는 수행하기 어렵다. 설계자는 프로그래밍 능력 외에도 복잡하게 얽히고설킨 소프트웨어 컴포넌트나 객체들 사이의 관계를 전체적으로 조망할 힘이 있어야 한다. 그리고 아무것도 없는 백지상태에서 출발해서 살아서 퍼덕거리는 소프트웨어 덩어리를 조각할 수 있는 창조적인 능력도 있어야 한다. 그뿐

---

1 프로그래머 사이에서 그에 대한 평가는 극과 극을 달린다.

이 아니다. 진정한 소프트웨어 설계자는 현재의 기술 흐름을 정확하게 읽고 있는 것은 물론 미래의 기술이 나아가는 방향도 직관적으로 감지할 수 있어야 한다.

그렇기 때문에 설계자라는 위치는 '짬밥'을 먹으면 저절로 도달하게 되는 곳이 아니다. 끊임없이 공부하고, 토론하고, 부딪히는 과정을 온몸으로 즐기는 뜨거운 열정이 없으면 설계자가 되기 어렵다. 영화 한 편을 만들기까지 시나리오 작가나 조명 감독, 혹은 촬영 감독도 매우 중요한 역할을 담당한다. 하지만 가장 매력적인 일은 역시 영화 제작을 총괄하는 감독이 수행하는 일이 아닌가? 영화감독이 다른 사람들의 도움을 받으면서 한편의 영화를 자신의 구상대로 만들어나가듯이 소프트웨어 설계자는 다른 프로그래머들의 도움을 받아서 자신의 구상을 살아서 숨 쉬는 소프트웨어로 만들어나간다. 그래서 소프트웨어 설계자가 수행하는 일은 공학이라기보다 차라리 예술에 더 가까울 때가 많다.

: 빌 게이츠와 그의 아내 멜린다 (©Kjetil Ree / CC BY-SA 3.0)

내가 맘스베리의 설계자들과 공동으로 설계한 네트워크 관리 소프트웨어는 이 책의 초판 원고를 마무리하던 2003년 3월 무렵엔 미국의 버라이즌(Verizon)과 벨사우스(BellSouth), 스페인의 텔레포니카(Telefonica) 그리고 그 밖의 여러 통신사에 전달되어 테스트되기에 이르렀다. 독일 하노버에서 열린 세빗(CeBit) 전시회에도 출품되어 참가자들의 관심을 끌기도 했다. 기존의 네트워크 관리 프로그램이 사용하던 클라이언트-서버 방식을 개선하여 새롭게 만든 웹에 기초한 네트워크 관리 프로그램에 대한 사용자들의 반응은 생각보다 뜨겁고 성공적이었다. 하지만 언제나 그렇듯이 프로그램의 곳곳에서 예상치 못했던 문제가 발견되기도 했다.

문제가 프로그램 내부의 단순한 버그 때문에 발생한 것이라면 해당 부분을 작성한 프로그래머에게 수정하도록 요구하면 되지만, 만약 설계 결함이거나 운영체제 혹은 다른 회사 소프트웨어의 버그 때문이라면 상황이 복잡해진다. 이때 근본적인 설계 결함이나 다른 회사의 소프트웨어에 존재하는 버그에서 비롯된 문제를 빨리 진단하지 못한다면 엉뚱한 곳에서 시간을 허비하게 되므로 주의해야 한다. 바로 이러한 이유에서 소프트웨어의 설계자는 문제들이 어떤 원인에서 비롯되는지를 최대한 빠르고 정확하게 진단할 수 있는 능력을 갖추고 있어야 한다.

프로그래머들의 실력이 제아무리 뛰어나다고 해도 버그가 전혀 없는 프로그램을 만들 수는 없다. 그것은 마치 바둑의 최고 고수인 이세돌이나 조훈현 같은 사람들도 실수를 범해서 승부를 그르치는 일이 있는 것과 마찬가지다. 신이 아닌 우리 인간의 논리에는 허점이 없을 수가 없다. 그렇기 때문에 앞서 말한 바와 같이 버그가 없는 소프트웨어는 세상에 존재하지 않는다. 따라서 문제는 "버그가 아예 없는 프로그램을 만들 수 있는가"

가 아니라 "버그가 발생했을 때 그것을 얼마나 신속하고 철저하게 수정할 수 있는가"다. 그리고 이러한 문제는 능력의 문제가 아니라 성의와 자세의 문제로 귀착되는 경우가 많다. 우리가 '장인 정신'이라는 표현을 쓸 때를 생각해보면 된다. 우리가 그런 표현을 쓸 때는 사람의 능력보다는 일을 대하는 기본적인 자세와 책임감, 애착과 열정을 의미하는 것이다.

여덟 번째.

인터넷 대란

    프로그래머들에게 2003년 1월 25일은 쉽게 잊혀지지 않는 하루로 기억될 것이다. 마이크로소프트의 데이터베이스 소프트웨어인 SQL 서버의 허점을 파고드는 웜(worm) 바이러스의 공격 앞에서 우리나라의 인터넷이 일대 마비되었기 때문이다. 이메일을 작성하던 사람들은 전달되지 않는 메일 앞에서 황당해 했고 쇼핑을 하던 사람들은 작동을 멈춘 인터넷 쇼핑몰 안에서 당황했다. 뉴스를 읽으려던 네티즌들은 응답하지 않는 서버 앞에서 짜증을 느꼈고 게임에 몰입하던 게이머들은 작동을 멈춘 게임 앞에서 망연자실했다. 그렇다고 해서 이것이 우리나라만의 문제는 아니었다.

    2001년에 백악관 웹사이트를 공격했던 코드 레드(Code Red) 바이러스에 비하면 피해가 작긴 했지만, 2003년을 휩쓴 슬래머(Slammer)라는 이 바이러스는 똑같은 시간에 미국을 비롯한 전 세계의 인터넷을 공격했다. 미국의 거대 은행인 뱅크 오브 아메리카는 슬래머의 공격 앞에서 전국의 현금자동지급기(ATM)가 동작을 멈추는 사태를 맞이했다. 인터넷을 공격한 바이러스에 의해서 ATM이 영향받는다는 사실은 고객들에게 실로 엄청난 충격을 줬다. 슬래머는 네트워크의 작동을 마비시키는 데 그쳤지만 만약 고객들의 돈을 의도적으로 노리는 바이러스가 공격했다면 은행의 전산 시스템이 무사했을 것인가? 라는 질문 앞에서 뱅크 오브 아메리카는 할 말을 잃고 서 있었다.

같은 날 슬래머의 공격으로 핀란드의 전화 시스템이 마비되었고, 아메리칸 엑스프레스(American Express)의 웹사이트가 동작을 중단했으며, 일본의 경우에는 우리나라와 별로 다를 바 없는 엄청난 피해를 입었다. 사람들로 북적거리던 호화찬란한 사이버 도시의 불빛이 모두 꺼지고 순식간에 깊은 정적과 어둠이 내려앉았다. 불 꺼진 가상 세계로부터 현실 세계로 돌아온 사람들은 방향을 잃고 우왕좌왕하였고 어두워진 도시의 뒷골목에서는 웜에 감염된 SQL 서버가 네트워크를 향해서 미친 듯이 패킷(packet)을 뿌리고 있었다. 폭증하는 패킷을 제대로 처리하지 못하는 네트워크는 점점 더 깊은 마비 상태로 빠져들어 갔다. 그것은 '인터넷 대란'이었다.

사태가 진정되면서 사람들은 처음의 혼란에서 벗어나 엄청난 대란의 원인이 무엇인지 확인하기 시작했다. 현실 세계의 권력 기관에 책임을 묻기도 하고 KT라는 국가적 시스템이 특정한 플랫폼(마이크로소프트 윈도우)에 지나치게 종속되어 있는 현실을 지적하기도 했다. 하지만 늘 그렇듯이 스스로 책임지려는 기관이나 기업은 어디에도 없었다. "나는 할 일을 다 했지만, 어쩔 수 없었다"가 분노한 사람들이 들을 수 있는 해명의 전부였다.

이 사태의 책임을 따져보자면 일차적인 책임은 웜 바이러스를 만들어서 유포한 범죄형 해커(일명 크래커)들에게 있을 것이다. 잡을 수만 있다면 이들에게 엄중한 책임을 물어야 할 것이다. 그리고 사태의 이차적인 책임은 (다른 의견이 있을 수도 있겠지만 적어도 내가 보기에는) 마이크로

소프트에 있다. SQL 서버의 보안 허점을 알고 있었고 패치(patch)를 설치할 것을 사용자에게 통보했다지만 그것으로 책임을 완전히 모면할 수는 없다. 진정으로 책임지려고 했다면 웹사이트에 패치 프로그램을 올려놓고 고객들에게 이메일로 통보하는 데 그치지 말고, 그 이상의 노력을 기울였어야 했기 때문이다.

다시 말하지만 버그로부터 완전히 자유로운 소프트웨어를 만드는 것은 불가능하다. 그렇다면 방법은 두 가지다. 하나는 소프트웨어에서 치명적인 허점이 발견될 때마다 고객으로부터 받은 금액 일부를 환급해주거나 고객 사이트에 직접 사람을 보내서 패치를 설치하는 방법이다. 이 방법은 소프트웨어 회사가 큰 비용을 부담해야 함을 뜻한다. 만약 이러한 비용을 부담하고 싶지 않다면 처음부터 치명적인 허점이 없는 소프트웨어를 만들면 될 것이다.

이 방법이 싫다면 두 번째 방법으로는 오픈 소스 소프트웨어나 자유 소프트웨어(free software)의 형태로 프로그램을 공개하여 외부 프로그래머들의 도움을 받는 것이 있다. 이는 곧 소프트웨어에 대한 독점적인 저작권을 포기해야 함을 뜻한다. 사실 오픈 소스 형태로 개발되는 소프트웨어가 특정 회사가 혼자 개발한 제품보다 훨씬 뛰어난 품질을 갖는 경우는 드물지 않다. 리눅스 운영체제나 아파치 웹 서버는 그런 소프트웨어의 좋은 예다. 이러한 방법을 이용하면 슬래머가 노렸던 SQL 서버의 허점과 같은 부분들이 사람들의 눈에 훨씬 쉽게 띌 것이고 따라서 그에 대한 적절한 보완도 더 빨리 이뤄졌을 것이다.

프로그래머들이 즐겨 하는 질문이 하나 있다. "네가 만든 소프트웨어가 조종하는 비행기에 올라탈 자신이 있는가?" 진정한 프로그래머라면 "그렇다"라고 대답할 수 있어야 한다. 만약 올라탈 자신이 없다면 그런 소프트웨어를 팔아서 돈을 벌 생각을 하지 말아야 한다. 만약 그런 소프트웨어를 팔았다면 최소한 그 소프트웨어가 일으키는 문제에 끝까지 책임져야 한다. 그것은 프로그래머로서의 자존심을 떠나서 비즈니스를 하는 사람이라면 당연히 지켜야 하는 기본적인 도덕에 해당한다.

2000년대 초반까지만 해도 마이크로소프트는 전 세계의 소프트웨어 업계에서 타의 추종을 불허하는 강력한 리더였다. 사람들이 리더로부터 리더에게 어울리는 매너와 여유를 보고 싶어 하는 건 당연한 일이다. 리더는 막 꿈을 키우기 시작하는 젊은이들에게 깊은 영향을 주는 등불과 같은 존재기 때문이다. 하지만 스티브 발머가 CEO를 맡았던 2000년부터 2014년에 이르는 시기는 마이크로소프트의 암흑기였다. 초기의 창의성과 개혁 정신을 상실하고 이윤을 얻는 것에만 매달렸기 때문이다.

: 자유 소프트웨어 운동의 대부, 리처드 스톨만 (ⓒThesupermat / CC BY-SA 3.0)

2014년 2월, 사티아 나델라가 그의 뒤를 이어 CEO 자리에 오르면서 마이크로소프트는 혁명적으로 변하기 시작했다. 오픈 소스의 적처럼 간주되던 마이크로소프트의 CEO가 오픈 소스의 철학을 강조하며 닫혀있던 마이크로소프트의 문을 활짝 열어젖혔다. 의심을 버리지 못한 사람들은 그 문 안으로 발을 내딛는 것을 주저했다. 하지만 2016년이 되면서 그런 의심은 대부분 해소되었다. 윈도우 10 운영체제 안에 리눅스 서브시스템을 포함시킨 것은 그런 변화의 정점을 구성했다. 나델라는 마이크로소프트를 윈도우 운영체제를 만드는 회사가 아니라 세상의 모든 운영체제를 끌어안는 플랫폼 회사로 탈바꿈시켰다. 변화는 아직 진행형이지만, 변화의 폭과 깊이가 세상 사람들의 예상을 뛰어넘고 있다는 점에서 마이크로소프트의 미래는 밝아 보인다.

2014년 10월 서울에서 마이크로소프트 테크데이즈 행사가 열렸을 때, 나는 폴리글랏 프로그래밍이라는 주제로 기조연설을 했다. 내 앞 순서에서 사티아 나델라 CEO가 무대에 올라와 모바일과 클라우드를 중심으로 하는 마이크로소프트의 변화와 혁신에 대해서 이야기했고, 나는 하나의 플랫폼, 하나의 언어에 안주하는 개발자가 아니라 적재적소에 어울리는 기술을 활용할 수 있는 폴리글랏 프로그래머가 되어야 한다는 사실을 이야기했다. 어떤 하나의 기술을 깊게 아는 것보다 새로운 기술을 빨리 배우는 능력이 더 중요한 시대가 다가오고 있다고 설명했다.

나는 이 언어 저 언어를 얕은 수준으로 핥고 다니는 사람을 언어 마약 중독자(language junkie)라고 지칭하며 폴리글랏 프로그래머와 구분했지만, 이 부분을 이해하지 못한 사람이 생각보다 많았다. 그러거나 말거나 세상은 빠른 속도로 변하고 있으며, 예를 들어서 윈도우와 리눅스가 동거하는 폴리글랏 플랫폼, 다양한 NoSQL 제품과 관계형 데이터베이스가 공존하는 폴리글랏 퍼시스턴스, 그리고 내가 기조연설에서 설명한 폴리글랏 언어의 시대로 나아가고 있다. 준비된 사람에게 이런 세상은 천국일 것이고, 준비되지 않은 사람에게는 지옥일 것이라는 말도 했다.

사티아 나델라의 혁신으로부터 프로그래머인 우리는 무엇을 배워야 할까? 자기가 사용하는 기술에 대해 종교적인 맹신이나 애착의 감정을 품지 않을 것. 자기가 사용하지 않는 기술에 대해 무지하거나 적대적이지 않을 것. 그리고 이 세상의 모든 것, 모든 사람에 대해 마음을 활짝 열고 배우려고 노력할 것. 이런 것이다. 자기가 사용하는 기술을 높이 떠받들고 다른 사람이 사용하는 기술을 노골적으로 폄하하는 사람은 스스로의 얼굴에 침을 뱉는 바보와 다를 바 없다. 바보가 되지 말자. 이제 책의 초판을 썼던 2003년, 인터넷 대란이 일어났던 그 시점의 글로 돌아가자.

인터넷 대란의 3차적인 책임은 인터넷망을 특정한 회사의 제품으로 단일화시켜 놓은 기업과 정부에 있다. 이에 대해서 한겨레 신문은 '인터넷 대란 교훈은 다양성의 소중함'이라는 칼럼을 통해서 문제의 핵심을 정확하게 지적했다. 이 칼럼은 마이크로소프트 윈도우가 운영체제를 독점하고 있는 현실이 '다양성'으로 무장한 시스템에 비해서 얼마나 취약한가 하는 점을 지적했다. 인터넷을 공격하는 바이러스나 웜 대부분이 윈도우를 포함한 마이크로소프트의 소프트웨어를 목표로 한다는 점을 고려한다면, 시스템의 구성을 다양하게 꾸리는 것은 우리나라의 환경에서는 특히 중요한 의미를 가질 것이다.

이러한 논의의 배경은 "특정 회사의 제품을 더 많이 살 것인가, 말 것인가" 하는 '비즈니스 논리'와 아무런 상관이 없다. 다양성이란 본질적으로 자연이 지향하는 바이며 획일적인 것은 자연스러운 것이 아니기 때문이다. 이는 인간사에서도 마찬가지다. 다양성을 인정하지 않고 모두에게 같은 생각만을 강요하는 것은 민주주의의 적으로 간주된다. 컴퓨터 세계에서 다양성이 반드시 복잡한 것을 의미하는 것도 아니다. 컴퓨터 세계에서의 다양성은 보통 표준 명세(specification)라는 개념으로 상호 연동을 위한 핵심 인터페이스는 통일하되, 그 기능을 구현하는 구체적인 방식은 프로그래머의 창의력과 역량에 맡기는 방식으로 이뤄진다. 핵심 기능을 희생하지 않고 사용자가 고를 수 있는 선택의 폭은 넓혀주는 것이다.

예를 들어서 인터넷의 기반을 이루는 TCP/IP 프로토콜도 사실은 표준 하나에 불과하며 그것을 어떻게 구현하는가는 실제로 소프트웨어를 제작하는 프로그래머나 회사에 달려 있다. 자바 언어의 가상 기계(virtual machine)도 마찬가지다. 오라클에서 개발하는가 오픈 소스 진영에서 개발하는가에 따라서 성능이나 부가 기능적인 면에서 차이를 갖는다. 하지만 자바의 저작권을 소유하고 있는 오라클에서 정의한 자바 가상 기계 표준에 명시된 핵심적인 내용은 누가 구현하든 반드시 지원해야 한다.

마지막으로 인터넷 대란의 네 번째 책임은 SQL 서버의 사용자에게 있다. 인터넷 대란의 경우에는 SQL 서버가 문제를 일으켰으므로 SQL 서버 제품을 설치하고 관리하는 각 기업이나 기관의 서버 관리자에게 책임이 있는 것이다. 마이크로소프트에서 패치를 설치하라는 이메일을 보낸 것이 사실이라면 패치를 설치하지 않은 책임의 적어도 20%는 서버 관리자가 져야 한다. 굳이 따지자면 이메일을 받고도 패치를 설치하지 않은 것은 일종의 직무 유기에 해당하기 때문이다.

그렇지만 패치를 설치하는 과정이 정상적으로 완료되기 위해서는 전문 업체의 지원과 정밀한 테스트가 필요하기 때문에 그 책임을 전적으로 사용자에게 물을 수는 없다. 예를 들어서 자동차를 생각해보면 이해하기가 쉬울 것이다. 새로 산 자동차의 브레이크 장치에서 심각한 결함이 발견되었다고 하자. 이럴 때 우리는 자동차 제조사가 모든 비용을 부담하며 차를 견인해가서 문제점을 완전히 수리한 다음 되돌려주는 것을 당연하게 생각한다. 만약 제조사에서 회사 창고에 새로운 부품을 가져다 놓았으니 찾아와서 바꿔 끼우라고 말한다면 어떻게 될까? 그렇게 무책임한 회사는 소비자의 신뢰를 잃고 금방 문을 닫게 될 것이다. 나는 소프트웨어도 이와 마찬가지로 소프트웨어를 만들어서 판매한 회사가 보안 결함이나 심각한 버그와 같은 문제를 끝까지 책임져야 한다고 믿는다. 하지만 실제로는 소프트웨어 회사가 패치를 발표하면 할 일을 다 했다고 여기는 관행 때문에 사용자(서버 관리자)들이 패치 설치(즉, 자동차 브레이크 수리)에 대한 책임을 일부 떠맡아야 하는 것이 현실이다.

전설의 해커, 케빈 미트닉

2003년 2월에 일어난 대구 지하철 화재 사건을 돌이켜보자. 평소에 조그마한 이상 징후에도 최선을 다해서 정성껏 대응하는 자세가 갖춰져 있었더라면 그와 같은 엄청난 사고를 피할 수도 있었을 것이라는 생각이 들어서 안타깝다. 소프트웨어의 관리도 마찬가지다. 관리자들은 패치를 설치하지 않아도 별다른 변화가 없는 일상이나 당장은 사소해 보이는 문제 때문에 매너리즘에 빠진 나머지 그것을 가볍게 보거나 무시하지 말아야 한다. 컴퓨터 시스템이나 서버를 관리하는 사람들은 사이버 세상의 범죄자들이 제일 집중적으로 노리는 지점이 바로 사람의 마음속에 도사리고 있는 '방심'이라는 사실을 절대 잊으면 안 되는 것이다.

해커의 세계에서 살아 있는 전설로 추앙받는 케빈 미트닉(Kevin Mitnick)이 해킹을 할 때 가장 즐겨 이용하던 도구는 유닉스 명령어도 아니고 특별한 하드웨어 장치도 아니었다. 그것은 바로 사람들의 마음속에 도사리고 있는 약한 고리, 즉 방심이었다. 그는 시스템의 비밀번호를 알아내기 위해서 해킹 프로그램을 돌릴 필요조차 없었다. 비밀번호를 알고 있는 사람에게 전화만 한 통 걸면 그걸로 끝이었다. 비밀번호를 알고 있는 사람을 알아내기 위해서는 또 다른 사람에게 전화를 걸었다. 최첨단 보안 장치로 보호되고 있는 시스템조차 이렇게 사람을 파고드는 기술 앞에서는 속수무책일 수밖에 없었다. 서버 관리자들이 하드웨어나 소프트웨어 공급자들에 책임을 떠넘기고 손 놓고 있을 수 없는 이유가 여기에 있다.

1993년 2월 기획 예산 위원회의 직원인 김재열 씨는 PC통신 천리안의 직원에게 '국제심판소' 명의로 된 이메일을 보내서 청와대 사용자의 비밀번호를 새로운 것으로 바꿔달라고 부탁했다. '국제심판소'라는 커다란 기관에서 보내온 이메일을 믿지 않을 수 없던 천리안 직원은 비밀번호를 김재열 씨가 원하는 내용으로 바꿔줬다. 비밀번호가 바뀐 지 얼마 지나지 않아서 국내의 여러 은행과 금융기관은 청와대 비서실로부터 특정한 내용의 전산 정보를 넘기라는 이메일을 받게 됐다. 하지만 중요한 자료를 보안이 취약한 이메일로 보내라고 한 사실을 이상하게 여긴 한 은행이 나서서 확인하는 바람에 김재열 씨의 시도는 사전에 발각될 수 있었다.

하나의 해프닝으로 끝났지만 이 사건이 사회에 던져준 충격은 작지 않았다. 사람들이 알던 것과는 차원을 달리하는 새로운 형태의 사기, 즉 사이버 사기가 등장했기 때문이다. 이 사건이 일어난 과정을 살펴보면 두 가지 충격적인 사실을 발견하게 된다. 하나는 국제심판소의 비밀번호가 어이없게도 '1234'였다는 사실이었고, 다른 하나는 국제심판소의 부탁이라고 해서 특별히 확인도 하지 않은 채 사용자의 비밀번호를 바꾸어준 천리안 직원의 순진함이었다.

'1234'처럼 성의 없는 비밀번호를 사용하는 것은 사이버 세상에서 자살과 다를 바 없는 행동이다. 비밀번호에 대해서는 앞서 이미 충분하게 다루었으므로 여기에서는 더 이상 자세하게 이야기하지 않는다. 하지만 이 사건에서 정말 문제가 되는 부분은 바로 천리안 직원의 실수에 있었다. 국제심판소가 아니라 국제심판소 할아버지가 와서 부탁했다 해도 본인이 아닌 사용자의 정보는 수정할 수 없는 거라야 옳았다. 하지만 그 직원은 국제심판소라는 권위 앞에서 경계심을 스스로 무장해제했다. 모든 사기는 거짓을 믿게 만드는 것에서 출발한다. 미트닉과 같은 사회 공학자들이 치고 들어오는 약한 고리도 바로 이러한 지점에 놓여 있는 것이다.

조너선 리트만(Jonathan Littman)의 논픽션 『The Fugitive Game』 (Little Brown & Company, 1996)을 보면 미트닉과 그의 친구들이 이러한 사회 공학 기법을 이용하여 첨단 장비와 조직력으로 무장한 FBI의 정보력을 앞지르는 장면이 흥미진진하게 묘사되어 있다. FBI가 자기를 도청하는지 여부를 알아보기 위해서 통신사인 팩벨(Pacific Bell)의 스위치 콘트롤 센터에 전화를 걸서 팩벨의 직원들에게 자기가 원하는 일을 하나씩 수행하도록 '사기 치는' 과정을 보면 마치 영화의 한 장면을 보는 것 같은 착각이 들 정도다. 정부와 기업의 컴퓨터 시스템과 전화 시스템을 자기 안방 드나들 듯이 자유자재로 넘나들었다. 그의 해킹 실력이 얼마나 뛰어났었는지는 훗날 그가 감옥에 갇혀 있을 때조차 혹시 그가 공중전화를 이용해서 무슨 일을 벌일까(핵무기 시스템에 침투해서 핵폭탄을 날려버릴까!) 두려워했다고 실토한 FBI의 사례를 보면 어느 정도 알 수 있다.

1995년 그가 체포되자 전 세계의 신문이 그 사건을 톱으로 보도했다. 기억하는 사람도 있겠지만 미트닉 체포의 1등 공신이라 알려진 '사이버 경찰' 시모무라 츠토무(Shimomura Tsutomu)의 사진은 당시의 화제였다. 마치 무술 영화의 주인공처럼 카메라를 쏘아보는 눈빛과 반팔 차림으로 노트북 컴퓨터 앞에 앉아 있는 그의 모습은 '흉악한' 크래커를 일망타진하려는 의지에 불타는 정의의 해커 같은 느낌을 주었다. 실제로 그의 실력은 뛰어나서 재판정에서 시모무라를 만난 미트닉도 그를 보고 "당신의 실력을 인정합니다"라고 말할 정도였다. 시모무라를 알게 된 수많은 젊은이가 '해커'가 아니라 해커를 잡는 '사이버 경찰'이 되기를 희망하기 시작했다. 그렇지만 정작 시모무라 자신은 맞수였던 미트닉을 재판정에서 만났을 때 기묘한 감정에 빠져들었다.

> "이상하게도 그가 감옥으로 향하는 모습을 보게 되니 기쁘지도 슬프지도 않고, 그냥 뭐랄까 만족스럽지 않은 기분이 들었다. (그를 감옥으로 보내는 것은) 왠지 최선의 방법이 아닌 것 같았다. 미트닉이 사이버스페이스를 다른 범죄자들처럼 이익을 탐하기 위해서가 아니라 순전히 호기심으로 여행했을 뿐이라고 주장하는 사람들의 의견을 받아들였기 때문이 아니라, 그의 경우는 어쨌든 뭔가 다르다는 느낌이 들었기 때문이다."
>
> 『Takedown』(Hyperion, 1996), 309~310쪽

: 케빈 미트닉을 체포한 사이버 경찰 시모무라 츠토무

해커 사회를 대변하는 계간 잡지인 『2600』[1]을 필두로 하는 해커 사회가 미트닉에 열광하는 이유는 여러 가지가 있다. 무엇보다도 상상을 초월하는 그의 뛰어난 해킹 실력이 첫 번째 이유겠지만, 그러한 실력을 갖추고도 타인에게 해를 입힐 만한 범죄를 저지르지 않았다는 점이 두 번째다. 물론, 기업과 정부의 입장에서 본다면 그는 위법 행위를 했을 것이다. 그렇지만 그가 해킹한 시스템을 이용해서 개인적인 이득을 취하거나 타인에게 물리적인 피해를 주지 않았다는 주장은 일리가 있다. 그리고 악의라고는 찾아볼 수 없는 천진난만한 그의 표정과 친화력 넘치는 감성적인 목소리가 세 번째 이유다. 미트닉은 5년여에 걸친 감옥 생활을 마치고 나온 이후로도 3년 동안은 인터넷을 자유롭게 이용할 수 없고 여행조차 할 수 없는 감시 생활을 했다. 그러한 감시 생활은 2003년 1월 20일을 끝으로 종료됐다. 전설적인 해커의 완전한 귀환에 FBI는 숨을 죽이며 긴장했고 사이버 세상의 해커들은 환호성을 지르며 열광했다.

2002년 가을에 출판된 그의 『The Art of Deception』(Wiley, 2002)은 컴퓨터 관련 일에 종사하는 사람이라면 한 번쯤 읽어볼 만한 책이다. 미트닉은 이 책을 통해 자신이 한때 자유자재로 구사하던 고도의 사기술을 공개하여 사람들에게 사기를 예방할 수 있는 방법을 일깨워주고 있다. 보통 해킹이나 보안을 다루는 책이 암호화 기법에서 시작해 네트워크 보안의 기술적인 허점들을 지적하고 있는 데 반해서 미트닉의 책에는 기술적인 이야기는 별로 나오지 않는다. 그럼에도 불구하고 그의 이야기는 해킹의 본질이 어디에 놓여 있는지를 매우 흥미진진하게 보여준다.

그렇지만 "미국 vs. 케빈 미트닉"이라는 말이 나올 정도로 신출귀몰하

---

1 합법과 비합법의 경계를 넘나드는 자유주의자와 해커들이 모여서 잡지와 www.2600.com을 운영하는데, 이 사람들이 케빈 미트닉을 아주 열렬히 지지한다.

고 당당했던 청년 시절의 그를 기억하는 사람에게는 그가 책의 서문에 적어놓은 말이 매우 뜻밖이었다.

> "나는 이제 다른 사람이 됐다. 정보 보안과 사회 공학 기술에 대해서 쌓아놓은 폭넓은 내 지식과 재능을, 이제는 정부, 기업, 개인이 정보 보안 관련 위협을 막고, 감지하고, 대처하는 데 도움을 주는 방향으로 사용할 것이다."

백번 옳은 말이다. 그러나 어쩐지 "지난날의 나를 깊이 반성한다"는 투의 고백은 '사상 전향서' 같은 느낌을 주기 때문에 사람들의 기분을 쓸쓸하게 만들었다. 미트닉을 잡아서 감옥에 넣고, 감옥에서 나온 후에도 계속 감시하던 사람들이 원하는 것은 바로 그의 재능이 '정부, 기업, 그리고 개인'들을 도와주는 방향으로 '온건하게' 사용되는 쪽일 것이다. 한편 그가 감옥에 있는 동안 그를 대변하고, 지원하고, 염려했던 사람들이 원하는 것

: 활짝 웃고 있는 전설적인 해커 케빈 미트닉 (출처 : ornj.net)

은 그의 탁월한 기술과 당당한 태도가 젊은 해커들의 영감을 자극하고, 해커 문화를 풍요롭게 하고, 무엇보다도 사이버 세상의 자유와 정보의 공유라는 질서를 퍼뜨려 나가는 운동에서 리더가 되어주기를 바라는 것이다.

그러한 두 가지 방향이 반드시 공존하지 말라는 법이 없지만, 대개 자유롭고 천재적인 발상은 종종 기존 체제의 틀을 뛰어넘기 마련이다. 그래서 이제부터는 '온건해지겠다'고 고백하는 미트닉의 모습은 그의 팬들에게 낯설고 불편하게 다가오는 것이 사실이었다. 그렇기 때문에 해커 중에서는 그가 서문에 적어놓은 '반성'을 정부와 정보기관의 관심을 따돌리기 위해서 구사한 고도의 '사기의 기술'이라고 믿는 사람들조차 있다. 만약 그것이 사실이라면 『The Art of Deception』이라는 책은 그 자체로 '사기의 기술'을 구사하고 있다는 점에서 실로 교묘한 책이 아닐 수 없다. 아마도 우리는 오래지 않아서 어느 쪽이 사실인지를 알 수 있게 될 것이다.

에필.
로그.

> 저녁 7시 커피민트 줄렙
> # 따뜻한 세상을 꿈꾸며

 _____

열대지방에서 마시는 트로피칼 커피. 커피에 아
이스 민트를 첨가한 아이스 커피다.

마지막 원고를 출판사에 보내고 나서 수년간 없던 몸살감기를 심하게 앓았다. 몸살을 앓더라도 회사를 빼먹을 만큼 심한 적이 없었는데, 이번에는 아예 이불을 펴고 그 속에서 이틀 동안을 진드기처럼 꾸물거렸다. 책을 쓰는 동안에는 흥에 겨워 신나게 썼는데, 첫 책이라는 부담감이 알게 모르게 몸을 긴장시키고 있었나 보다.

책을 쓰는 일이 즐겁긴 했어도 낮에는 회사에서 복잡한 프로그래밍을 하고 집에 돌아와서 저녁에 글을 쓰는 일은 육체적으로 힘들 때가 종종 있었다. 특히 최근의 심각한 불황과 그에 따른 대량 해고로 인해서 회사가 요구하는 노동 강도가 점점 강해지면서, 글을 쓸 수 있는 시간은 그에 반비례해서 급격하게 줄어들 수밖에 없었다. 그러나 글쓰기는 대체로 프로그램을 만드는 일만큼이나 즐겁고 유쾌한 놀이에 가까웠기에 내겐 잊을 수 없는 소중한 '첫 경험'이 되었다.

책을 본격적으로 쓰기 시작한 때는 아마 작년 12월 무렵이었다. 올해 3월까지 원고를 작성했는데, 모두 쓰고 나서 보니 부족한 곳이 많아서 원고를 검토하다가 얼굴이 후끈 달아오른 적이 한두 번이 아니었다. 그런데도 막상 원고를 떠나보내는 순간이 되자 마치 사랑하는 연인을 떠나보내는 것처럼 섭섭함과 허전함을 느끼게 되어 놀랐다.

내가 원고를 쓰던 넉 달 남짓의 시간은 참으로 격변의 순간이었다. 한국에서는 12월에 대통령 선거가 있었고 멀리 이라크에서는 결국 전쟁이 일어났다. 그리고 미국에서는 이라크 전쟁에 반대하는 크고 작은 반전 시위가 연일 끊이지 않았다. 사람의 목숨이 오가는 '전쟁'이라는 화두는 너무나 끔찍하고 심각했기에 프로그래밍과 글쓰기라는 '가상 세계'에 숨어 지내던 나는 마음이 편치 않고 항상 무둑했다. 프로그래밍은 전쟁과 아무런 상관이 없는 것처럼 보이지만 현대전에서 사용되는 거의 모든 첨단 무기가 프로그램으로 제어된다는 점에서 나는 어쩐지 견딜 수 없는 죄책감마 저 느끼고 있었다.

사실은 바로 이러한 이야기들, 즉 프로그래밍이 갖는 사회적 의미, 역사, 미래, 책임, 철학, 숨어 있는 이야기들, 혹은 프로그래밍과 전쟁과의 관계 같은 것, 그리고 프로그래밍을 둘러싼 여러 사람의 숨결과 체취를 생생하게 드러내는 이야기 같은 것을 써보고 싶었다. 한빛미디어에서 소중한 기회를 마련해줬으나 역량이 부족하여 일단 이 책에서는 논의의 초점을 프로그래머가 프로그래밍 속에서 느끼는 '행복'의 근거를 약간은 기술적인 이야기를 섞어서 부각하는 쪽으로 집중했다.

그럼에도 본래의 욕심을 절제하지 못하고 다른 이야기를 집적거리다가 이야기를 산만하게 만든 부분이 더러 있는 것 같아서 부끄럽다.

소설가 김영하의 산문집 『포스트 잇』(현대문학, 2002)을 보면 "등산안내서, 여행가이드북, 컴퓨터 매뉴얼, 농사교본을 쓰는 저자들이 단지 그런 책을 쓰고 있다는 이유만으로 소설가나 철학자보다 폄하되어야 할 이유는 없다. (중략) 이들은 진심으로 자신의 지식과 경험을 세상과 공유하고 그것으로 사람들이 지금보다 나은 삶을 살아가기를 바라고 있다"라는 말이 나온다. 나는 이 말에 적극 공감했고 따라서 '컴퓨터 매뉴얼'을 쓰는 사람들이 진실로 다른 사람들의 삶이 나아지기를 진지하게 바라는 사람이기를 희망한다.

프로그래머는 노동자지만 '창조적인' 노동을 하는 사람이기에 사회에 이바지할 바가 많다. 그렇기 때문에 나는 프로그래머들의 마음이 따뜻해지면 세상이 따뜻해질 것이라고 믿는다. 부족한 이 책이 프로그래머들의 마음을 따뜻하게 하는 데 조금이라도 도움이 되었기를 바랄 뿐이다.